FACHBUCHREIHE
für wirtschaftliche Bildung

Fokus Einzelhandel 2025

Kaufmann/Kauffrau im Einzelhandel

Lernsituationen

3. Ausbildungsjahr

Debus Geimer Hauck Meißner Roik
Sauthoff-Böttcher Scholz

2. Auflage

VERLAG EUROPA-LEHRMITTEL
Nourney, Vollmer GmbH & Co. KG
Düsselberger Straße 23
42781 Haan-Gruiten

Europa-Nr.: 91945

EUROPA LEHRMITTEL

Autorinnen/Autoren

Martin Debus	45659 Recklinghausen
Philipp Geimer	79379 Müllheim
Michael Hauck	96450 Coburg
Patrick Meißner	40591 Düsseldorf
Katherina Roik	68239 Mannheim
Stefan Sauthoff-Böttcher	26605 Aurich
Annika Scholz	45665 Recklinghausen

Verlagslektorat

Anke Hahn

Externes Lektorat: Stefan Sauthoff-Böttcher

ISBN 978-3-7585-9420-5

2. Auflage 2025
Druck 5 4 3 2 1

Alle Drucke derselben Auflage sind parallel einsetzbar, da sie bis auf die Korrektur von Druckfehlern identisch sind.

Bei Fragen zur Produktsicherheit wenden Sie sich bitte an produktsicherheit@europa-lehrmittel.de.

Umschlag, Satz: tiff.any GmbH & Co. KG, 10999 Berlin
Umschlagkonzept: tiff.any GmbH & Co. KG, 10999 Berlin
Umschlagfoto: © Nomad_Soul – stock.adobe.com
Druck: CPI books GmbH, 25917 Leck

Vorwort

Das vorliegende Unterrichtswerk ist ein neu konzipiertes Arbeitsbuch mit Lernsituationen für den Ausbildungsberuf **„Kaufmann/Kauffrau im Einzelhandel"**. Der Band **Lernsituationen** ist Bestandteil des umfassenden Europa-Programms **Fokus Einzelhandel 2025**; dieses ist auf die Entwicklung einer beruflichen Handlungskompetenz ausgerichtet.

Fokus Einzelhandel 2025 – 2022 gestartet als Einzelhandel 2025 – geht in die nächste Auflage. Es ist als modernes Komplettprogramm konzipiert. Es folgt konsequent dem kompetenzorientierten Rahmenlehrplan nach dem Lernfeldkonzept. Die Unterrichtswerke des Programms (Informationsbände und Arbeitsbücher mit Lernsituationen für jede Jahrgangsstufe jeweils mit Lehrerlösungen, Retailing now! – Englisch für Kaufmann/Kauffrau im Einzelhandel) sind aufeinander abgestimmt. Sie sind gezielt an einer Didaktik ausgerichtet, die **Handlungsorientierung** betont und Lernende zu **selbstständigem Planen, Durchführen, Kontrollieren und Beurteilen** von Arbeitsaufgaben unter Berücksichtigung aller Kompetenzdimensionen führt. Dabei wird die berufliche Wirklichkeit als Ganzes mit ihren ökonomischen, ökologischen, rechtlichen und sozialen Aspekten erfasst.

Das Konzept von **Fokus Einzelhandel 2025**, das handlungs- und fachsystematische Strukturen miteinander verschränkt, deckt alle Anforderungen der beiden Ausbildungsberufe von der fachlichen Aufgabenerfüllung bis hin zu einem reflektierten Verständnis von Handeln in beruflichen Zusammenhängen ab.

Der Band „Lernsituationen 3. Ausbildungsjahr" umfasst die Lernfelder 11 – 14 des Rahmenlehrplans:
Lernfeld 11: Geschäftsprozesse erfassen und kontrollieren
Lernfeld 12: Mit Marketing-Konzepten Kunden gewinnen und binden
Lernfeld 13: Personaleinsatz planen und Mitarbeiter führen
Lernfeld 14: Ein Unternehmen leiten und entwickeln

Die **handlungsorientierten Lernsituationen** sind abgestimmt auf die Wissensbestände der einzelnen Lernfelder des **Informationsbandes**. Sie sind konzipiert als **komplexe Lehr-Lern-Arrangements** mit zahlreichen **Erarbeitungs- und Anwendungsaufgaben**, die zentrale Lerninhalte so erschließen, dass **berufliche Handlungskompetenz** im Sinne von Planungs-, Durchführungs-, Kontroll- und Beurteilungsfähigkeit individuell erworben und erweitert wird. Die Problemstellungen der Eingangssituationen erfordern ein **konkretes Lernergebnis** bzw. **Handlungsprodukt**, das in geeigneten Teilbereichen lösungsoffen ist. Die **„Aufgaben Plus"** als Vertiefungs- und Übungsaufgaben unterstützen zusätzlich den binnendifferenzierten Unterricht.

Viele der Lernsituationen sind so gestaltet, dass sie in Abhängigkeit von der Ausstattung der Schule und den Voraussetzungen der Lerngruppe die **Förderung digitaler Kompetenzen** ermöglichen. Der Vielfältigkeit der Praxis im Bereich Einzelhandel wird durch die Einbeziehung **unterschiedlicher Modellbetriebe** entsprochen, deren Datenkranz den Erfordernissen des jeweiligen Lernfeldes angepasst ist. **Kompetenzfragebogen** am Ende eines jeden Lernfeldes helfen, **Wissenslücken** gezielt zu **identifizieren** und **nachzuarbeiten, sichere Themen** können **abgehakt** werden.

Ihr Feedback ist uns wichtig!
Wenn Sie mithelfen möchten, dieses Buch für die kommenden Auflagen noch weiter zu optimieren, schreiben Sie uns unter lektorat@europa-lehrmittel.de. Das Autorenteam freut sich auf Anregung und Unterstützung durch Kritik und wünscht erfolgreiches Arbeiten mit dem neuen Lehrwerk.

Sommer 2025 — Autorenteam und Verlag

Lernfeld 11: Geschäftsprozesse erfassen und kontrollieren

Lernfeld 12: Mit Marketing-Konzepten Kunden gewinnen und binden

Lernfeld 13: Personaleinsatz planen und Mitarbeiter führen

Lernfeld 14: Ein Unternehmen leiten und entwickeln

LF 11

Geschäftsprozesse erfassen und kontrollieren

Geschäftsprozesse erfolgsorientiert steuern

1. Ich kann Warengeschäfte im Ein- und Verkauf bestands- und verbrauchsorientiert erfassen.

© Sergey Ryzhov – stock.adobe.com

2. Ich kenne die Grundlagen der Umsatzsteuersystematik und kann die Umsatzsteuer buchen sowie die Zahllast ermitteln.

© XtravaganT – stock.adobe.com

3. Ich kann die Anschaffungskosten ermitteln und die Wertminderung von Sachanlagen erfassen.

© MQ-Illustrations – stock.adobe.com

4. Ich kann das interne vom externen Rechnungswesen unterscheiden.

© stokkete – stock.adobe.com

5. Ich kann eine Ergebnistabelle erstellen und das Betriebsergebnis ermitteln und interpretieren.

© Zerbor – stock.adobe.com

6. Ich kann die Handlungskostenzuschlagssätze berechnen und die Kostenüberdeckung/Kostenunterdeckung bestimmen.

© amazing studio – stock.adobe.com

7. Ich kann die Deckungsbeitragsrechnung für preis- und absatzpolitische Maßnahmen nutzen.

© takasu – stock.adobe.com

8. Ich kann den wirtschaftlichen Erfolg des Unternehmens anhand von Kennziffern bewerten.

© fotogestoeber – stock.adobe.com

Die Kompetenzentwicklung umfasst, ...

... Warenbewegungen zu erfassen und Bestandveränderungen zu dokumentieren.			
verbrauchsorientierte Warenbuchung	bestandsorientierte Warenbuchung	Bestandsmehrungen	Bestandsminderungen

... Warengeschäfte im Ein- und Verkauf mit der Umsatzsteuer zu buchen.			
rechtliche Grundlagen der Umsatzsteuer	Umsatzsteuer-systematik	Vorsteuer beim Einkauf	Umsatzsteuer beim Verkauf
Zahllast	Vorsteuerüberhang	Passivierung	Aktivierung

... Anschaffungskosten zu ermitteln und Veränderungen im Anlagevermögen buchhalterisch zu erfassen.		
Anschaffungskosten	Anschaffungsnebenkosten	Abschreibungsplan
lineare Abschreibung	degressive Abschreibung	Geringwertige Wirtschaftsgüter

... die Zielsetzung, das externe vom internen Rechnungswesen zu unterscheiden.		
Finanzbuchführung mit Gesamtergebnisrechnung	Kosten- und Leistungsrechnung mit Betriebsergebnisrechnung	Abgrenzungsrechnung und das Neutrale Ergebnis

... Ergebnistabelle zu erstellen und zu interpretieren.		
Kosten und Leistungen	Neutrale Aufwendungen/ Neutrale Erträge	Kalkulatorische Kosten (Anderskosten / Zusatzkosten)
Betriebsergebnis / neutrales Ergebnis / Unternehmensergebnis	Ergebnistabelle	Abgrenzungsrechnung

... den Betriebsabrechnungsbogen zu kennen und Handlungskostenzuschlagssätze der Vollkostenrechnung zu ermitteln.				
Einzelkosten / Gemeinkosten	Betriebsabrech-nungsbogen	Handlungskosten-zuschlagssätze	Verteilungs-rechnung	Kostenstellen

... die Kostenkontrolle durchzuführen und die Ursachen und Maßnahmen zur Kostensenkung zu erörtern.				
Istkosten / Normalkosten	Kostenüber-deckung / Kosten-unterdeckung	Ursachen von Kostenabwei-chungen	Maßnahmen	Zeitvergleich

... die Teilkostenrechnung anzuwenden und auf deren Basis Entscheidungen zu treffen.			
Fxkosten / variable Kosten	Break-Even-Point (Gewinnschwelle)	Stückdeckungsbeitrag	Deckungsbeitrag als Periodenrechnung
Langfristige Preisuntergrenze	Kurzfristige Preisuntergrenze	Mischkalkulation	

... die wesentlichen Vergleichszahlen der kurzfristigen Erfolgsrechnung (KER) zu kennen, zu ermitteln und auszuwerten.			
Umsatzerlöse	Preisänderungen	Wareneinsatz	Rohgewinn
Wareneingang	durchschnittlicher Lagerbestand	Lagerumschlag-häufigkeit	

... Anhand von Kennziffern das Unternehmen zu analysieren und mit anderen Kennzahlen zu vergleichen.				
Bilanzkennzahlen	Eigenkapitalquote/ Fremdkapitalquote	Verschuldungs-grad	Liquidität	Branchenvergleich
Erfolgskennzahlen	Rentabilität	Wirtschaftlichkeit	Cashflow	Zeitvergleich

Der Modellbetrieb im Lernfeld 11

Unternehmensbeschreibung	
Firma **Geschäftszweck** **Geschäftssitz** **Registergericht**	**Baumarkt KG** Baumarkt für Heimwerker,- Bau- und Gartenbedarf Aachener Str. 15, 40223 Düsseldorf Amtsgericht Düsseldorf HRB 0185 Steuernummer: 5106/5077/4357 USt.-Id.-Nummer: DE 152965189
Gesellschafter	Stefan Droscht (Komplementär) Sabine Turnis (Kommanditistin) Sahid Ibrahim (Kommaniditist)
Telefon **Telefax** **Homepage** **E-Mail**	0211-657010 0211-657000 www.baumarkt-kg.de info@baumarkt-kg.de
Bankverbindung	Sparkasse Düsseldorf BIC: DUSSDEDDXXX IBAN: DE60 3005 0110 0000 1654 89
Mitarbeiter	240 Mitarbeiter Davon 10 Auszubildende zur/zum Kauffau/-mann im Einzelhandel
Auszug aus dem Absatzprogramm	**Werkzeuge, Eisenwaren, Farben, Holz, Elektro, Sanitär, Garten**
Weitere Informationen für die Bearbeitung der Lernsituationen	
Abteilungen	**Marktleiter:** Werner Seifert **Abteilungsleiter:** **Werkzeugabteilung:** Peter Müller **Elektroabteilung:** Paul Schneider **Einkauf:** Christian Lenzen **Verkaufsleistung:** Deniz Yilmaz **Kassenleitung:** Sabine Peters **Eisenwaren:** Petra Jungblut **Rechnungswesen:** Kristian Body

Lernsituation 1

Warenbewegungen erfassen und Bestandsveränderungen dokumentieren

Herr Body ist der Leiter der Rechnungswesen-Abteilung der Baumarkt KG und legt sehr großen Wert auf eine korrekte Buchführung. Dies trifft auch auf die exakte Erfassung der Warenbewegungen zu. Nur so ist es in einem Unternehmen möglich, im Anschluss den Erfolg zu ermitteln.
Damit er einen genauen Überblick über die aktuellen Bestände und Verbräuche hat, müssen sämtliche Bestandsveränderungen detailliert notiert werden. Die Auszubildende Alessja Weißbauer unterstützt ihn derzeit bei der Erfassung der Warenbewegungen.

TRIAL GmbH – Elisabethenstraße 114 – 68159 Mannheim

Trial GmbH
Kräuterpflanzen

Baumarkt KG
Aachener Str. 15
40223 Düsseldorf

Ihr Zeichen, Ihre Nachricht vom: /

Unser Zeichen, unsere Nachricht vom:
TR-LU

Telefon-Durchwahl:
0621-85 69 87-201, Frau Nurka

Datum:
26.10.20..

Rechnung Nr. 62001
Ihre Bestellung vom 22.10.20..

Sehr geehrte Damen und Herren,

aufgrund unserer Lieferung stellen wir folgende Artikel in Rechnung:

Pos.	Artikelnummer/Artikelbezeichnung	Menge	Einzelpreis	Gesamtpreis
001	200003 Kräutertöpfe Basilikum im 17er Topf	200 St.	1,40 EUR	280,00 EUR
	Gesamter Auftragswert (netto)			**280,00 EUR**

Zahlungsbedingung: 3 % Skonto innerhalb 15 Tagen oder 30 Tage Ziel nach Rechnungszugang
Die Ware bleibt bis zur vollständigen Bezahlung unser Eigentum.

Mit freundlichen Grüßen
TRIAL GmbH

Anna Nurka
i. V. Anna Nurka
Verkaufsleiterin

*Aus Vereinfachungsgründen wird in dieser Lernsituation bei den Belegen auf die Umsatzsteuer verzichtet, diese wird zu einem späteren Zeitpunkt behandelt.

Baumarkt KG - Aachener Str. 15 – 40223 Düsseldorf

Baumarkt KG

An
Restaurant VaPiano
z. Hd. Frau Braun
Mannheimer Str 113
68723 Schwetzingen

Kundennummer: 51575
Lieferschein-Nr.: hd-4945561
Rechnungs-Nr.: 20..-10-2372
Auftrags-Nr.: 20..-10-2372a

Ihr Zeichen, Ihre Nachricht vom:
25.10.20..
Unser Zeichen, unsere Nachricht vom:
hd-561
Telefon-Durchwahl:
0211-100, Müller
Datum:
25.10.20..

Rechnung

Sehr geehrter Kunde, sehr geehrte Kundin,

anbei erhalten Sie die Rechnung über den Kräutertöpfe Basilikum. Der Endbetrag setzt sich wie folgt zusammen:

Nr.	Beschreibung	Menge	Einheit	VK-Preis	Gesamtbetrag
1	Kräutertopf Basilikum	145	Stück	2,99 EUR	433,55 EUR

Unter Erklärung des Eigentumsvorbehalts bitten wir Sie, den Betrag bis zum 30. Oktober 20.. zu überweisen.
Vielen Dank für Ihren Einkauf.

Mit freundlichem Gruß
Baumarkt KG

C. Diegel
Constanze Diegel

Geschäftsräume
Aachener Str. 15
40223 Düsseldorf

Kontakt
Tel: +49 211 657010
Fax: +49 211 657000
eMail: info@baumarkt-kg.de
Internet: www.baumarkt-kg.de

Bankverbindung
Bank: Sparkasse
Bankort: Düsseldorf
BLZ DUSSDEDDXXX
IBAN DE60 3005 0110 0000 1654 89

Arbeitsaufträge

1. **Prüfen Sie die Belege auf ihre rechnerische und sachliche Richtigkeit und erläutern Sie, welche betrieblichen Vorgänge den Belegen zugrunde liegen.**

2. **Begründen Sie die unterschiedlichen Preise auf den Belegen für die Kräutertöpfe Basilikum und erklären Sie das Problem, das bei der Buchung der Beträge entsteht.**

3. **Welche der folgenden Konten sind wichtig, damit die vorliegenden Warenbuchungen exakt erfasst werden können?**
Kreuzen Sie die korrekten Konten an.

Konten	richtig	falsch
Betriebs- und Geschäftsausstattung		
Waren		
Aufwendungen für Waren		
Bank		
Kasse		
Forderungen aus Lieferung und Leistung		
Verbindlichkeiten aus Lieferung und Leistung		
Umsatzerlöse		

4. **Bei der Buchung des Wareneingangs und Warenausgangs besteht die Möglichkeit, den Wareneingang mithilfe von unterschiedlichen Methoden zu buchen. Treffen Sie eine begründete Empfehlung für die Kräutertöpfe Basilikum unter der Annahme, dass es sich dabei um Waren handelt, die eine sehr hohe Umschlagshäufigkeit haben und nur für sehr kurze Zeit eingelagert werden müssen.**

5. Bilden Sie die Buchungssätze für Beleg 1 und Beleg 2:

Lfd. Nr.	Buchungssatz	Soll	Haben
Beleg 1			
Beleg 2			

6. Aus der Buchführung stehen Ihnen für die Kräutertöpfe Basilikum zusätzlich folgende Informationen zum Bestand zur Verfügung. Ermitteln Sie zunächst die Bestandsveränderung und berechnen Sie den Warenrohgewinn.

Bestände:

Anfangsbestand an Waren	34 Kräutertöpfe Basilikum zu je 1,40 EUR = 47,60 EUR
Endbestand an Waren	89 Kräutertöpfe Basilikum zu je 1,40 EUR = 124,60 EUR

Geschäftsvorfälle

Wareneinkäufe	200 Kräutertöpfe Basilikum zu je 1,40 EUR = 280,00 EUR
Warenverkäufe	145 Kräutertöpfe Basilikum zu je 2,99 EUR = 433,55 EUR

Lernsituation 2

Grundlagen der Umsatzsteuersystematik kennenlernen und ihre Bedeutung verstehen

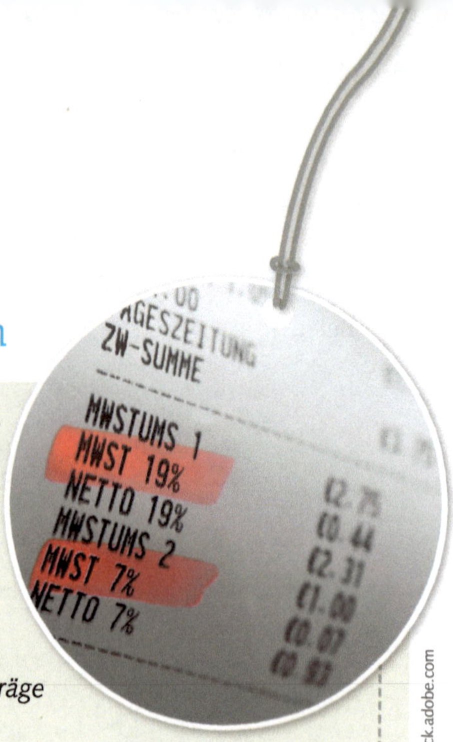

Zu Beginn des Arbeitstages trifft die Azubine Alessja Weißbauer in der Abteilung Rechnungswesen ein und hält Ausschau nach Herrn Body.

Alessja Weißbauer: *Guten Morgen, Herr Body. Ich war gestern in der Berufsschule und während der Mittagspause haben wir uns beim Discounter an der Ecke etwas zu Essen und Trinken geholt. Auf meinem Kassenbon waren die Begriffe Mehrwertsteuer/Umsatzsteuer vermerkt und die Rechnungsbeträge wurden in netto und brutto unterschieden.*

Herr Body: *Das stimmt. Bisher haben wir bei unseren Berechnungen die Umsatzsteuer nicht berücksichtigt. Das hat bisher der Vereinfachung gedient.*

Alessja Weißbauer: *Gibt es das dann auch auf unseren Rechnungen? Wieso müssen wir das machen? Wie funktioniert das? Wenn wir das bisher nicht berechnet haben, wird sich dann unser Gewinn dadurch erhöhen?*

Herr Body: *Das sind alles gute Überlegungen. Am besten wird es sein, wenn wir uns das gleich mal an einem praktischen Beispiel anschauen.*

Er holt einen Ordner aus dem Regal und nimmt zwei Rechnungen heraus.

Holz AG – Schäfflerstraße 263 – 68723 Schwetzingen

Baumarkt KG
Aachener Str. 15
40223 Düsseldorf

Telefon: 06202 777-0
Telefax: 06202 777-3010
E-Mail: info@schwetzingen-holzbau.de

Kundennummer: 440309
Rechnung vom: 04.02.20..
Rechnungs-Nr.: 00-01-021
Sachbearbeiter Herr Meyer
Bestellnummer: 941505
Bestelldatum: 01.02.20..
Lieferung am: 03.02.20..

Rechnung

Artikel	Artikelbezeichnung	Anzahl	Preis pro Holzpack	Bestellwert
7121520	Holzbretter aus Kiefer im 10er Pack Länge 80 cm, Breite 23 cm, Stärke 2 cm	10	51,00 EUR	510,00 EUR
7115510	Holzbretter aus Buche im 10er Pack Länge 80 cm, Breite 23 cm, Stärke 3,2 cm	10	73,15 EUR	731,50 EUR
			Warenwert	1.241,50 EUR
			+ 19 % USt	235,89 EUR
			Rechnungsbetrag	**1.477,39 EUR**

Bitte überweisen Sie den entsprechenden Betrag innerhalb von 14 Tagen nach Rechnungsdatum.

Holz AG
Geschäftsführung: Erwin Althaus
Amtsgericht Augsburg: HRB 6034
USt-ID-Nummer: DE 127493945
St.-Nr.: 521 8168 473

Bankverbindungen
Kreissparkasse Schwetzingen
IBAN DE05 7205 0101 0067 7562 44
BIC BYLADEM1AUG

Sparda-Bank eG
IBAN DE87 7209 0500 0076 7493 12
BIC GENODEF1S03

Baumarkt KG
Aachener Str. 15
40223 Düsseldorf

	EUR
Art/EAN 4020606071217 Holzbretter Kiefer 10er Pack 10 Stk × 70,– EUR	700,00
Art/EAN 4020606071217 Holzbretter Buche 10er Pack 10 Stk × 99,– EUR	990,00
Summe (5)	**1.690,00**
EC-Cash	**1.690,00**

Datum: 30.12.20..
Uhrzeit: 11:07:34 Uhr
Beleg-Nr.: 8347
Trace-Nr.: 007965

	Netto	Mwst	Brutto
C 19%	1.420,17	269,83	1.690,00

Vielen Dank für Ihren Einkauf
Umtausch nur mit Kassenbon

Arbeitsaufträge

1. **Sichten Sie die Belege 1 und 2 und vervollständigen Sie die markierten Lücken in der Darstellung.**

© industrieblick – stock.adobe.com

ER: Holz AG

Betrag (netto)		EUR
19% USt		EUR
Betrag (brutto)		EUR

Zahllast der Holz AG an das Finanzamt

Umsatzsteuer		EUR
– Vorsteuer	0,00	EUR
Zahllast		EUR

© jollier – stock.adobe.com

Kassenbeleg: Baumarkt KG

Betrag (netto)		EUR
19% USt		EUR
Betrag (brutto)		EUR

Zahllast der Baumarkt KG an das Finanzamt

Umsatzsteuer		EUR
– Vorsteuer		EUR
Zahllast		EUR

© auremar – stock.adobe.com

© mitifoto – stock.adobe.com

2. Ergänzen Sie die Lücken im Text mithilfe der vorgegebenen Wortsammlung.

Umsatzsteuer – erhöht – Steuerträger – Mehrwert – 7 % – Kundenservice – Mehrwertsteuer – größer Einkauf – Ausgangsrechnung – Umsatzsteuergesetz – Regelsteuersatz – ermäßigten Steuersatz – durchlaufender – nicht – Bemessungsgrundlage – Lagerungsfunktion – 19 % – Endverbraucher – Steuerschuldner – Wertschöpfungskette – Bruttobetrag – Verbindlichkeit – ohne – Verkauf – Wareneinkauf – Vorsteuer – Forderung – Differenzbetrag – 2 × Zahllast – besteuert – Vorsteuerüberhang – verrechnet – Produktionsprozesses

Im Verlauf eines ______________________ durchläuft ein Produkt zumeist mehrere Produktionsstufen. Auf jeder dieser Stufen ______________________ sich der Wert des Produktes. Dieser Vorgang wird als ______________________ bezeichnet. Die Ware hat dann einen ______________________ im Vergleich zur Vorstufe. Im Einzelhandel gehört dazu beispielsweise die ______________________, die Bereitstellung der Waren im Verkaufsraum oder aber auch der ______________________, den ein Händler anbietet. Dieser Mehrwert muss beim Verkauf der Ware ______________________ werden.

Was für den Endverbraucher die ______________________ bedeutet, ist für einen Unternehmer die ______________________, da sie auf die verkauften Waren angerechnet wird, die den Umsatz darstellen. Beim ______________________ und ______________________ von Waren und Dienstleistungen erscheint die Umsatzsteuer auf den Eingangs- und Ausgangsrechnungen des Einzelhändlers. Das liegt daran, dass in Deutschland der Konsum von Waren und Dienstleistungen nach § 1 ______________________ der Umsatzsteuer unterliegt. Dabei wird zwischen dem ______________________ in Höhe von __________ und dem ______________________ von __________ unterschieden. Bei den Rechnungen im ______________________ ist die Umsatzsteuer bereits enthalten, während der Nettobetrag die ______________________ für die Berechnung ist.

Die Umsatzsteuer wird zum Schluss ausschließlich vom ______________________ getragen. Der Unternehmer muss die Umsatzsteuer beim Verkauf der Waren seinen Kunden in Rechnung stellen. Dabei ist das Unternehmen der ______________________ und der Kunde der ______________________. Er muss also die Umsatzsteuer vom Kunden einbehalten und sie anschließend an das Finanzamt abführen. Deshalb ist aus Sicht des Verkäufers die auf der ______________________________ ausgewiesene Umsatzsteuer eine ______________________ gegenüber dem Finanzamt. Für ein Unternehmen ist die Umsatzsteuer damit ein ______________________ Posten ______________ Auswirkung auf den Gewinn des Unternehmens.

Der Einzelhändler führt jedoch die erhaltene Umsatzsteuer ____________ vollständig an das Finanzamt ab. Einen Teil der Umsatzsteuer hat er bereits beim ____________________ an andere Händler in Form der __________________ abgeführt. Sie gilt damit als bereits gezahlte Umsatzsteuer und ist aus der Perspektive des Unternehmers eine ______________ gegenüber dem Finanzamt. Deshalb wird lediglich der ________________________ zwischen der erhaltenen Umsatzsteuer und der bezahlten Vorsteuer in Form der ____________ abgeführt. Durch diesen Prozess führt jeder Unternehmer nur den Teil der Steuer an das Finanzamt ab, den er selbst für die Wertschöpfung am Produkt geleistet hat.

Ist die Umsatzsteuer ____________________ als die Vorsteuer, hat der Einzelhändler eine ______________________, also eine Verbindlichkeit gegenüber dem Finanzamt. Hat er mehr Vorsteuern bezahlt als Umsatzsteuer eingenommen, dann hat er eine Forderung gegenüber dem Finanzamt und damit einen ________________________________. In der Regel wird dieser nicht vom Finanzamt zurück überwiesen, sondern mit den darauffolgenden Schulden ____________________. Die Zahlungen leistet der Unternehmer jeweils bis zum 10. eines Folgemonats.

3. **Recherchieren Sie Beispiele für unterschiedliche Steuersätze bei verschiedenen Waren und Dienstleistungen, tragen Sie die Beispiele in die nachfolgende Tabelle ein und erklären Sie in diesem Zusammenhang, welche Zielsetzung mit dieser Staffelung verfolgt wird.**

Beispiele Steuersatz 0 %	Beispiele Steuersatz 7 %	Beispiele Steuersatz 19 %

Zielsetzung der unterschiedlichen Staffelung:

4. **Entscheiden Sie, ob es sich bei den Belegen der Baumarkt KG im Datenkranz auf S. 22 um einen Eingangs- oder Ausgangsrechnung handelt. Füllen Sie anschließend die Tabelle mit den entsprechenden Werten aus den Belegen 1 – 6 aus.**

Beleg Nr.	Belegart	Nettobetrag in EUR	Vorsteuer in EUR	Umsatzsteuer in EUR	Bruttobetrag in EUR
1					
2					
3					
4					
5					
6					

5. **Buchen Sie die Belege aus Aufgabe 4 im Grundbuch.**

Lfd. Nr.	Buchungssatz	Soll	Haben
1			
2			
3			
4			
5			
6			

6. **Beschreiben Sie jeweils anhand eines konkreten Beispiels, wie für die Baumarkt KG in einem Monat eine Zahllast und in einem anderen ein Vorsteuerüberhang entstehen kann.**

▶

7. **Herr Body beauftragt Sie mit der Ermittlung der Zahllast aus den Buchungen in Aufgabe 5. Bearbeiten Sie folgende Aufgaben:**

a) **Tragen Sie die entsprechenden Beträge aus den Buchungen in die Konten ein.**

b) **Ermitteln Sie die Zahllast, indem Sie die Konten abschließen.**

c) **Die Zahllast wird am 10. April an das Finanzamt überwiesen. Erstellen Sie entsprechend zu diesem Geschäftsvorfall den Buchungssatz.**

S	Vorsteuer	H

S	Umsatzsteuer	H

Lfd. Nr.	Buchungssatz	Soll	Haben
c)			

8. Erklären Sie, was Sie unter den Begriffen Passivierung und Aktivierung verstehen?

Passivierung:

Aktivierung:

9. Der Jahresabschluss steht bevor, zu diesem Zeitpunkt wurde die Zahllast von 8.743,22 EUR noch nicht an das Finanzamt überwiesen. Buchen Sie die Passivierung der Umsatzsteuer zum 31.12.

Lfd. Nr.	Buchungssatz	Soll	Haben

10. Entscheiden Sie, ob die folgenden Aussagen richtig oder falsch sind.

Aussage	richtig	falsch
Unter dem Begriff Mehrwert versteht man die Differenz zwischen Netto- und Bruttowarenwert.		
Das Vorsteuerkonto ist ein Erfolgskonto.		
Das Umsatzsteuerkonto ist ein passives Bestandskonto.		
Die Zahllast ist die Differenz zwischen ermittelter Umsatzsteuerschuld und Vorsteuer.		
Beim Kauf von E-Books fällt der ermäßigte Steuersatz an.		
Bei jedem Einkauf von Gütern und Dienstleistungen fällt Umsatzsteuer an.		
Die Zahllast muss ein Unternehmen spätestens am 10. des Folgemonats an das Finanzamt überweisen.		
Unter Vorsteuer versteht man eine Verbindlichkeit an das Finanzamt.		
Die Vermietung von Wohnungen ist umsatzsteuerfrei.		

Datenkranz

Beleg 1

Baumarkt KG – Aachener Str. 15 –
40223 Düsseldorf

Baumarkt KG

Luisenpark
Theodor-Heuss-Anlage 2
68165 Mannheim

Telefon: 0351 99999
Telefax: 0351 99999-8
E-Mail: info@baumarkt.de
Internet: www.baumarkt.de

USt-IdNr.: DE999999999
Rechnungnr.: 15-00199
Liefer-/Leistungsdatum: 30.01.20..
Rechnungsdatum: 30.01.20..

Sehr geehrte Damen und Herren,

vielen Dank für Ihren Auftrag vom 28.01.20.. Wir liefern Ihnen

Artikel	Artikelbezeichnung	Anzahl	Einzelpreis	Gesamtpreis
1	Olivenbäume	15	170,00 EUR	2.550,00 EUR
2	Palmen	20	136,00 EUR	2.720,00 EUR
3	Kirschlorbeer	10	85,00 EUR	850,00 EUR
			gesamt	**6.120,00 EUR**
			+ 19 % USt	1.162,80 EUR
			Rechnungsbetrag	**7.282,80 EUR**

Rechnungsbedingungen: zahlbar bis 02.03.20..
Abzug von 3 % Skonto bei Zahlung innerhalb 14 Tagen

Sparkasse Dresden
IBAN DE50 9000 8000 1234 5678 90
BIC BTDDGE01XXX

Amtsgericht Dresden
HRA 451

Beleg 2

Autohaus Seltmann GmbH
Verkauf, Reparatur und Service
Bürgerring 58 – 01070 Dresden

AUTOHAUS
Service und Qualität

Baumarkt KG
Aachener Str. 15
40223 Düsseldorf

Telefon: 0351 998890
Telefax: 0351 998897
E-Mail: info@seltmann.de
Internet: www.auto-seltmann.org
USt-IdNr.: DE77665544331

Kundennr.: 653320
Rechnungnr.: 20..-D-55736
Bearbeiter : S. Heidemann
Datum: 30.01.20..

Rechnung

Wir danke für Ihren Auftrag vom 29.01.20.. und berechen wie folgt

Nettobetrag in EUR	1.211,61 EUR
19 % Umsatzsteuer	230,21 EUR
Gesamtbetrag in EUR	**1.441,82 EUR**

Betrag bereits per EC-Zahlung beglichen.

Sparkasse Dresden
IBAN DE23 8505 0300 1276 0090 90
BIC OSDDDE83XXX

Geschäftsführer: Rolf Seltmann
Amtsgericht Dresden
HRB 5045

Beleg 3

Quittung
Nr. 536

	Euro
Nettobetrag	96,50
+ 19 % MwSt.	18,34
Gesamtbetrag	114,84

Betrag in Worten / Cent wie oben: einhundertvierzehn

von Baumarkt KG

für Reinigung Geschäftsräume 4. Kalenderwoche

dankend erhalten

Ort, Datum Dresden, 31.01.20..

Büroformulare

Beleg 4

Sprit-Tankstelle

Inh: Tom Auerswald
Seidnitzer Straße 9
01069 Dresden
Tel: 0351/2348893
Fax: 0351/2348895

Tankstellennummer: 236679
Kassierer: 0007
Kasse: 0003
Datum: 30.01.20..
Uhrzeit: 16:57

*****
0002****Super E10 50,26 EUR
ZS:10****31,43l***1,599EUR/l

Gesamtbetrag: 50,26 EUR
(in bar erhalten)

Typ	Netto	Mwst	Brutto
A: 19,00 %	42,24	8,02	50,26
B: 7,00 %	–	–	–

Verkauf von Kraft und Schmierstoffen im Namen und auf Rechnung der Sprit-Aktiengesellschaft.
Steuernummer DE117527885

Beleg 5

Bürobedarf M. Mutzmann e. Kfm.
Am Berg 136 – 01662 Meißen

Alles für ihr Büro

Baumarkt KG
Aachener Str. 15
40223 Düsseldorf

Telefon: 03521 87440
Telefax: 03521 874411
E-Mail: info@mutzmann.de

Kundennummer: Y 25 67 32
Bestelldatum: 04.05.20..
Rechnungs-Nr.: 20..-002248

Rechnung

Wir danken für Ihren Auftrag/Ihre Bestellung und stellen Ihnen folgende Positionen in Rechnung:

Lieferung/Leistung erbracht: 02.04.20..

Pos.	Artikelbezeichnung	Anzahl	Einzelpreis	Gesamtpreis
1	PH LaserJet Enterprise 500 Color MFP M575f **Multifunktionsdrucker**	1 Stk.	2.120,00 EUR	2.120,00 EUR
2	Transport, Anschluss und Einrichtung durch Fachmonteur	3 Std	60,00 EUR	180,00 EUR
			Zwischensumme	2.300,00 EUR
			Umsatzsteuer 19 %	437,00 EUR
			Gesamtbetrag	**2.737,00 EUR**

Zahlbar innerhalb 7 Tagen mit 3 % Skonto
oder innerhalb 4 Wochen ohne Abzug.

Inhaber: Markus Mutzmann e. K.
Amtsgericht Augsburg: HRA 422
USt-ID-Nummer: DE 871110376

Beleg 6

Baumarkt KG – Aachener Str. 15 – 40223 Düsseldorf

Baumarkt KG

Kindergärten am See GmbH
Robert Boos
Schloßstr. 97
88045 Friedrichshafen

Telefon: 0351 99999
Telefax: 0351 99999-8
E-Mail: info@baumarkt.de
Internet: www.baumarkt.de

Kundennummer: 5645
Rechnungsdatum: 27.01.20..

Rechnung 152/18

Lieferung/Leistung erbracht: 02.04.20..

Pos.	Artikelbezeichnung	Anzahl	Einzelpreis	Gesamtpreis
1	Spielturm Bruno XXL, Holz, blau	17	1.242,85 EUR	21.128,45 EUR
			– 12 % Rabatt	2.535,41 EUR
			+ 19 % Umsatzsteuer	3.532,67 EUR
			Rechnungsbetrag	**22.125,71 EUR**

Zahlung innerhalb von 30 Tagen rein netto.

Mit freundlichen Grüßen

K. Genau

K. Genau

Lernsituation 3

Sachanlagen anschaffen, Abschreibungen auf Sachanlagen berechnen und buchen

© contrastwerkstatt – stock.adobe.com

Das Kassensystem der Baumarkt KG ist stark veraltet, ständig fallen Kassen durch Störung aus, sodass sich lange Schlangen bilden und Kunden verärgert sind. Aus diesem Grund wurde vor Kurzem ein neues Kassensystem angeschafft. Die Rechnung für das Kassensystem (siehe Anlage 1) liegt bereits in der Buchführung zur Bearbeitung bereit.

Alessja Weißbauer wird beauftragt, die Anlagedatei für das Kassensystem anzulegen. Als sie die Datei öffnet, stellt sie fest, dass von ihrer Seite aus noch einige Unsicherheiten bezüglich der Eintragungen bestehen. Ihre Ausbilderin, Frau Ernst, hilft Alessja und empfiehlt ihr, die Unterlagen aus der Berufsschule zur Hand zu nehmen, damit sie noch einmal nachschlagen kann, bevor sie die Anlagedatei ausfüllt.

Anschaffung | Weiteres zur Anschaffung | Abschaffung | Verkehrszahlen | Dokumente | Diagramm | Wiederbeschaffungswerte

Identnummer	100002	Suchwort		
Bezeichnung			Editieren	
Buchungskreis	HGB	Art des Abschreibungsmodells	steuerlich	
		Abschreibungsmodelle kopieren		
Anlagenkategorie		Abschreibungsart		
Verdichtungs-Anlagenkategorie		Abschreibungskonto	62200	
Kostenstelle	1131	Wertberichtigungskonto		
Anschaffungsdatum		Übernommene Anschaffungskosten		EUR
Abschreibungsbeginn		Kumulierte Anschaffungskosten	0,00	EUR
Nutzungsdauer	Jahre	Kumulierte Abgänge	0,00	EUR
Übernahmedatum		Kumulierte Abschreibungen	0,00	EUR
Altanlage		Restbuchwert	0,00	EUR
		Erinnerungswert	1,00	EUR
		Kumulierte Teilwertabschreibungen		EUR

Arbeitsaufträge

1. **Alessja hat Schwierigkeiten, den richtigen Betrag für die Anschaffungskosten zu finden, da auf der Rechnung (Beleg 1 in der Anlage) mehrere unterschiedliche Anschaffungspreise auftauchen. Erklären Sie den Unterschied zwischen Anschaffungspreis und Anschaffungskosten.**

2. Bringen Sie den Inhalt der Kästchen für die Berechnung der Anschaffungskosten in die richtige Reihenfolge. Als Hilfestellung können Sie den §255 Abs. 1 HGB im Anhang nutzen. Ergänzen Sie die entsprechenden Beträge mithilfe der Rechnung für das Kassensystem.

Listeneinkaufspreis | = | Anschaffungspreisminderungen

– | Anschaffungskosten | Anschaffungsnebenkosten | +

3. Die Bilanz der Baumarkt KG enthält neben dem Kassensystem viele weitere Sachanlagen wie Fuhrpark, Gebäude oder BGA, bei deren Anschaffung ebenfalls Nebenkosten anfallen können. Kreuzen Sie an, ob es sich bei den Begriffen um Nebenkosten für Sachanlagen handelt.

	richtig	falsch
Transportkosten		
Kfz- Versicherung		
Tankfüllung für den Neuwagen		
Navigationssystem für den LKW		
Grundsteuer		
Montage einer Überwachungsanlage		
Installation einer Laderampe am LKW		
Überführungskosten		
Maklergebühren		
Kfz-Steuer		
Grunderwerbssteuer		

4. Erstellen Sie den Buchungssatz für die Eingangsrechnung des Kassensystems (Anlage 1).

Lfd. Nr.	Buchungssatz	Soll	Haben

5. **Alessja sieht, dass in der Anlagedatei Informationen über die Erfassung der Wertminderung in Form von Abschreibungen eingetragen werden müssen. Anhand ihrer Berufsschulunterlagen weiß sie, dass Vermögensgegenstände im Laufe der Zeit an Wert verlieren und diese Minderungen in der Bilanz erfasst werden müssen.**

a) **Erläutern Sie vier verschiedene Gründe, die es für die Wertminderung des Kassensystems geben könnte.**

b) **Beschreiben Sie die möglichen Abschreibungsmethoden.**

Lineare Abschreibung

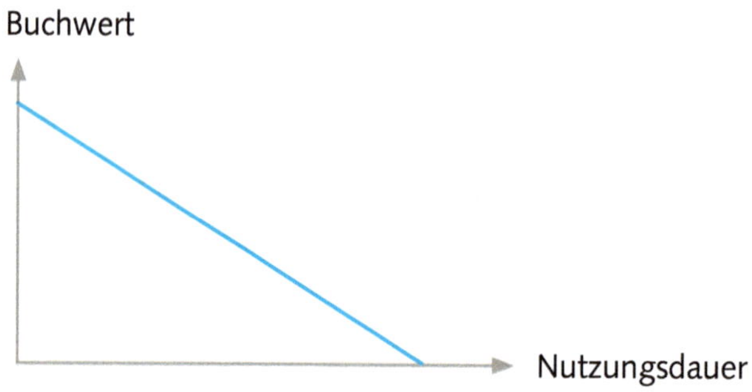

Degressive Abschreibung

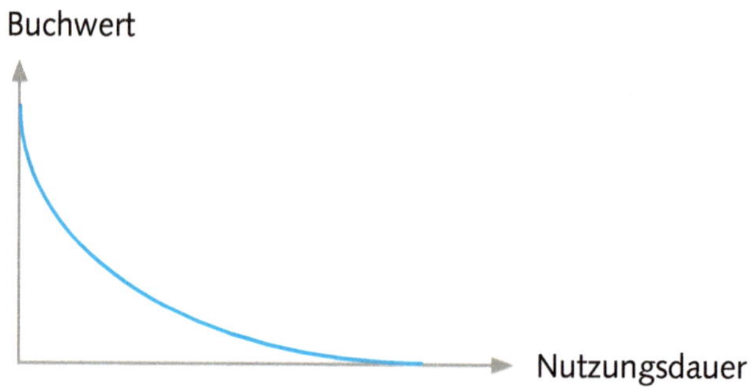

c) **Erklären Sie, welche Auswirkungen die Abschreibungen auf den Unternehmenserfolg haben. Ergänzen Sie in diesem Zusammenhang die fehlenden Begriffe im Abschreibungskreislauf.**

____

____

____

____

____

____

____

1. Anschaffung einer _______________.

© agrarmotive – stock.adobe.com

2. Wertminderung des Gutes wird als _______________ erfasst.

3. Die Abschreibungen fließen als _______________ _______________ bei der Preiskalkulation mit ein.

© whyframeshot – stock.adobe.com

4. Einnahme von _______________ durch den Verkauf der Waren.

5. Die Abschreibungen _______________ über die Preise.

6. Liquide Mittel dienen zur _______________ _______________ neuer Anlagen.

6. **Berechnen Sie den linearen Abschreibungsbetrag und den Abschreibungssatz für das Kassensystem bei einer Nutzungsdauer von 6 Jahren. Erstellen Sie anschließend einen Abschreibungsplan für die komplette Nutzungsdauer. Berücksichtigen Sie dabei, dass das Kassensystem über die gesetzliche Nutzungsdauer hinaus weiter im Unternehmen verbleibt.**

Linearer Abschreibungsbetrag	
Linearer Abschreibungssatz	

Abschreibungsplan – Kassensystem	
Anschaffungswert	
– Abschreibung Ende 1. Jahr	
= Buchwert (Restwert) Ende 1. Jahr	
– Abschreibung Ende 2. Jahr	
= Buchwert (Restwert) Ende 2. Jahr	
– Abschreibung Ende 3. Jahr	
= Buchwert (Restwert) Ende 3. Jahr	
– Abschreibung Ende 4. Jahr	
= Buchwert (Restwert) Ende 4. Jahr	
– Abschreibung Ende 5. Jahr	
= Buchwert (Restwert) Ende 5. Jahr	
– Abschreibung Ende 6. Jahr	
= Buchwert (Restwert) Ende 6. Jahr	

7. **Bilden Sie den Buchungssatz für die Abschreibung am Ende des 1. Jahres.**

Lfd. Nr.	Buchungssatz	Soll	Haben

8. **Füllen Sie die Anlagedatei mit den ermittelten Informationen aus.**

Anschaffung | Weiteres zur Anschaffung | Abschaffung | Verkehrszahlen | Dokumente | Diagramm | Wiederbeschaffungswerte

Identnummer	100002	Suchwort		
Bezeichnung			Editieren	
Buchungskreis	HGB	Art des Abschreibungsmodells	steuerlich	
		Abschreibungsmodelle kopieren		
Anlagenkategorie		Abschreibungsart		
Verdichtungs-Anlagenkategorie		Abschreibungskonto	62200	
Kostenstelle	1131	Wertberichtigungskonto		
Anschaffungsdatum		Übernommene Anschaffungskosten		EUR
Abschreibungsbeginn		Kumulierte Anschaffungskosten	0,00	EUR
Nutzungsdauer	Jahre	Kumulierte Abgänge	0,00	EUR
Übernahmedatum		Kumulierte Abschreibungen	0,00	EUR
Altanlage		Restbuchwert	0,00	EUR
		Erinnerungswert		EUR
		Kumulierte Teilwertabschreibungen	0,00	EUR

Alessja fühlt sich nun sicher genug, um Buchungen im Anlagenbereich selbstständig durchführen zu können. Sie erhält weitere Rechnungen Anlage 2 und 3 im Datenkranz über den Kauf eines Bürostuhls, zweier Regalsysteme und eines iPads.

9. **Alessja fällt auf, dass die Beträge geringer sind als beim Kassensystem. Sie erinnert sich an den Berufsschulunterricht, dass es auch geringwertige Wirtschaftsgüter gibt, die nach besonderen Kriterien abgeschrieben werden.**
Erklären Sie den Unterschied zwischen geringwertigen Wirtschaftsgütern und den übrigen Sachanlagen.

10. **Erläutern Sie die Abschreibungsmethoden, die bei den geringwertigen Wirtschaftsgütern zur Auswahl stehen.**

Abschreibungsmethode	Erläuterung
Sofortabschreibung	
Sammelabschreibung im Pool	
Regelabschreibung	

11. **Buchen Sie den per Sofortüberweisung bezahlten Bürostuhl direkt als Aufwand.**

Lfd. Nr.	Buchungssatz	Soll	Haben
1			

12. **Die Regalsysteme und das iPad sollen als Sammelposten abgeschrieben werden.**

a) **Buchen Sie die Regale (Sofortüberweisung) und das iPad (Kauf auf Ziel) am Tag der Anschaffung auf das entsprechende Konto.**

Lfd. Nr.	Buchungssatz	Soll	Haben
2			
3			

b) **Ermitteln Sie die Höhe des Sammelkontos sowie die Abschreibung für das erste Jahr.**

c) **Buchen Sie die Abschreibung für das Sammelkonto am Ende des ersten Jahres.**

Lfd. Nr.	Buchungssatz	Soll	Haben
4			

Datenkranz

Anlage 1

Kassensyteme Rost GmbH –
Industriestraße 30 – 74321 Bietigheim-Bissingen

ROST Kassensysteme GmbG

Baumarkt KG
Aachener Str. 15
40223 Düsseldorf

Telefon: 07142 – 237849
Telefax: 07142 – 237850

Bietigheim-Bissingen, 08.01.20..

Rechnungs-Nr.: 35497	**Lieferdatum:** 06.01.20..	**Kunden-Nr.:** 485
	Lieferanschrift: Siehe oben	**Bestelldatum:** 02.01.20..

Pos.	Bezeichnung	Menge	Einzelpreis	Gesamtpreis
1.	Kassensystem KS 4310	1		18.724,65 €
	5 % Rabatt			936,23 €
	Zwischensumme			**17.788,42 €**
2.	Montage			628,58 €
3.	Installation			540,00 €
	Nettorechnungsbetrag 19% USt			18.957,00 € 3.601,83 €
	Bruttorechnungsbetrag			**22.558,83 €**

Rechnung zahlbar innerhalb von 30 Tagen ohne Abzug.

Bank: VOBA Bietigsche
USt.IdNr. DE 081 818 919

IBAN DE11 6206 2213 0008 5197 73
BIC SOLADEZ

Information

Handelsgesetzbuch § 255 Bewertungsmaßstäbe
Anschaffungskosten sind die Aufwendungen, die geleistet werden, um einen Vermögensgegenstand zu erwerben und ihn in einen betriebsbereiten Zustand zu versetzen, soweit sie dem Vermögensgegenstand einzeln zugeordnet werden können. Zu den Anschaffungskosten gehören auch die Nebenkosten sowie die nachträglichen Anschaffungskosten. Anschaffungspreisminderungen, die dem Vermögensgegenstand einzeln zugeordnet werden können, sind abzusetzen.

Anlage 2

Bürohelfer GmbH – Hauptstraße 115 – 77652 Offenburg

Bürohelfer GmbH

Baumarkt KG
Aachener Str. 15
40223 Düsseldorf

Rechnung Nr.	1001
Rechnungsdatum	25.02.20..
Lieferdatum	25.02.20..
Ihre Kundennummer	4227
Ihr Ansprechpartner	Fabian Silberer

25.02.20..

Rechnung Nr. 1001

Vielen Dank für Ihr Vertrauen in die Bürohelfer GmbH. Wir stellen Ihnen hiermit folgende Leistungen in Rechnung:

Pos.	Bezeichnung	Menge	Einzelpreis	Gesamtpreis
1.	Bürostuhl	1,00 Stk	99,00 €	99,00 €
2.	Regalsystem	2,00 Stk	375,00 €	750,00 €
	Summe Positionen			849,00 €
	zzgl. Umsatzsteuer 19%			**161,31 €**
	Rechnungsbetrag			**1.010,31 €**

Zahlungsbedingungen: Zahlung innerhalb von 14 Tagen ab Rechnungseingang ohne Abzüge.

Mit freundlichen Grüßen

Fabian Silberer

Fabian Silberer

sevDesk GmbH
Hauptstraße 115
77653 Offenburg
Deutschland
Tel.: (+49) 7821 – 549370 – 0
E-Mail: info@sevenit.de

Musterbank
IBAN DE 85 12345678 0123456789
BIC PBNKDEFF

USt.-ID: 0815
Geschäftsführer:
Max Mustermann

Anlage 3

EDV Green OHG – Mannheimerstraße 115 – 77652 Offenburg

EDV GREEN OHG

Baumarkt KG
Aachener Str. 15
40223 Düsseldorf

Rechnung Nr.	777
Rechnungsdatum	25.02.20..
Lieferdatum	25.02.20..
Ihre Kundennummer	6786789
Ihr Ansprechpartner	Fabian Silberer

27.02.20..

Rechnung Nr. 777

Vielen Dank für Ihr Vertrauen in die Bürohelfer GmbH. Wir stellen Ihnen hiermit folgende Leistungen in Rechnung:

Pos.	Bezeichnung	Menge	Einzelpreis	Gesamtpreis
1.	**iPad Pro 12,9" (2020) – WLAN 128 GB – Space Grau**	1,00 Stk	880,00 €	880,00 €
	Summe Positionen			880,00 €
	zzgl. Umsatzsteuer 19%			**167,20 €**
	Rechnungsbetrag			**1.047,20 €**

Zahlungsbedingungen: Zahlung innerhalb von 14 Tagen ab Rechnungseingang ohne Abzüge.

Mit freundlichen Grüßen

Martin Body

Martin Body

EDV Green OHG
Mannheimerstraße 115
77653 Offenburg
Deutschland
Tel.: (+49) 7821 – 549370 – 0
E-Mail: info@sevenit.de

Musterbank
IBAN DE 85 12345678 0123456789
BIC PBNKDEFF

USt.-ID: 0815
Geschäftsführer:
Max Mustermann

Lernsituation 4

Das externe vom internen Rechnungswesen unterscheiden

Bei der Baumarkt KG kommt es zu folgender Diskussion zwischen dem Geschäftsführer, Herrn Droscht, und dem Abteilungsleiter des Rechnungswesens, Herrn Kristian Body.

© InsideCreativeHouse – stock.adobe.com

Herr Droscht: *„Herr Body, ich habe gerade die GuV aus dem vergangenen Geschäftsjahr gesehen. Wenn ich den Daten trauen darf, dann haben wir bei einem Ertrag von 4,5 Mio. EUR einen Verlust von 300.000 EUR erwirtschaftet. Müssen wir unser Unternehmen nun bald schließen?"*

Herr Body: *„Nicht so eilig Herr Droscht. Die Zahlen der Gewinn und Verlustrechnung sind absolut korrekt, dafür verbürge ich mich. Schließlich unterliegt die GuV den Bestimmungen des Handels- und Steuerrechts. Wir haben also im letzten Jahr einen Unternehmensverlust gemacht. Unser Betriebsergebnis war aber dennoch positiv."*

Herr Droscht: *„Ja, und was heißt das nun konkret? Was versteht man denn unter dem Betriebsergebnis? Und warum muss man zwischen dem Unternehmens- und Betriebsergebnis unterscheiden?"*

Herr Body: *„Nun, die Finanzbuchführung, zu der auch die GuV zählt, basiert auf den beiden Größen **Aufwendungen und Erträge**. Diese umfassen bei den Erträgen die Wertzuflüsse des gesamten Unternehmens. Dazu zählen sowohl die Umsatzerlöse aus der betrieblichen Tätigkeit als auch außerbetriebliche Wertzuflüsse, wie zum Beispiel Zinsen aus den Wertpapiergeschäften oder die Einnahmen aus der Gerätevermietung. Für die Aufwendungen gilt das Gleiche. Um den Erfolg aus der eigentlichen betrieblichen Tätigkeit zu ermitteln, das ist bei uns der Ein- und Verkauf von Waren, benötigen wir die Daten, die mit unserer Tätigkeit zusammenhängen. Nur so können wir feststellen, ob sich unsere betriebliche Tätigkeit lohnt oder nicht. Frau Weißbauer kann Ihnen da Genaueres mitteilen, die beschäftigt sich gerade mit den ganzen Daten."*

Arbeitsaufträge

1. **Sie werden gebeten, den Unterschied zwischen dem externen und internen Rechnungswesen übersichtlich darzustellen und zu erklären.**

a) **Ordnen Sie hierzu die nachfolgenden Begriffe in die Grafik ein.**

Betriebsergebnis, Finanzbuchführung, betriebsbezogen, Unternehmensführung, Kosten und Leistungen, keine, Aufwendungen und Erträge, Kosten- und Leistungsrechnung, unternehmensbezogen, Unternehmensumwelt (Kapitalgeber, Staat, Lieferanten usw.), Handels- und Steuerrecht, Gesamtergebnis

	Externes Rechnungswesen	Internes Rechnungswesen
Bezeichnung:		
Ausrichtung:		
Ergebnis:		
Notwendige Werte:		
Rechtliche Rahmenbedingungen:		
Adressaten:		

b) **Beschreiben Sie mithilfe der Grafik die beiden Bereiche des Rechnungswesens.**

2. **Stellen Sie die Aufgaben und Ziele der Kosten- und Leistungsrechnung dar.**

3. **Um die Aussagen von Herrn Body zu stützen, soll eine Übersicht der Formeln, die für die Finanzbuchführung und die Kosten- und Leistungsrechnung notwendig sind, erstellt werden. Leider sind die Ergebnisse durcheinandergeraten. Ordnen Sie den Formeln die richtigen Ergebnisse zu, indem Sie die richtigen Kästchen miteinander verbinden.**

Leistungen – Kosten	Betriebsverlust
Neutrale Erträge – Neutrale Aufwendungen	Unternehmensgewinn
Erträge – Aufwendungen	Unternehmensverlust
Leistungen > Kosten	Unternehmensergebnis
Leistungen < Kosten	Betriebsgewinn
Erträge > Aufwendungen	Neutrales Ergebnis
Erträge < Aufwendungen	Betriebsergebnis

4. **Kreuzen Sie an, ob die folgenden Aussagen richtig oder falsch sind.**

Nr.	Aussage	richtig	falsch
1	Unter Aufwendungen versteht man den Werteverzehr im Unternehmen für ausschließlich betriebliche Zwecke.		
2	Aufwendungen sind gleichzeitig auch immer Ausgaben.		
3	Kosten und Leistungen sind Begriffe der Erfolgsrechnung der Buchführung.		
4	Das Unternehmensergebnis enthält sowohl das Betriebsergebnis als auch das neutrale Ergebnis.		
5	Aus der Gegenüberstellung der Erträge und Aufwendungen wird das Unternehmensergebnis ermittelt.		
6	Erträge sind auch immer gleich Leistungen.		
7	Die Erfassung der Leistungen und Kosten erfolgt in der GuV.		

Lernsituation 5

Das Betriebsergebnis mithilfe der Ergebnistabelle ermitteln und interpretieren

Die Auszubildende Alessja Weißbauer erhält von Herrn Body folgende E-Mail:

von: body@baumarkt-kg.de
Senden **an: weissbauer@baumarkt-kg.de**
Betreff: Ergebnistabelle

Liebe Frau Weißbauer,

Herr Droscht hat mir mitgeteilt, dass Ihre Erläuterungen bezüglich des externen und internen Rechnungswesens für ihn sehr hilfreich und gut gelungen waren.
Nun möchte er gerne wissen, wie erfolgreich die Baumarkt KG im Dezember tatsächlich war und wünscht, die Ergebnisse in Zahlen vorgelegt zu bekommen, da er eine Sitzung mit den Abteilungsleitern hat.
Daher wende ich mich mit einer Bitte an Sie, eine Ergebnistabelle zu erstellen. Sicherlich wird es auch wieder hilfreich sein, wenn die Begriffe verständlich aufbereitet werden. Im Anhang finden Sie die notwendigen Informationen aus der GuV.
Gerne dürfen Sie dazu auch wieder die Unterlagen aus der Berufsschule nutzen.
Sollten Sie weitere Informationen benötigen, stehe ich Ihnen gerne zur Verfügung.

Mit freundlichen Grüßen

Kristian Body

Arbeitsaufträge

1. **Nachdem Alessja die Anlage in der Mail gesichtet hat, muss sie nun alle Erträge und Aufwendungen in einer Tabelle zusammenstellen. Übertragen Sie stellvertretend für Alessja die Erträge und Aufwendungen aus der GuV (Anlage 1) und entscheiden Sie, ob die Posten in der KLR als Kosten, Leistungen oder in der Abgrenzungsrechnung als neutrale Erträge oder neutrale Aufwendungen berücksichtigt werden. Kreuzen Sie ggf. den Grund für die Zuordnung zu den neutralen Aufwendungen und Erträgen an.**

Erträge / Aufwendungen	Leistungen	Kosten	Neutrale Erträge	Neutrale Aufwendungen	betriebsfremd	außerordentlich	periodenfremd

Erträge / Aufwendungen	Leistungen	Kosten	Neutrale Erträge	Neutrale Aufwendungen	betriebsfremd	außerordentlich	periodenfremd

2. **Erstellen Sie ein Prüfschema, anhand dessen die Zuordnung der Aufwendungen und Erträge aus der GuV auch für Laien möglich ist.**

3. **Füllen Sie mithilfe der Vorüberlegungen aus Aufgaben 1 die Ergebnistabelle aus und ermitteln Sie das Unternehmensergebnis, das neutrale Ergebnis sowie das Betriebsergebnis.**

Ergebnistabelle der Baumarkt KG – Dezember 20..						
Rechnungskreis I			**Rechnungskreis II**			
Finanzbuchhaltung			**sachliche Abgrenzung**		**Kosten- und Leistungsrechnung**	
Konten	**Aufwand**	**Ertrag**	**neutraler Aufwand**	**neutraler Ertrag**	**Kosten**	**Leistungen**
Umsatzerlöse für Waren		980.000,00				
Mieterträge		17.600,00				
Zinserträge		67.000,00				
Erträge aus Wertpapieren		49.000,00				
Aufwendungen für Waren	313.000,00					
Löhne und Gehälter	203.000,00					
Vertriebsprovisionen	147.000,00					
Abschreibungen auf SA	65.000,00					
Mietaufwendungen	35.000,00					
Betriebliche Steuern	74.000,00					
Zinsaufwendungen	17.000,00					
Gewerbesteuernachzahlung	8.500,00					
Aufw. für Kommunikation	16.000,00					
Außerordentliche Aufwendungen	14.300,00					
SUMMEN						
Ergebnis (Saldo)						

4. Interpretieren Sie die Ergebnisse aus Aufgabe 3.

____

____

____

____

____

____

____

____

____

Alessja weiß aus dem Berufsschulunterricht, dass es noch weitere Kostenbegriffe in der KLR gibt. Um Herrn Droscht noch weitere Informationen zur Verfügung stellen zu können, die bei der Abgrenzung zwischen GuV und KLR von Bedeutung sind, findet sie nach einer Recherche im Internet einen passenden Text. Leider ist dieser nur als Lückentext ohne Lösungsvorschlag abgebildet. Ergänzen Sie den Text mithilfe der vorgegebenen Wortsammlung.

40

Anderskosten, 2 × Unternehmerlohn, strengen, Nutzungsdauer laut AfA-Tabelle, Preise, Belegen, Personengesellschaften, kein, Zinsen, tatsächliche Nutzungsdauer, anderer Höhe, Wiederbeschaffungskosten, sichert, Zusatzkosten, Gesetzgebers, Finanzbuchführung

Unter Kalkulatorischen Kosten versteht man Kosten, denen im Vergleich zu der Kosten- und Leistungsrechnung in der ______________________ ein Aufwand in ______________ ______________ oder ______________ Aufwand gegenübersteht. Kalkulatorische Kosten, denen ein Aufwand in anderer Höhe in der Finanzbuchführung gegenübersteht, sind die sogenannten ______________________ . Stehen den kalkulatorischen Kosten in der Finanzbuchführung keine Aufwendungen gegenüber, so spricht man von ______________________ . Beispiele für die Kalkulatorischen Kosten sind kalkulatorische ______________________ , kalkulatorische Abschreibungen und der kalkulatorische ______________________ .
Der Grund für kalkulatorische Kosten liegt an den ______________________ Vorgaben des ______________________ für die Finanzbuchführung. So hat ein Unternehmer durch die Vorgabe der ______________________ nur wenig Spielraum, die ______________________ von Sachanlagen in den Preisen zu

verrechnen. Ebenso ist es in manchen Fällen unmöglich für ihn, technisch bessere und neuere Sachanlagen für den alten Betrag zu beschaffen, wenn über die ______________________ lediglich die Anschaffungskosten zurückfließen. Durch die kalkulatorischen Kosten kann er in der KLR mit den ______________________ (Anderskosten) kalkulieren, damit die benötigten Geldmittel im Falle einer Neuanschaffung vollständig zur Verfügung stehen.

Darüber hinaus darf ein Unternehmer laut Gesetzgeber nur mit ______________________ buchen. Wenn er jedoch kein Gehalt in seinem Unternehmen bezieht, sondern nur von den Gewinnen lebt, wie es bei ______________________ üblich ist, dann könnte er nur schlecht planen, wovon er leben soll. Also rechnet er bereits im Voraus den kalkulatorischen ______________________ als Zusatzkosten in die Preise ein und ____________ sich dadurch sein Einkommen.

5. Fassen Sie zusammen, welche vier Möglichkeiten es gibt, die Ergebnisse aus der Finanzbuchführung (GuV) in die KLR zu übernehmen.

____

____

____

____

6. Berechnen Sie folgende Beispiele zu den kalkulatorischen Kosten und begründen Sie, um welchen der vier Fälle aus Aufgabe 5 es sich handelt.

a) **Berechnen Sie die bilanziellen und kalkulatorischen Abschreibungen:**

Ein Lkw mit Anschaffungskosten von 120.000,00 EUR wird aufgrund gesetzlicher Vorschriften über 5 Jahre mit jeweils 20 % abgeschrieben. Aufgrund der laufenden Preiserhöhungen und weil der Unternehmer damit rechnet, dass er seinen Fuhrpark nach Ablauf der Zeit auf E-Autos umstellt, muss er in der Kostenrechnung von einem Wiederbeschaffungswert von 150.000 EUR ausgehen.

____

____

____

____

____

____

b) **Ermitteln Sie den kalkulatorischen Unternehmerlohn:**

Für die Mitarbeit zweier OHG-Gesellschafter wird kalkulatorisch ein „Gehalt" von je 5.000,00 EUR im Monat festgelegt. Außerdem arbeitet die Ehefrau eines Gesellschafters unentgeltlich im Unternehmen mit. Für eine vergleichbare Beschäftigung in einem anderen Unternehmen würde sie ein Bruttogehalt von 3.100,00 EUR monatlich erhalten.

c) **Erklären Sie, welche Auswirkungen die Berücksichtigung eines kalkulatorischen Unternehmerlohns auf das Unternehmensergebnis und das Betriebsergebnis hat.**

Datenkranz

Anlage 1

Gewinn- und Verlustkonto der Baumarkt KG – Dezember 20..

S			H
Aufwendungen für Waren	313.000,00	Umsatzerlöse für Waren	980.000,00
Löhne und Gehälter	203.000,00	Mieterträge	17.600,00
Vertriebsprovisionen	147.000,00	Zinserträge	67.000,00
Abschreibungen auf SA	65.000,00	Erträge aus Wertpapieren	49.000,00
Mietaufwendungen	35.000,00		
Betriebliche Steuern	74.000,00		
Zinsaufwendungen	17.000,00		
Gewerbesteuernachzahlung	8.500,00		
Aufw. für Kommunikation	16.000,00		
Außerordentliche Aufwendungen	14.300,00		
Eigenkapital (Gewinn)	220.800,00		
	1.113.600,00		1.113.600,00

Lernsituation 6

Die Kosten mithilfe des BAB verteilen, die Zuschlagssätze ermitteln und eine Kostenkontrolle durchführen

© mojo_cp – stock.adobe.com

Der Geschäftsführer der Baumarkt KG, Stefan Droscht, möchte sich einen Überblick über die Verteilung der Kosten im Unternehmen machen, nachdem er folgendes Gespräch zwischen dem Abteilungsleiter der Elektroabteilung, Paul Schneider, und der Controllerin, Frau Victoria Groß, angehört hat.

Herr Schneider: *Das kann doch nicht sein, dass die Preise nun schon wieder ansteigen, zumal ich mit Herrn Müller von der Werkzeugabteilung gesprochen habe und seine Preise um ein Vielfaches geringer angestiegen sind als die in der Elektroabteilung. Wie soll ich denn bei den Preissteigerungen auf meine Zahlen kommen?*

Frau Groß: *Die Baumarkt KG hat viele verschiedenen Abteilungen, die auch Kostenstellen genannt werden. Die einzelnen Abteilungen verursachen unterschiedlich hohe Gemeinkosten (Handlungskosten). So verursacht zum Beispiel Ihre Elektroabteilung durch die Leuchtmittel, Musterleuchten und die Vorführung von Maschinen viel höhere Energiekosten. Aber auch die Personalkosten durch die Notwendigkeit einer intensiven Kundenberatung schlagen stärker zu Buche als in der Werkzeugabteilung.*
Dagegen verursacht aber die Werkzeugabteilung beispielsweise viel höhere Raumkosten durch die Größe der notwendigen Fläche. Die Handlungskosten müssen deswegen verursachungsgerecht in Form von Handlungskostenzuschlagssätzen auf die verschiedenen Warengruppen verteilt werden. Bei uns im Markt geschieht dies nach den einzelnen Abteilungen. Steigen die Kosten in den Kostenstellen unterschiedlich, so kann das also an der entsprechenden Höhe der Zurechnung einzelner Gemeinkosten auf die jeweilige Kostenstelle liegen.
In Ihrem Fall, Herr Schneider, sind das die enorm gestiegenen Energiekosten.

Arbeitsaufträge

1. **Entscheiden Sie, ob es sich bei den in der Tabelle stehenden Kosten um Einzelkosten oder Gemeinkosten handelt.**

Kosten	Einzelkosten oder Gemeinkosten?
Energiekosten	
Grundsteuern und Abgaben	
Wareneinsatz (Aufwendungen für Waren)	
Mieten und Pachten	
Versicherungskosten	
Verkaufsprovisionen	

Kosten	Einzelkosten oder Gemeinkosten?
Abschreibungen auf Sachanlagen	
Werbung für ein Produkt	
Bezugskosten	
Stromkosten	
Löhne und Gehälter	
Zinsaufwendungen	
Aufwendungen für Kommunikation	
Verkaufsverpackung einer einzelnen Ware	

2. **Kostenstellen lassen sich nach unterschiedlichen Kriterien einteilen. Ordnen Sie die entsprechenden Bezeichnungen für Kostenstellen den Einteilungsbereichen zu.**

- [ ] Zentrale
- [x] Werkzeugabteilung
- [ ] Filiale Mannheim
- [ ] Vertrieb
- [ ] Filiale Düsseldorf
- [ ] Eisenwaren
- [ ] Lager
- [ ] Filiale Hamburg
- [ ] Holz
- [ ] Verwaltung
- [ ] Einkauf
- [ ] Elektroabteilung

Kostenstellen und Einteilungskriterien		
Aufgaben-/Funktionsbereiche	Sortimentsbereiche	Verkaufstellen
	Werkzeugabteilung	

3. Aus dem Controlling erhalten Sie den folgenden Auszug des Betriebsabrechnungsbogens für das 4. Quartal sowie weitere Informationen zu den Kosten.

Auszug Betriebsabrechnungsbogen (BAB) der Baumarkt KG – 4. Quartal

Kostenarten (Gemeinkosten)	Betrag in EUR	Verteilungsschlüssel	Kostenstellen			
			Holz	**Werkzeuge**	**Elektro**	**Eisenwaren**
Personalkosten	300.000,00	laut Mitarbeiterzahl				
Mietkosten	75.000,00	nach Fläche				
Energiekosten	32.000,00	nach Kilowattstunden				
Betriebliche Steuern	30.000,00	2:1:2:1				
Abschreibungen auf Sachanlagen	40.000,00	2:2:3:1				
Werbung	50.000,00	1:2:2:1				
Summe Gemeinkosten (= Handlungskosten)						
Wareneinsatz	2.070.000,00		824.000,00	362.000,00	486.000,00	398.000,00
Handlungskostenzuschlagssatz						

Verteilungsschlüssel	Holz	Werkzeuge	Elektro	Eisenwaren
Mitarbeiterzahl	4	3	5	3
Energiekosten (Verbrauch in kWh)	125.000	75.000	520.000	75.000

Verkaufsflächen in qm	
Holz	300 qm
Werkzeuge	180 qm
Elektro	100 qm
Eisenwaren	220 qm

a) **Verteilen Sie die Kosten unter Berücksichtigung der der entsprechenden Verteilungsschlüssel auf die Kostenstellen.**

b) **Ermitteln Sie für die Kostenstellen Holz, Werkzeuge, Elektro und Eisenwaren die Handlungskostenzuschlagssätze.**

c) **Tragen Sie die Lösungen im Betriebsabrechnungsbogen (BAB) ein.**

4. **Die Kosten einer Kostenstelle werden von Rechnungsperiode zu Rechnungsperiode ermittelt und können somit verglichen werden. Durch einen Zeitvergleich lassen sich positive oder negative Veränderungen feststellen. Um Herrn Schneider eine bessere Übersicht für die Abteilung Elektro zu ermöglichen, ist eine Kostenkontrolle durchzuführen.**
Übertragen Sie die Werte aus dem BAB für das Berichtsjahr, ermitteln Sie die Abweichungen in EUR und % und beurteilen Sie die Ergebnisse.

	Handlungskosten der Kostenstelle „Elektro"			
Handlungskosten	Handlungskosten im Berichtsjahr	Handlungskosten im Vorjahr	Abweichung in EUR	Abweichung in %
Personalkosten		87.300,00		
Mietkosten		10.057,00		
Energiekosten		14.560,53		
Betriebliche Steuern		10.000,00		
Abschreibungen auf Sachanlagen		19.562,00		
Werbung		27.560,23		
Summe der Handlungskosten				

5. **Erörtern Sie Ursachen für die Abweichungen und schlagen Sie geeignete Maßnahmen vor.**

Handlungskosten	Ursache	Maßnahmen
Personalkosten		
Mietkosten		

Handlungskosten	Ursache	Maßnahmen
Energiekosten		
Abschreibungen auf Sachanlagen		
Werbung		
Betriebliche Steuern		

Lernsituation 7

Auf Grundlage der Deckungsbeitragsrechnung absatzpolitische Entscheidungen treffen

© Rido – stock.adobe.com

Die Baubranche kann sich vor Aufträgen kaum retten, deshalb treten immer mehr Konkurrenten auf die Bildfläche. Aus diesem Grund ist ein erbitterter Kampf um die Kunden entstanden.
Der vor Ort ansässige Malerfachbetrieb Schade OHG hat bei der Baumarkt KG eine Anfrage für 60 Farbeimer weißer Farbe à 25 Liter für den Listenpreis von 63,00 EUR gestellt. Die Baumarkt KG ist sich des Auftrags sicher, wenn Sie dem Kunden einen Sofortrabatt von 12% auf den Nettoverkaufspreis anbietet.
Nach einer Woche ist jedoch immer noch keine Bestellung eingetroffen, weshalb die Auszubildende, Frau Jasmin Grund, die zurzeit in der Auftragsbearbeitung tätig ist, den Auftrag erhält, beim Malerfachbetrieb Schade OHG telefonisch nachzufragen.
Herr Schade erklärt ihr am Telefon, dass er sich auch noch bei der Konkurrenz Angebote eingeholt habe und jetzt noch unsicher sei. Er habe zwar in den letzten Jahren gute Erfahrungen mit der Baumarkt KG gemacht, aber ein Konkurrent habe ihm die Farbe für 41,00 EUR pro 25 KG-Eimer angeboten und das sei doch schließlich eine Überlegung wert, bei all den Ausgaben, die man derzeit habe.
Nach diesem Telefonat ist Frau Grund ganz aufgelöst. Sie ruft umgehend Herrn Body aus dem Rechnungswesen an und fragt, ob es nicht irgendeine Möglichkeit gäbe, diesem langjährigen Kunden ein passendes Angebot zu machen. Nicht nur dieser Auftrag würde sonst vielleicht verloren gehen. Sie macht sich Sorgen darum, dass der Kunde ggf. auch alle anderen Aufträge abziehen könnte. Sie verstünde die Welt nicht, wie es sein kann, dass ein anderer Betrieb einen solchen Preis anbieten kann, denn die Baumarkt KG war immer bekannt für ihre fairen und niedrigen Preise in der Gegend.
Herr Body versucht, sie zu beruhigen und verspricht, dass er sich die Preiskalkulation und etwaige Möglichkeiten, einen geringeren Preis anzubieten, noch einmal genauer anschauen wird, um den Auftrag dennoch zu bekommen.

Arbeitsaufträge

1. **Herr Body macht sich an die Arbeit und bittet Frau Grund unterdessen, die Selbstkosten für den Farbeimer zu berechnen und auf deren Basis einen Preisvorschlag zu machen.**
Hierzu stehen folgende Informationen zur Verfügung: Der Listeneinkaufspreis beträgt 37,00 EUR, die Baumarkt KG bekommt von ihrem Lieferanten 5 % Liefererrabatt, die Bezugskosten belaufen sich auf 60,00 EUR pro 100 Eimer Farbe. Der Handlungskostenzuschlagssatz in der Abteilung Farben beträgt 23,45 %. Berechnen Sie stellvertretend für Frau Grund den Selbstkostenpreis und bewerten Sie das Ergebnis.

Kalkulationsschema	%	EUR
Listeneinkaufspreis		
– Rabatt		
= Einkaufspreis		

Kalkulationsschema	%	EUR
+ Bezugskosten		
= Bezugspreis / Einstandspreis		
+ Handlungskosten		
= Selbstkosten		

2. **Frau Grund erinnert sich, dass sie im Rahmen der Vollkosten- und Teilkostenrechnung schon einmal ein ähnliches Problem zu lösen hatte und schaut in ihren Unterlagen nach.**
Erklären Sie stichwortartig, worin grundsätzlich der Unterschied zwischen der Vollkostenrechnung und der Teilkostenrechnung (Deckungsbeitragsrechnung) liegt, indem Sie die Tabelle ausfüllen.

Vollkostenrechnung	Teilkostenrechnung (Deckungsbeitragsrechnung)

3. **Ordnen Sie durch Ankreuzen die Kostenbegriffe in der Tabelle den variablen oder fixen Kosten zu.**

Kosten	Variable Kosten	Fixe Kosten
Energiekosten (mit Zählern)		
Grundsteuern		
Wareneinsatz (Aufwendungen für Waren)		
Mieten und Pachten		
Versicherungskosten		
Verkaufsprovisionen		
Abschreibungen auf Sachanlagen		
Werbung für ein Produkt		
Bezugskosten		
Löhne und Gehälter		
Aufwendungen für Kommunikation		
Verkaufsverpackung einer einzelnen Ware		

4. **Entscheiden Sie, welche Aussagen zu der kurzfristigen und langfristigen Preisuntergrenze richtig oder falsch sind.**

Nr.	Aussage	richtig/falsch
1	Die kurzfristige Preisuntergrenze deckt alle Gemeinkosten.	
2	Die langfristige Preisuntergrenze deckt alle variablen und fixen Kosten.	
3	Die kurzfristige Preisuntergrenze entspricht den variablen Kosten.	
4	Bei der kurzfristigen Preisuntergrenze wird das Betriebsergebnis immer negativ sein.	
5	Die langfristige Preisuntergrenze entspricht den Selbstkosten.	
6	Bei der kurzfristigen Preisuntergrenze ist der Deckungsbeitrag gleich Null.	
7	Bei der langfristigen Preisuntergrenze ist der Deckungsbeitrag gleich Null.	
8	Die kurzfristige Preisuntergrenze deckt alle variablen Kosten.	

5. **Ermitteln Sie auf Basis der Deckungsbeitragsrechnung, welche Möglichkeiten die Baumarkt KG hat, ihre Preisuntergrenzen auszuschöpfen.**

6. **Die Baumarkt KG wirbt mit der Tiefpreisgarantie. In diesem Fall müsste der Farbeimer zum Konkurrenzpreis von 41,00 EUR angeboten werden. Ermitteln Sie den Deckungsbeitrag für einen Farbeimer und beurteilen Sie die Situation. Der Kunde besteht auf die Lieferung der Farbeimer.**

7. **Im Anschluss an die ermittelten Werte erhält Jasmin Grund ein großes Lob von Herrn Body. Er hat noch weitere Zahlen aus der Farbabteilung zusammengestellt und bittet darum, das Betriebsergebnis zu ermitteln.**

a) **Übernehmen Sie die Aufgabe von Frau Grund und nutzen Sie zur Berechnung die vorgegebene Tabelle.**

b) **Beurteilen Sie anschließend die Situation.**

Deckungsbeitragsrechnung	Farben	Lacke	Mal-/Lackierzubehör
Nettoumsatzerlöse	49.000,00	38.400,00	24.470,00
-– Warenaufwendungen	21.652,00	19.501,00	18.774,00
= Warenrohgewinn			
– variable Kosten	6.789,00	5.433,00	7.902,00
= Deckungsbeitrag pro Stück			
Deckungsbeitrag gesamt			
– fixe Kosten		14.851,00	
= Betriebsergebnis			

8. **Erklären Sie in diesem Zusammenhang die Mischkalkulation sowie die Begriffe „Ausgleichsnehmer“ und „Ausgleichsträger“.**

9. **Herr Body ist mit den Ausarbeitungen von Jasmin Grund sehr zufrieden, dennoch hakt er noch einmal telefonisch nach, ob sie die Sache mit dem „Break-even-Point" richtig verstanden hat. Er möchte sie testen und schickt ihr per Mail eine Skizze, bei der die fehlenden Begriffe richtig zugeordnet werden sollen.**

a) **Tragen Sie die vorgegebenen Begriffe an die entsprechende Stelle der Skizze ein.**

Gewinnschwelle, fixe Kosten, Verlust, Gewinn, variable Kosten, Umsatzerlöse, Gesamtkosten

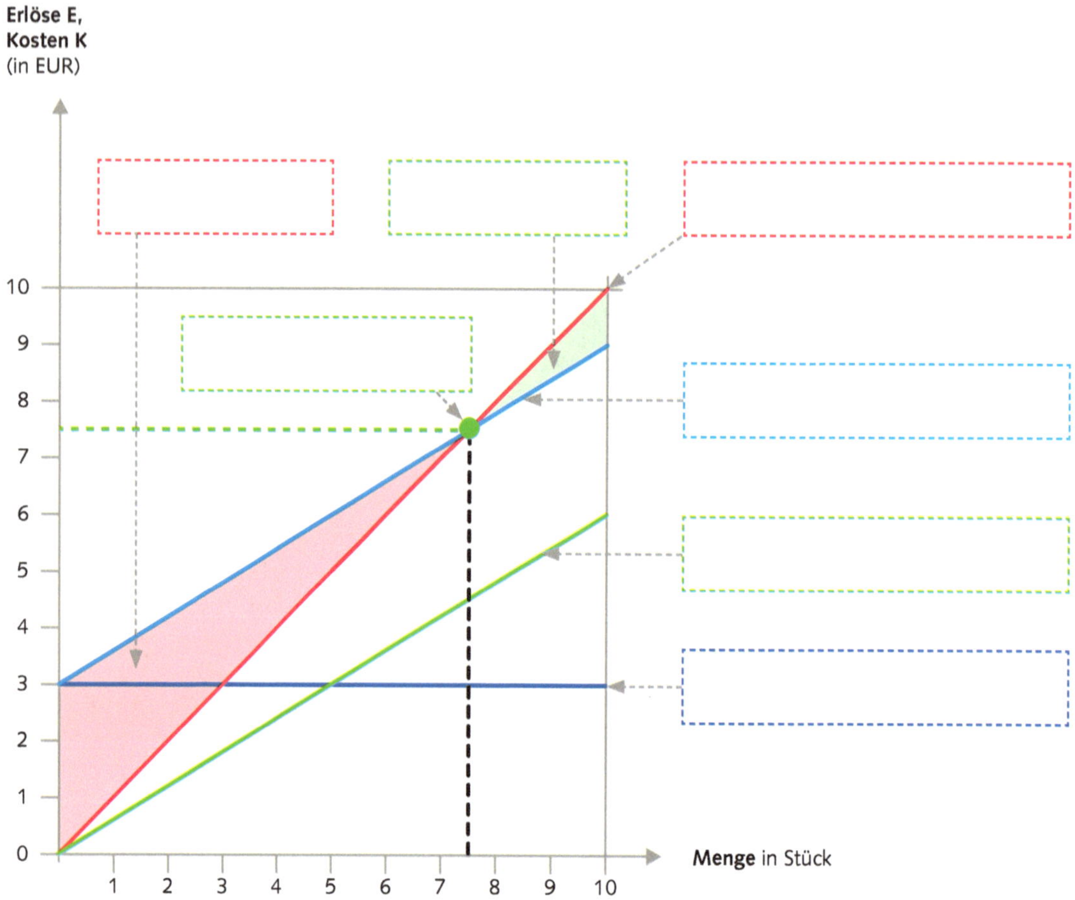

b) **Erklären Sie mithilfe der Grafik den Begriff „Break-even-Point".**

Lernsituation 8

Die kurzfristige Erfolgsrechnung als Kontroll- und Planungsinstrument nutzen

Zu Beginn des neuen Jahres hat Herr Body die drei Gesellschafter der Baumarkt KG und den Marktleiter Werner Seifert zu einer Video-Konferenz eingeladen, um über die Zahlen der GuV aus dem letzten Jahr zu sprechen. Das Jahr war gefühlt erfolgreich, auch wenn auf viele unvorhergesehene Situationen reagiert werden musste. Die Zahlen sind jedoch nicht wirklich zufriedenstellend.

Frau Turnis (Kommanditistin): *Guten Morgen, Herr Body. Ich hatte Sie um die Einberufung einer kurzfristigen Video-Konferenz gebeten, weil ich gerne Ihre Einschätzung zu unserer GuV kennenlernen würde. Nach diesem turbulenten Jahr hätte ich doch gern etwas mehr Gewinn erwartet. Auch wenn es tatsächlich nicht so einfach ist, für ein ganzes Jahr den Überblick zu behalten.*

Herr Body (Abteilungsleiter Rechnungswesen): *Sie sagen es. Auch wenn wir die Situation an vielen Positionen zu unseren Gunsten entscheiden konnten, gibt es eben noch viele andere Posten, die man sich anschauen müsste. Zudem ist es aufwendig, die GuV in kürzeren Abständen zu kontrollieren, da ja doch einiges an Arbeit dahintersteckt, bis alle Zahlen erfasst sind.*

Said Ibrahim (Kommanditist): *Gibt es denn andere Möglichkeiten, die Zahlen kurzfristiger anzuschauen, um schneller reagieren zu können?*

Herr Seifert (Marktleiter): *Die gibt es tatsächlich. Wir könnten hierzu monatlich oder quartalsmäßig die kurzfristige Erfolgsrechnung durchführen. Das nötige Werkzeug haben wir durch unser WWS bereits im Unternehmen. So könnten wir in kürzeren Abständen die Zahlen prüfen und dadurch schneller reagieren.*

Herr Droscht (Komplementär): *Worauf warten wir dann noch? Leiten Sie alles Notwendige in die Wege, Herr Body.*

Arbeitsaufträge

1. **Erklären Sie die kurzfristige Erfolgsrechnung als wichtiges Instrument zur Kosten- und Leistungskontrolle.**

2. **Herr Body wird beauftragt, die Vergleichszahlen der KER zusammenzustellen. Diese sind jedoch etwas durcheinandergeraten. Fügen Sie die richtigen Begriffe in die Lücken ein und verbinden Sie anschließend die jeweils zusammengehörenden Erklärungen und Bedeutungen durch eine Linie.**

2 × Umsatzerlöse, 2 × Wareneinsatz, 2 × Preisänderungen, 2 × Rohgewinn, 2 × Lagerbestand, 2 × Wareneingang, 2 × Lagerumschlaghäufigkeit

Erklärung

Beim ____________________ handelt es sich um die monatlichen Wareneinkäufe. Diese Information wird dem Warenwirtschaftssystem entnommen.

Die ____________________ gibt an, wie oft der Lagerbestand im Unternehmen in einem bestimmten Zeitraum verkauft, also umgesetzt, wurde.

Der ____________________ gibt an, wie hoch der durchschnittliche Vorrat an Waren (bezogen auf eine bestimmte Zeitspanne) im Lager ist.

Die ____________________ für die jeweiligen Monate werden aus dem Warenwirtschaftssystem übernommen. Sie werden durch Absatzmenge und Verkaufspreis ermittelt.

Der ____________________ ist für den Handel eine besonders wichtige Kennziffer. In Prozent ausgedrückt wird er auch Handelsspanne genannt. Die Handelsspanne sagt etwas über den Erfolg der geschäftlichen Tätigkeit aus.

Die ____________________ werden in EUR und Prozent vom jeweiligen Monatsumsatz berechnet. Dabei kann es sich um Preisreduzierungen oder um Preiserhöhungen handeln.

Beim ____________________ handelt es sich um die monatlichen Warenverkäufe. Er wird ebenfalls in Prozent errechnet und gibt an, welchen prozentualen Anteil die Warenkosten am Umsatz betragen.

Bedeutung

Je höher der ____________________, umso positiver ist das. Fallen die Werte zu niedrig aus, kann das Unternehmen durch unterschiedliche Maßnahmen gegenlenken. Ebenso kann dieser Wert auch als Zielsetzung für die Zukunft genutzt werden. Eine Steigerung ist in jedem Fall erstrebenswert, da der Betrieb dadurch rentabler wird.

Eine Veränderung beim ____________________ kann auf eine veränderte Nachfrage oder auf Preisänderungen hinweisen.

Wird der ____________________ in Beziehung zum Wareneinsatz gesetzt, kann der Einzelhändler ermitteln, ob sich sein Lagerbestand erhöht oder verringert hat und so eine Bestandsmehrung oder -minderung ermitteln.

Negative und positive ____________________ können den Umsatz erhöhen oder senken. Sie haben jedoch in jedem Fall eine Auswirkung auf die Handelsspanne bei unveränderter Kostenstruktur.

Anhand des ____________________

____________________ wird zum einen ersichtlich, wie hoch die Kapitalbindung im Unternehmen ist, zum anderen wird auch die Verkaufsbereitschaft des Unternehmens deutlich.

Kann der Einzelhändler ermitteln, welchen prozentualen Anteil der ____________________ am jeweiligen Umsatz hat, so wäre er in der Lage, erforderliche Kostensenkungs-maßnahmen einzuleiten.

Die Veränderung der ____________________

____________________ hat eine hohe Aussagekraft. Sie dient zur Beobachtung der durchschnittlichen Kapitalbildung. Daraus kann auch auf die Rentabilität eines Unternehmens geschlossen werden.

3. **Bevor Herr Body die neuesten Zahlen abruft, schaut er sich einen Auszug aus der kurzfristigen Erfolgsrechnung der Baumarkt KG für den Monat Januar aus den beiden Jahren 2025 und 2026 an.**

a) **Die Tabelle ist nicht vollständig. Berechnen und ergänzen Sie die fehlenden Werte in der Tabelle.**

	Umsatz in EUR	Wareneingang in EUR	Wareneinsatz in EUR	Lagerbestand in EUR	Warenrohgewinn/-verlust	
					in EUR	in % (Handels-spanne)
Januar 2025	1.006.000,00	730.000,00	870.000,00	349.000,00		
Januar 2026	892.000,00	783.000,00	1.040.000,00	92.000,00		

b) **Analysieren Sie die Werte der beiden Jahre und interpretieren Sie diese.**

Lernsituation 9

Den Unternehmenserfolg mithilfe von Kennziffern ermitteln und beurteilen

Alessja Weißbauer arbeitet schon seit einigen Monaten immer wieder mit ihrem Ausbilder, Herrn Body, im Bereich Rechnungswesen zusammen. Da gerade sehr viel zu tun ist, bittet er sie, die E-Mail von Herrn Droscht zu bearbeiten. Die notwendigen Informationen leitet er per Mail direkt an sie weiter. Da sich Herr Body auf Alessja verlassen kann, bittet er sie, die Präsentation für die Abteilungsleitersitzung weitgehend vorzubereiten.
Sie freut sich, da sie so am Ende Ihrer Ausbildung beweisen kann, dass sie die richtige Wahl für die ausgeschriebene Stelle im Unternehmen ist.

Senden	
	von: body@baumarkt-kg.de
	an: weissbauer@baumarkt-kg.de
	Betreff: Jahresabschluss und Kennzahlen

Fwd: E-Mail Herr Droscht an Herrn Body

Sehr geehrter Herr Body,
nachdem nun unser Jahresabschluss endlich fertig ist, sollten wir uns das Ergebnis genauer anschauen. Ermitteln Sie, welche Rentabilität, welche Eigenkapitalquote und welche Wirtschaftlichkeit wir in diesem Jahr erreicht haben.
Stellen Sie bitte auch alle weiteren wichtigen Kennziffern zusammen und präsentieren Sie Ihre Ergebnisse auf der nächsten Abteilungsleitersitzung.
Im Anhang sende ich Ihnen die Bilanz und die GuV, die noch vervollständigt werden müssen.

Mit freundlichen Grüßen
Stefan Droscht

Arbeitsaufträge

1. **Ergänzen Sie stellvertretend für Alessja die fehlenden Informationen bzw. Zahlen in der Bilanz und der GuV.**

Aktiva — Schlussbilanz Baumarkt KG — Passiva

Aktiva		Passiva	
I Anlagevermögen		**I Eigenkapital**	
1. Grundstücke u. Gebäude	1.800.000		
2. Fuhrpark	110.000	**II Verbindlichkeiten**	
2. BGA	99.000		
II Umlaufvermögen		1. Verb. ggü. Kreditinstituten	629.000
1. Waren	380.000	2. Verb. aus L u L	55.000
2. Forderungen aus L u L	39.500		
3. Kasse	2.000		
4. Bank	73.500		
Summe		Summe	

Soll		Gewinn- und Verlustkonto	Haben
Aufwendungen für Waren	2.570.000	Umsatzerlöse für Waren	4.130.000
Aufwendungen für Personal	1.160.000	sonstige Erträge	24.000
Abschreibungen auf Anlagen	89.500		
Aufwendungen für Zinsen	83.000		
Gewinn			
Summe		Summe	

2. **Alessja hat in der Berufsschule gelernt, dass es für eine Präsentation wichtig ist, alle Informationen so übersichtlich wie möglich zu gestalten. Zur Vorbereitung auf den Vortrag ist zunächst eine Übersicht zu den Bilanzkennziffern mithilfe der nun vollständigen Informationen aufzustellen.**
Ergänzen Sie dazu die fehlenden Tabelleneinträge und erklären Sie jeweils die Aussage der ermittelten Kennziffern.

Kennziffer	Formel	Werte aus Anlage
Eigenkapitalquote		
Aussage der Kennziffer:		
Fremdkapitalquote		
Aussage der Kennziffer:		
Verschuldungsgrad		
Aussage der Kennziffer:		
Liquidität (Barliquidität)		
Aussage der Kennziffer:		

3. **Die Idee mit einer übersichtlichen Tabelle funktioniert so gut, dass Alessja den wirtschaftlichen Erfolg der Baumarkt KG mithilfe der Erfolgskennziffern auf die gleiche Art und Weise darstellen möchte. Ergänzen Sie auch hier die fehlenden Tabelleneinträge und bewerten Sie jeweils die ermittelten Kennziffern.**

Kennziffer	Formel	Beispiel
Eigen-kapital-rentabilität		
Aussage der Kennziffer:		
Gesamt-kapital-rentabilität		
Aussage der Kennziffer:		
Umsatz-rentabilität		
Aussage der Kennziffer:		
Wirtschaft-lichkeit		
Aussage der Kennziffer:		
Cashflow		
Aussage der Kennziffer:		

4. Um bei der Abteilungsleitersitzung auf alles vorbereitet zu sein, besorgt sich Herr Body weitere Informationen zum wirtschaftlichen Erfolg der Baumarkt KG.
Ergänzen Sie die Tabelle um die ermittelten Kennzahlen des Berichtsjahres und beurteilen Sie die Entwicklung.

Erfolgs-kennzahlen	Berichtsjahr	Vorjahr	Beurteilung der Entwicklung
Eigenkapital-rentabilität		12,88 %	
Gesamt-kapitalrenta-bilität		11,45 %	
Umsatz-rentabilität		9,78 %	
Wirtschaft-lichkeit		0,99	

5. Das Ergebnis bei der Umsatzrentabilität fällt nicht zufriedenstellend aus. Überlegen Sie aus welchem Grund dies der Fall sein könnte.

Zum Abschluss seines Vortrages möchte Herr Body der Geschäftsleitung die Situation der Baumarkt KG im Vergleich zu den übrigen mittelständischen Unternehmen in Deutschland präsentieren. Im Internet hat er eine passende Grafik zur Eigenkapitalquote gefunden. Er erteilt Ihnen noch eine letzte Aufgabe.

Beurteilen Sie die ermittelte Eigenkapitalquote der Baumarkt KG (von Aufgabe 2) im Vergleich zur gegebenen Grafik.

Durchschnittliche Eigenkapitalquoten von mittelständischen Unternehmen in Deutschland nach Beschäftigtengrößenklassen von 2009 bis 2023

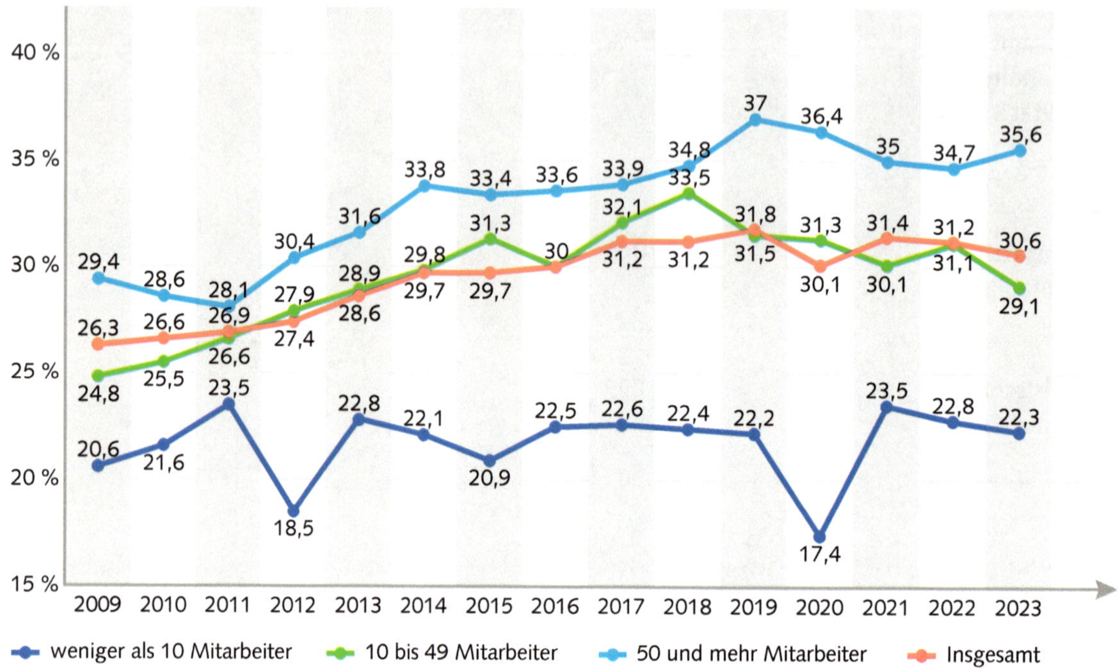

Kompetenzfragebogen

Ich kann …	ja	nein	unsicher	nachzulesen auf Seite	Übungs-aufgaben
… den Wareneingang und Warenausgang anhand von Belegen erkennen.					
… den Wareneingang und Warenausgang den richtigen Konten zuordnen.					
… die bestandsorientierte und verbrauchs-orientierte Buchungsmethode erklären und richtig zuordnen.					
… den Einkauf von Waren bestandsorientiert und verbrauchsorientiert buchen.					
… den Verkauf von Waren auf den entsprechenden Konten buchen.					
… Bestandsmehrungen und Bestandminde-rungen erklären und ermitteln.					
… den Prozess einer Wertschöpfungskette (Entstehung des Mehrwerts) erklären.					
… die Bedeutung der Umsatzsteuer für das Unternehmen und den Endverbraucher erläutern und deren gesetzliche Vorschriften benennen.					
… die Vorsteuer und Umsatzsteuer erklären und anhand von Belegen unterscheiden.					
… Geschäftsvorfälle unter Berücksichtigung der Umsatzsteuer verbuchen.					
… den Begriff Zahllast und Vorsteuerüberhang erklären und berechnen.					
… das Umsatzsteuerkonto und das Vorsteuer-konto abschließen.					
… die Zahllast bei Zahlung und Passivierung verbuchen.					
… die Begriffe Anschaffungspreis und Anschaffungskosten erklären.					
… Zugänge von Anlagegütern berechnen und verbuchen.					
… den Begriff Abschreibung definieren und Ursachen benennen.					
… den Unterschied zwischen linearer und degressiver Anschreibung erklären und die Bedeutung für die Steuer erkennen.					
…. die Auswirkung der Abschreibung mithilfe des Abschreibungskreislaufs auf den Unternehmenserfolg beschreiben.					

Ich kann …	ja	nein	unsicher	nachzulesen auf Seite	Übungs- aufgaben
… die lineare Abschreibung berechnen und einen Abschreibungsplan erstellen.					
… geringwertige Wirtschaftsgüter nach den gesetzlichen Regelungen zuordnen.					
… die Abschreibung von geringwertigen Wirtschaftsgütern vornehmen und verbuchen.					
… den Unterschied zwischen dem externen und internen Rechnungswesen erklären.					
… die Aufgaben und Ziele der Kosten- und Leistungsrechnung nennen.					
… die entsprechenden Ergebnisse den Rechnungskreisen zuordnen.					
… Begriffe Aufwendungen, neutrale Aufwendungen und Kosten unterscheiden.					
… betriebsfremde, außerordentliche und periodenfremde Aufwendungen beschreiben und als Formen von neutralen Aufwendungen einordnen.					
… die Begriffe Erträge, neutrale Erträge und Leistungen unterscheiden.					
…. betriebsfremde, außerordentliche und periodenfremde Erträge beschreiben und als Formen von neutralen Erträgen einordnen.					
… ein Prüfschema zur Einteilung von Aufwendungen und Erträgen erstellen.					
… die Ergebnistabelle richtig ausfüllen.					
… mithilfe der Ergebnistabelle das Betriebsergebnis, das Neutrale Ergebnis sowie das Gesamtergebnis berechnen.					
… den Begriff kalkulatorische Kosten erklären.					
… die kalkulatorischen Abschreibungen als ein Beispiel für Anderskosten beschreiben und berechnen.					
… den kalkulatorischen Unternehmerlohn als ein Beispiel für Zusatzkosten beschreiben und berechnen.					
… Einzelkosten und Gemeinkosten unterscheiden.					
… die Gründe für die Bildung von Kostenstellen erklären.					
… den Begriff Kostenstelle beschreiben und Möglichkeiten der Bildung von Kostenstellen darstellen.					

Ich kann …	ja	nein	unsicher	nachzulesen auf Seite	Übungs-aufgaben
… die Funktion und den Aufbau eines Betriebsabrechnungsbogens erläutern.					
… die Gemeinkosten mithilfe unterschiedlicher Verteilungsschlüssel auf die Kostenstellen verteilen.					
… die Handlungskosten je Kostenstelle berechnen.					
… den Handlungskostenzuschlagssatz je Kostenstelle berechnen.					
… den Einfluss von Änderungen bei den Gemeinkosten auf die Zuschlagssätze erkennen.					
… die Kostenkontrolle mithilfe eines Zeitvergleichs durchführen.					
… Ursachen für Kostenabweichungen erläutern und Maßnahmen vorschlagen.					
… die Selbstkosten für ein Produkt ermitteln.					
… die Unterschiede zwischen der Vollkosten-rechnung und der Teilkostenrechnung (Deckungsbeitragsrechnung) beschreiben.					
… fixe und variable Kosten erklären und zuordnen.					
… die kurzfristige und langfristige Preis-untergrenze erklären und ermitteln.					
… den Stückdeckungsbeitrag berechnen und beurteilen.					
… den Gesamtdeckungsbeitrag und das Betriebsergebnis berechnen und beurteilen.					
… die Begriffe Ausgleichnehmer und Ausgleichsträger im Zusammenhang mit der Mischkalkulation erklären.					
… die Deckungsbeitragsrechnung als Entscheidungshilfe preis- und absatzpolitischer Maßnahmen nutzen.					
… die Gewinnschwelle grafisch darstellen und den Break-even-Point erklären.					
… die kurzfristige Erfolgsrechnung als Instrument der KLR erklären.					
… die Vergleichszahlen der kurzfristigen Erfolgsrechnung nennen und erklären.					
… die Werte der KER ermitteln, analysieren und interpretieren.					

Ich kann …	ja	nein	unsicher	nachzulesen auf Seite	Übungs-aufgaben
… die Bilanzkennzahlen mithilfe der Bilanz berechnen und erklären.					
… die Erfolgskennzahlen mithilfe der GuV berechnen und erklären.					
… die Bilanz- und Erfolgskennzahlen in unterschiedlichen Zusammenhängen analysieren und beurteilen.					

LF 12 Mit Marketing-Konzepten Kunden gewinnen und binden

Mit Marketing-Konzepten Kunden gewinnen und binden

1. Ich erschließe aus Fallstudien und aktuellen Marktentwicklungen die Bedeutung des Marketings als zentrale Unternehmensaufgabe.

© stevepb – pixabay.com

2. Ich kann neue Marktinformationen sammeln und vorhandene betriebliche Daten analysieren.

© geralt – pixabay.com

3. Ich erkenne den Wert absatzpolitischer Instrumente, um bestehende Marketingziele zu verwirklichen.

© malerapaso – iStockphoto.com

4. Ich kann die Marketing-Instrumente zu einem Mix verbinden, in operative Aktionspläne umsetzen und den Erfolg kontrollieren.

© jirsak – stock.adobe.com

5. Ich begreife die Servicepolitik meines Ausbildungsbetriebes als wichtiges Instrument, um die Marktposition zu festigen und um Kunden binden.

© Hispanolistic – iStockphoto.com

6. Ich erkenne die Wechselwirkungen zwischen dem Onlinehandel und dem stationären Handel.

© dragana991 – iStockphoto.com

7. Ich setze mich mit verschiedenen Absatzstrategien auseinander.

© NicoElNino – iStockphoto.com

Die Kompetenzentwicklung umfasst, ...

... das Marketing als zentrale Unternehmensaufgabe verstehen, um eine Marktposition zu gewinnen und auszubauen.			
Entwicklungslinien des Marketings und wirtschaftliche Rahmenbedingungen	Marketing als Denkhaltung und Problemlösungsprozess verstehen	die aktuelle Bedeutung der Marketingarbeit im Einzelhandel abschätzen	Die eigene Marktposition des Unternehmens durch Analysemodelle festhalten

... Marktinformationen und Kundendaten zu sammeln und auszuwerten.			
Instrumente der Marktforschung einsetzen	Externe und interne Informationsquellen abschöpfen	Onlineshops und Online-Handelsplattformen analysieren, vergleichen und beurteilen	Marktforschungsprozess im Unternehmen kennen und umsetzen

... Konzepte zur Realisierung von Marketing-Zielen zu formulieren.			
Ziele im Unternehmen beschreiben, formulieren und messen	Marketing-Strategien beschreiben	Absatzpolitische Instrumente analysieren und abstimmen (Marketing-Mix)	Strategien in Aktionspläne umsetzen und Ergebnisse reflektieren

... die Bedeutung der Servicepolitik zu erfassen und Maßnahmen einzuleiten.		
Waren- und kundenspezifische Servicebedürfnisse erheben	Servicekonzepte des eigenen Ausbildungsbetriebes kennen und umsetzen	Kundenbeschwerden planmäßig ausräumen und Kundenzufriedenheit erhalten

... die Bedeutung besonderer kommunikationspolitischer Maßnahmen zu erkennen.	
Corporate Identity und Leitbild als Grundlagen kennen	Öffentlichkeitsarbeit (Public Relations) im Einzelhandel einsetzen

... den E-Commerce und die Wechselwirkungen zwischen dem stationären Einzelhandel und dem Onlinehandel abzuleiten.			
Single-Channel-, Cross Channel-, Multi-Channel-, Omni Channel-Retailing	Arten und Instrumente des E-Commerce	Rechtliche Grundlagen eines Webauftritts	Customer Journey beschreiben

... den Einsatz informationstechnischer Systeme zu realisieren.		
Marktforschung und Datenanalyse umsetzen	Projekte (Zeit-, Arbeitspläne) umsetzen und dokumentieren	Marketingkonzepte darstellen und bewerten

Der Modellbetrieb im Lernfeld 12

Unternehmensbeschreibung

Firma **Geschäftszweck** **Geschäftssitz** **Registergericht**	**Edeka Geimer e. K.** Verkauf von Food und Non-Food Artikeln Poststraße 77 in 79379 Müllheim Amtsgericht Müllheim HRA 4116 Steuernummer 98745/422150 UST-ID-NR.: DE7896543587
Geschäftsführer	Philipp Geimer
Telefon **Homepage** **E-Mail**	07631/1367-0 www.edeka-geimer.de info@edeka-geimer.de
Bankverbindung	Sparkasse Müllheim IBAN: DE93 2004 1144 0583 9156 00 BIC: GTZUSPKMUEXXX
Mitarbeiter	30 Mitarbeiter (18 in Teilzeit) 3 Auszubildende Marcus Weber (18 Jahre, 1. Ausbildungsjahr) Sinem Demiroglu (17 Jahre, 2. Ausbildungsjahr) Celina Fey (20 Jahre, 3. Ausbildungsjahr)
Verantwortungsbereiche	1. Frischebereich: Dominik Reiter 2. Trockensortiment/Getränke: Svenja May 3. Nonfood: Joshua Schulmeister 4. Aktionssortiment: Celina Fey und Philipp Geimer
Verkaufsfläche	800 m² in Selbstbedienung und Bedienung (Frischetheke)
Sortiment	**Frischebereich** Obst und Gemüse, Molkereiprodukte, Tiefkühlkost, Frischetheke (Fleisch, Wurst, Käse, Fisch) **Trockensortiment und Getränke** Süßwaren und Snacks, Backwaren, Konserven, Gewürze, Getränke (Mehrweggetränke und Einweg) **Nonfood** Haushaltswaren und Hygieneprodukte, Zeitungen und Zeitschriften, praktische Alltagshelfer (Batterien, Leuchten etc.) **Wechselndes Aktionssortiment** Spielwaren, Saisonware, Herstellerpromotionen
Ausbilderin	Clarissa Gempp (31 Jahre)

Lernsituation 1

Marketing-Probleme systematisch untersuchen und lösen

Wandel im Handel – aus dem Magazin „Stadtmarketing 4.0“ der Stadt „Müllheim“

Wir leben in einer Kleinstadt mit ca. 45.000 Einwohnern, besitzen eine Hochschule, ein Schwimmbad und sind als historische Stadt mit vielen alten Bauwerken, Parks, Museen sowie einem Theater ausgestattet. Unsere Stadt ist deshalb unter Touristen sehr beliebt. Es sind hier viele mittelständische, aber auch einige größere Unternehmen der Industrie, des Handels und der Finanzwirtschaft zu finden. Der lokale Einzelhandel hat von der Wirtschaftsstärke und der Kaufkraft der Kundinnen und Kunden in der Region bisher sehr profitiert.

In den letzten zehn Jahren haben sich allerdings Entwicklungen vollzogen, die das Stadtbild in der Fußgängerzone, verändert haben. Viele Einzelhändler haben sich im Gewerbegebiet außerhalb angesiedelt, das schnell von der Autobahn aus erreichbar ist. Darunter gehören u.a. ein Mediafachmarkt, eine Lebensmittel-Discounterkette, ein großer Supermarkt, ein Baufachmarkt sowie ein Shopping-Center. Das führte dazu, dass einige Betriebstypen aus der Stadtmitte nahezu komplett verschwunden sind. Bequemes Einkaufen von zuhause und die große Auswahl im E-Commerce spielten dabei auch eine Rolle.

In den A-Lagen im Zentrum gibt es fast nur noch große internationale Ketten (Filialisten), zumeist Textil, Parfümerie und Deko. Lokale Einzelhändler können sich die hohen Mieten nicht leisten und wandern in B-Lagen ab. Einige Traditionsbetriebe, die schon seit über 100 Jahren Spielwaren, Haushaltswaren oder Obst und Gemüse verkauften, mussten mangels Nachfolge schließen. Großflächigere Supermärkte sind wegen der Baunutzungsverordnung schwer realisierbar und es fehlen Parkplätze in Nähe der Fußgängerzone.

In manchen Straßenzügen fallen die Leerstände im Stadtbild deutlich auf. Diese Lücken können nur zum Teil durch kreative Ideen in der Schaufenstergestaltung engagierter Studentinnen und Studenten der Hochschule für Design gefüllt werden. Attraktive Veranstaltungen, um Menschen wieder in die Stadt zu bringen, wie Late Night Shopping oder Straßenfeste, konnten wegen der Corona-Pandemie nur begrenzt stattfinden.

Eine Gruppe engagierter lokaler Einzelhändlerinnen und Einzelhändler möchte frischen Wind in die Innenstadt bringen und die Attraktivität erhöhen. Dazu gehören ein Warenhaus, ein Textilkaufhaus, Fachgeschäfte (Spielwaren, Bücher, Sport, Fashion), ein Supermarkt, Gastronomen und Event-Veranstalter.

Arbeitsaufträge

1. **Herr Philipp Geimer ist Mitglied im Ausschuss für Stadtmarketing der Stadt Müllheim. In Kooperation mit anderen lokalen Einzelhandelsbetrieben soll ein Marketing-Konzept für die Innenstadt entwickelt werden. Die Auszubildende Celina Fey soll Herrn Geimer dabei zuarbeiten und mit Informationen versorgen. Dabei bietet das folgende Schema eine Hilfestellung bei der Bearbeitung.**

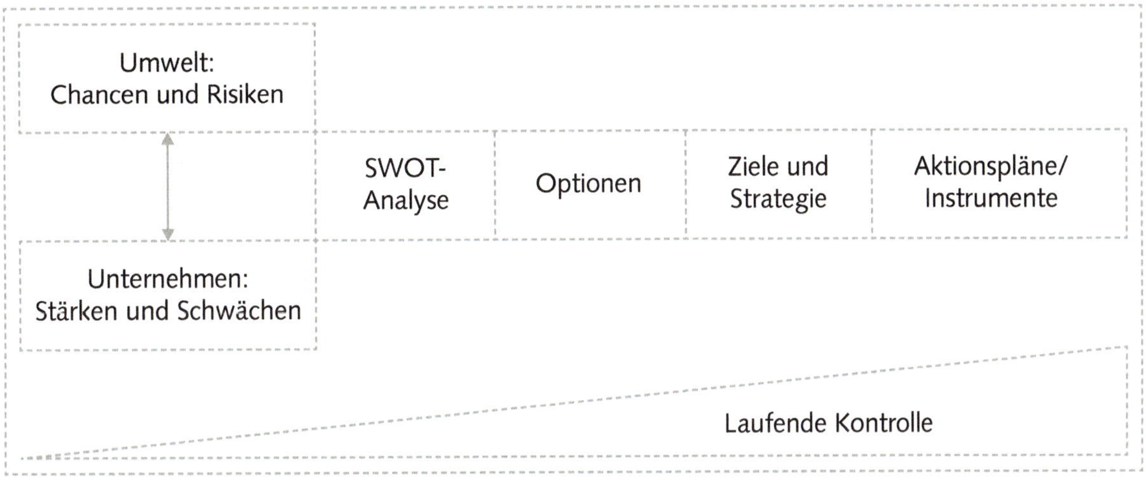

Analysieren Sie das Wettbewerbsumfeld der innerstädtischen Einzelhandelsbetriebe. Entnehmen Sie die Informationen dem oben darstellten Text und bringen Sie Ihre eigenen Erfahrungen mit ein.

Analyse des Umfelds	Situation des stationären Einzelhandels (City-Lage)
Wer sind unsere Wettbewerber, und wo sind sie?	
Was sind aktuelle Konsumtrends?	
Was sind technologische Trends?	

Analyse des Umfelds	Situation des stationären Einzelhandels (City-Lage)
Welche Probleme hat ein Standort in der Innenstadt?	
Welche behördlichen Vorschriften können Probleme bereiten?	
Welche Dienstleistungen wären Ihnen als Kunde wichtig, wenn Sie die Innenstadt besuchen?	

2. Nachdem das Wettbewerbsumfeld analysiert wurde, soll sich Celina Fey nun im zweiten Schritt Gedanken machen, wo der stationäre Einzelhandel gut aufgestellt ist und wo es Probleme gibt. Celina erhält ein Sitzungsprotokoll mit den unterschiedlichen Aussagen der Beteiligten des Stadtmarketingausschusses.

a) **Tragen Sie die Kennbuchstaben der Aussagen in das dargestellte SWOT-Analyseraster ein.**

b) **Kreuzen Sie in der Tabelle zu den Buchstaben A – G eine der vier Aktionen an und erläutern Sie diese.**

A) „Gemeinsam sind wir doch stark. Wenn alle, der Einzelhandel, die Gastronomie und Event-Veranstalter in Müllheim zusammenarbeiten, ist das eine Win-Win-Situation. Das gilt für uns wie für die Innenstadtbesucher, die sich dann rundum wohlfühlen."

B) „Schön und gut, wenn wir alle Stadtmarketing machen. Aber sind wir mal ehrlich. Es gibt auch Trittbrett-Fahrer oder solche, die nicht mitmachen wollen. Wir müssen die Chancen nutzen und alle Händler ins Boot holen. Alle sollten auf unserem digitalen Info-Portal „Innenstadt 4.0" vertreten sein."

C) „Meine Damen und Herren, unsere Trümpfe sind schon immer die schnelle Erreichbarkeit, die Ladenatmosphäre und der persönliche Service gewesen. Setzen wir weiterhin auf diese Karten und verknüpfen sie mit neuen Trends, z. B. zu regionaler Vielfalt oder Erlebniskäufen."

D) „Die Corona-Pandemie hat uns durch behördliche Auflagen etwas ins Abseits gestellt, wodurch vermehrt im Online-Versandhandel bestellt wurde. Bieten wir doch für bestimmte Produkte einen zentralen Liefer-Service oder Abholboxen an."

E) „Die Customer Journey hat sich grundlegend verändert. Kunden suchen nicht mehr lokal, sondern per Smartphone grenzenlos. Ich bin da skeptisch. Dem neuen Kaufverhalten hat der stationäre Handel wenig entgegenzusetzen. Vielleicht sollten wir Stammkunden mehr an uns binden."

F) „Große Onlinehändler bieten sehr viel Auswahl und haben eine Top-Logistik. Wir kleinen Händler haben das nicht. Ein Webshop lohnt sich für uns nicht immer. Wir müssen anderswo punkten, z. B. durch unsere reizvolle Innenstadt oder eine großartige Ladenatmosphäre."

G) „Ich als Inhaber eines Supermarktes mache das Beste aus der aktuellen Energiekrise. Bei uns in der Stadt ist doch vieles ohne große Wege zu haben. Unser Liefer-Service ist jetzt elektrisch unterwegs. Unsere neuen Kühltheken sind energieeffizienter."

SWOT-Analyse		Stationärer Einzelhandel (Kernkompetenzen)	
		Stärken	**Schwächen**
Externe Analyse (Markt-umfeld)	**Chancen**	Wie können wir Stärken weiter ausbauen? („Ausbauen")	Wie können wir Schwächen in Stärken umwandeln? („Aufholen")
	Risiken	Wie können wir Risiken abwehren? („Absichern")	Wie könnten wir unsere wunden Punkte verteidigen? („Vermeiden")

Buchstabe	Ausbauen	Absichern	Aufholen	Vermeiden	Erläuterung/Begründung
A					
B					
C					
D					
E					
F					
G					

3. Celina entnimmt dem Protokoll, dass zwei strategischen Optionen (Möglichkeiten) diskutiert wurden, wie man sich neu ausrichtet.

a) Wohfühl-Strategie: **Wir steigern die Qualität des Aufenthalts in der Innenstadt. Einkaufen bleibt ein sinnlich erfahrbares Erlebnis.**

b) (Ergänzende) Digital-Strategie: **Der stationäre Einzelhandel muss verstärkt auf digitalen Plattformen auftreten, informieren sowie auf elektronischen Marktplätzen verkaufen (z. B. „atalanda.com").**

Entwickeln Sie hierzu Marketing-Maßnahmen mithilfe der folgenden Tabelle! Diese betreffen sowohl den Händlerverbund als auch einen Einzelhandelsbetrieb.

Wohlfühlstrategie	
Marketing-Maßnahmen des Händlerverbunds und der Stadt Müllheim	**Marketing-Instrumente eines Einzelhandelsbetriebes, z. B. Supermarkt oder Warenhaus**
Beispiel: kreative Zwischennutzungen für Leerstände schaffen, z. B. durch Künstler-Performances	Beispiel: Verstärkt Bedarfsartikel für Touristen anbieten (Sortimentspolitik)
Digitalstrategie	

Aufgabe Plus

4. **Entwickeln Sie in einer Arbeitsgruppe (ca. 4 – 5 Schüler) einen Fragebogen für eine jugendliche Zielgruppe (z. B. Ihre Klasse), die zu den Bedürfnissen beim Shopping im lokalen Einzelhandel befragt werden soll. Erheben Sie Daten zum Beispiel mithilfe eines datenschutzkonform eingerichteten Online-Abfrage-Tools, https://www.mentimeter.com/; https://de.surveymonkey.com https://tweedback.de/ oder eines Papierfragebogens. Stellen Sie Ihre Ergebnisse übersichtlich dar (z. B. Skalendiagramme, Säulendiagramme) und präsentieren Sie diese in Ihrer Klasse.**

Beispiel

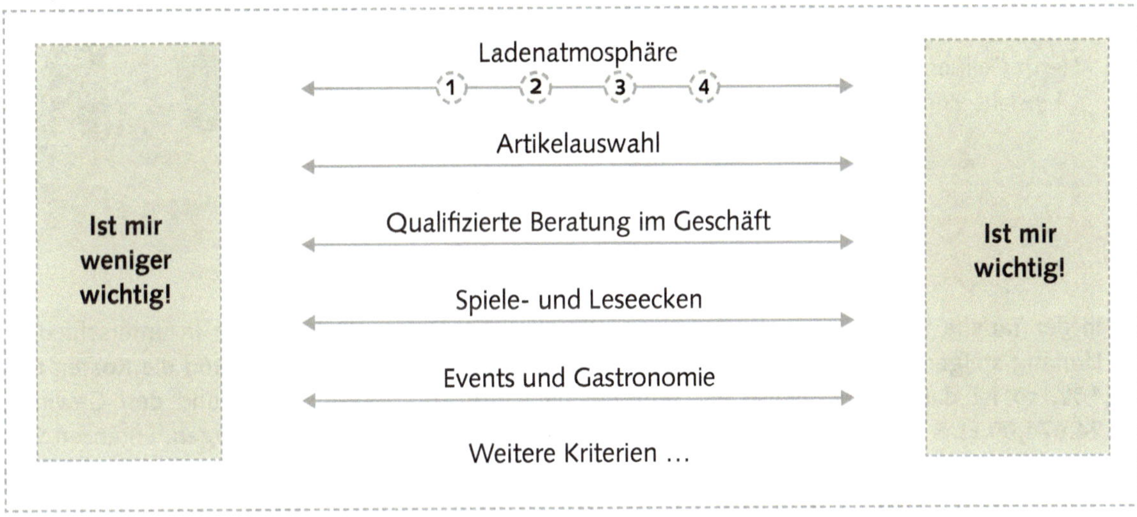

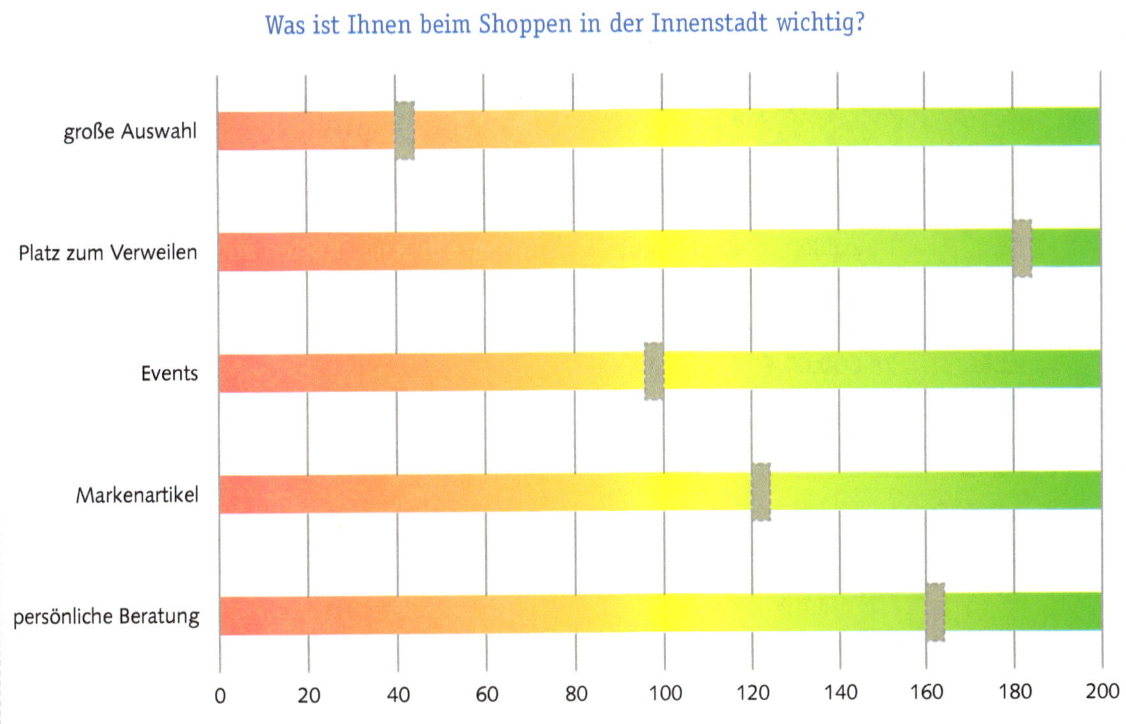

Lernsituation 2

Marketing-Ziele und Marketing-Strategien bestimmen

Herr Philipp Geimer, Betriebsinhaber der EDEKA Geimer e. K., überlegt sich, welche neuen Geschäftsfelder er auf dem „strategischen Schachbrett des Lebensmittelhandels" in Müllheim besetzen könnte. Die zunehmende Zahl von Senioren sowie der Trend zum **Lebensmittel-Lieferservice** machen es notwendig, den Kundendienst und die Warendistribution zu überdenken. In Zusammenarbeit mit einem Steuerberater wurden folgende Ist-Zahlen erhoben. Gleichzeitig soll für den Zeitraum von zwei Jahren ein **Szenario** aufgestellt werden, wobei die Marktentwicklung und die Kostensituation abgeschätzt wurden. Es ergeben sich somit vier Szenarien, mit dem **Reingewinn als Zielgröße**. Sinem Demiroglu soll die Planung für eine Besprechungsrunde am Nachmittag unterstützen, indem sie Herrn Geimer die Planzahlen vorbereitet. Sie erhält folgende Übersicht einer Tabellenkalkulation.

© contrastwerkstatt – stock.adobe.com

Arbeitsaufträge

1. **In der Tabelle, die Sinem vorliegt, können die Umsatzerlöse und die Kosten in unterschiedlichem Umfang steigen. Steigt der Umsatz des laufenden Geschäftsjahres um 10 % und die Kosten nur um 1 %, so ist das beispielsweise ein sehr positives Szenario. Diese Zahlen und den Gewinn von 24.674,00 EUR hat Herr Geimer bereits in die dritte Spalte der Tabelle eingetragen. Ergänzen Sie nun die fehlenden Werte für die anderen Szenarien des Zieljahres und berechnen Sie jeweils den Reingewinn. Die Prozentwerte für die jeweils (gute oder schlechte) Umsatz- bzw. Kostenentwicklung finden Sie auf der Folgeseite.**

Szenario-Technik: Umsatz und Kostenentwicklung eines neuen Lebensmittel-Lieferservice

	Geschäftsjahr	Zieljahr (4 Szenarien)			
	Ist-Zahlen	Umsatz gut – Kosten gut	Umsatz gut – Kosten schlecht	Umsatz schlecht – Kosten gut	Umsatz schlecht – Kosten schlecht
Umsatzerlöse	67.600,00 €	74.360,00 €			
– variable Kosten (Wareneinsatz, Benzin)	28.600,00 €	28.886,00 €			
= Rohergebnis (Deckungsbeitrag)	39.000,00 €	45.474,00 €			
– fixe Kosten (Kfz-Versicherung, Gehalt etc.)	20.800,00 €	20.800,00 €			
= Reingewinn	18.200,00 €	24.674,00 €			

Steigerung um … %	Gut	Schlecht
Umsatzentwicklung	10 %	2 %
Kostenentwicklung (variabel)	1 %	10 %

2. **Sinem weiß nun, dass Umsatz- und Kostenentwicklung den Gewinn in unterschiedlicher Weise beeinflussen können. Es sind jedoch noch weitere betriebliche Ziele zu diskutieren, die in einer bestimmten Beziehung zueinanderstehen (Ziele Nr. 1 bis Nr. 5).**
Tragen Sie in die Zellen der folgenden Tabelle ein (+) ein, wenn sich die Ziele gut ergänzen (Zielharmonie), ein (–), wenn sie sich nicht gleichzeitig erreichen lassen oder gar gegenseitig ausschließen (Zielkonflikt), sowie ein (o), wenn die Ziele nichts miteinander zu tun haben (Zielindifferenz).
Begründen Sie exemplarisch jeweils eine Situation, die eine Zielharmonie, einen Zielkonflikt und eine Zielindifferenz anzeigt! Vergleichen Sie Ihre Argumentation mit Ihren Mitschülern.

© tadamichi – stock.adobe.com

	Ziel Nr. 1 Anzahl der Fahrten erhöhen	Ziel Nr. 2 Umsatz steigern	Ziel Nr. 3 Fahrtkosten senken	Ziel Nr. 4 Kunden-zufriedenheit erhöhen	Ziel Nr. 5 Warenverderb verringern
Ziel Nr. 1					
Ziel Nr. 2					
Ziel Nr. 3					
Ziel Nr. 4					
Ziel Nr. 5					

Hinweis

Es lassen sich nicht immer streng kausale Beziehungen im Sinne von „wenn …, dann …“ formulieren.

3. **Am Nachmittag verdeutlicht Herr Geimer in der Besprechungsrunde aller Abteilungsleitungen die Zusammenhänge zwischen möglichen Maßnahmen und geplanten Zielen. Tragen Sie die vorformulierten Ziele in das untere Schema ein.**

Sortimentsneuheiten einführen, Energiekosten senken, Zahl der Kunden erhöhen, Handlungskosten senken, Bekanntheitsgrad steigern, Gewinn erhöhen, Gesamtumsatz steigern

4. **Der Edeka-Markt steht im Wettbewerb zu anderen Betriebsformen im Einzelhandel, die gleiche oder ähnliche Artikel anbieten. Tragen Sie die Kennbuchstaben der Betriebsformen in die folgende Matrix[1] ein, um zu erkennen, welche Mitbewerber am Markt welche Strategien verfolgen.**

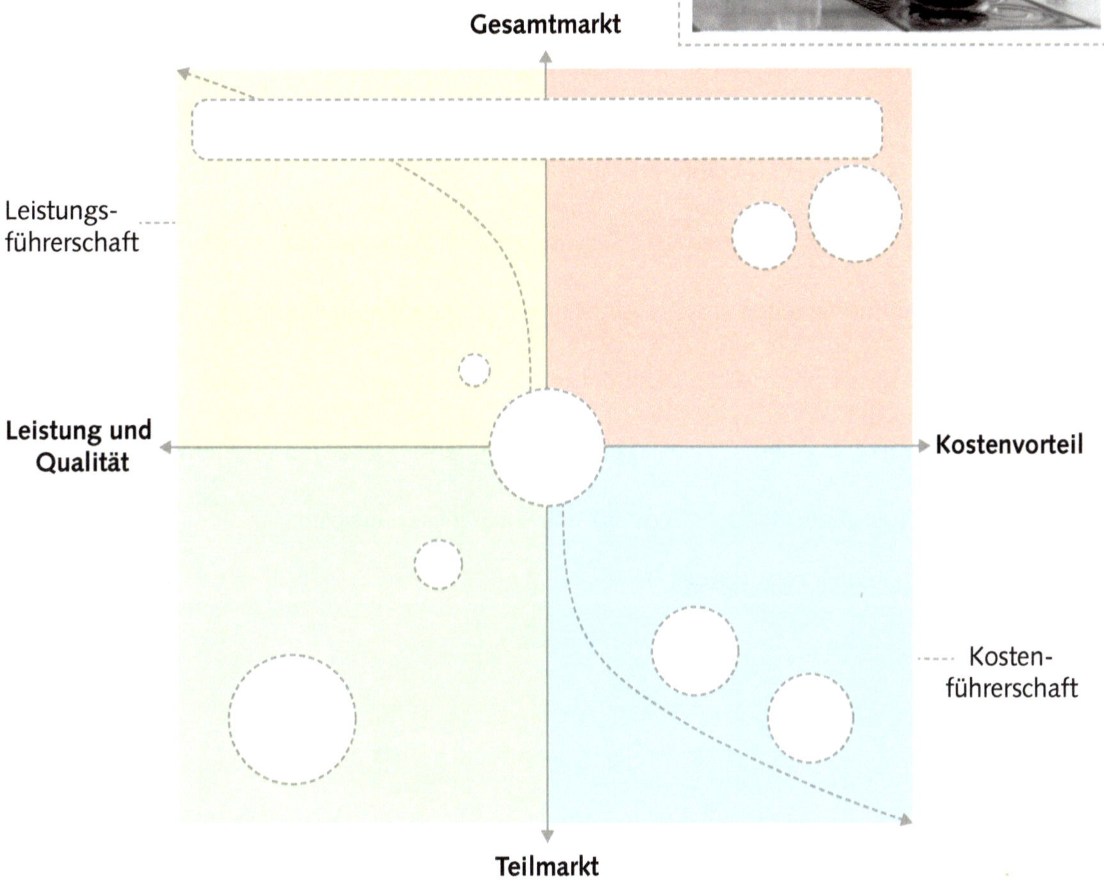

Hinweis

Die Kreisgröße entspricht dem Marktanteil.

Buchstabe	Betriebsform
A	Discounter, z. B. Lidl, Penny
B	SB-Warenhaus/Verbrauchermarkt, z. B. Kaufland
C	Online-Auktionshaus, z. B. Ebay
D	Supermarkt, z. B. Edeka
E	Fachhandel, z. B. Weinkontor, Bürowaren, Fahrradhandel, Mode, Drogerie etc.
F	Warenhaus, z. B. Galeria Karstadt Kaufhof
G	„Stuck in the Middle", keine eindeutige Strategie
H	Großflächige Fachmärkte, z. B. Elektro, Spielzeug, Möbel
I	Einkaufszentrum (Shopping-Center)

1 Schema in Anlehnung an Swoboda, Bernhard; Foscht, Thomas; Schramm-Klein, Hanna: Handelsmanagement. Offline-, Online- und Omnichannel-Handel, München, Vahlen, 4. Auflage, 2019, S.168-169.

Aufgabe Plus

5. Um beurteilen zu können, ob Marketingziele erreicht worden sind, müssen diese Ziele konkret formuliert, eindeutig und messbar sein. Zudem ist der Zeitraum der Zielerreichung sowie die verantwortliche Person zu bestimmen. Leider sind die vorgeschlagenen Maßnahmen etwas durcheinandergeraten. Ordnen Sie in Partnerarbeit die Textschablonen so, dass die vier Zielformulierungen wieder einen Sinn ergeben.

in den ersten 24 Stunden ab Veröffentlichung	ist der Absatz	den Umsatz für Käseprodukte
auf maximal 3 Minuten zu begrenzen	zwischen dem 2. und 7. Mai	der PR-Media-Abteilung
zu allen Ladenöffnungszeiten	Die Abteilungsleiterin der Frischeabteilung	um 10 % steigern.
sind durch das Kassenpersonal	Die Wartezeiten für Kunden	durch die Verkaufsmitarbeiter
In der Sonderverkaufsaktion	soll in einem halben Jahr	soll auf unserem Social-Media-Kanal
Unser neues Promotion-Video	von 30 Holzkohlegrills zu erzielen.	
zu 1.000 Likes oder Posts anregen.		

6. **Sinem Demiroglu bekommt die Aufgabe, die Geschäftszahlen aus der Handlungssituation Nr. 1 anschaulich zu präsentieren. Sie gibt die Werte in ein Tabellenkalkulationsprogramm (z. B. MS EXCEL) ein. Eine Tabelle besteht aus Spalten (A, B …) und Zeilen (1, 2, …). Fehlende Werte werden mithilfe von Formeln auf Zellbezüge berechnet, wobei ein „=" der Formel vorangestellt wird.**
Erstellen Sie die nachfolgende Tabelle und fügen Sie die Berechnungsformeln ein.

Hilfestellung:

	A	B	C	D	E
1					
2		EUR Berichtsjahr	Prozentsätze (Steigerung um)	EUR Zieljahr	…
3	Gesamtumsatz	67.600,00 €	10 %	=B3+B3×C3	…
4	(–) variable Kosten	28.600,00 €	1 %	=B4+B4×C4	…
5	(=) Rohergebnis (Deckungsbeitrag)	=B3–B4		=D3–D4	…
6	(–) Fixkosten	20.800,00 €		=B6	…
7	(=) Reingewinn	=B5–B6		=D5–D6	…

7. **Sinem möchte jetzt nicht nur ein einziges Szenario – wie oben – berechnen. Sie möchte alle 4 Szenarien übersichtlich in einem einzigen Bericht haben. Fertigen Sie nun einen Szenario-Bericht (MENÜPUNKT DATEN/WAS-WÄRE-WENN-ANALYSE/SZENARIO-MANAGER) mithilfe der folgenden Screenshots an.**

a) **Erstellen Sie vier Szenarien je nach Umsatz- und Kostensituation.**

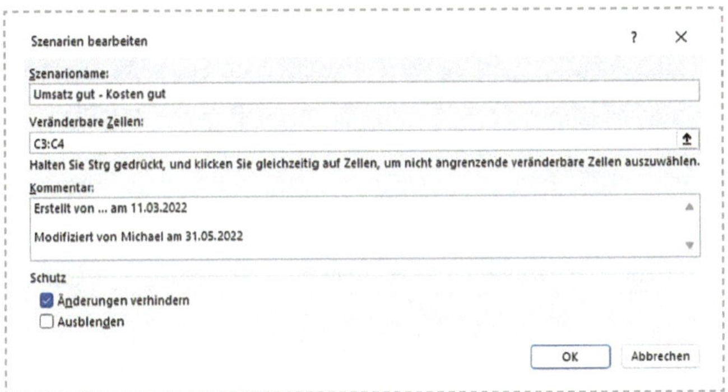

b) **Geben Sie die Szenario-Werte (Umsatz- und Kostensteigerung in %) ein.**

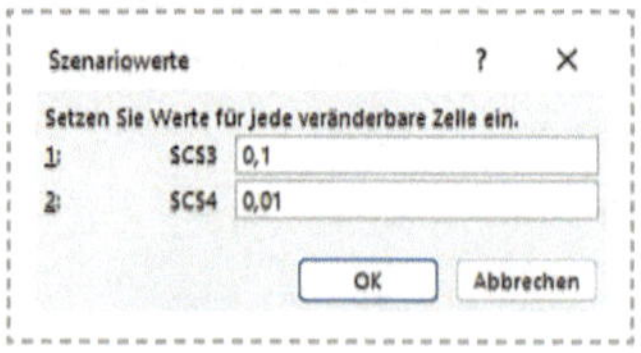

Anmerkung:
Umsatzerhöhung um 10 % (Zelle C3)
Kostenerhöhung um 1 % (Zelle C4)

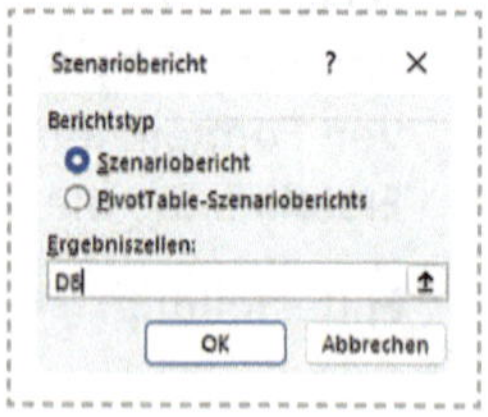

c) **Erstellen Sie einen Szenario-Bericht, d. h. Zusammenfassung der Daten in einem Bericht mit dem Reingewinn der Zeile Nr. 9 als die variable Zielgrößen.**

	A	B	C	D	E	F	G	H
1								
2		Szenariobericht						
3				Aktuelle Werte:	Umsatz gut - Kosten gut	Umsatz gut - Kosten schlecht	Umsatz schlecht - Kosten gut	Umsatz schlecht - Kosten schlecht
5		Veränderbare Zellen:						
6			Umsatzentwicklung	10%	10%	10%	2%	2%
7			Kostenentwicklung	1%	1%	10%	1%	10%
8		Ergebniszellen:						
9			Reingewinn	24.674,00 €	24.674,00 €	22.100,00 €	19.266,00 €	16.692,00 €

Lernsituation 3

Neue Daten und Informationen erheben (primäre Marktforschung)

Der EDEKA Geimer e. K., Inhaber Philipp Geimer, betreibt seinen Laden mit einem Mischsortiment im südbadischen Müllheim. Eine umfangreiche Produktpalette von Lebensmitteln über Kleidung bis zu Elektronikartikeln sowie Beratungskompetenz und Kundenzufriedenheit sind wichtige Bestandteile des Unternehmenskonzepts und haben zum Aufbau eines großen, überregionalen Kundenstamms geführt.
Trotz gleichbleibender Bemühungen ist der Umsatz der Fachabteilung „Kleidung" in den letzten Monaten rückläufig. Herr Geimer sieht die Ursache hierfür in der verschärften Wettbewerbssituation ihres seines Betriebes durch die Filialeröffnung eines preisgünstigen Kleidungsanbieters in der Nähe und dem stark wachsenden Onlineangebot in diesem Bereich.
Im Alltagsgeschäft zeigt sich diese Entwicklung durch das Ausbleiben von Stammkunden, durch eine zunehmende Zahl vor allem junger Laufkunden, die ohne Einkauf das Ladengeschäft verlassen, und durch ein Ansteigen der Kundenbeschwerden. Herr Geimer will mit geeigneten Marketingaktivitäten der Entwicklung entgegenwirken und den Umsatz wieder steigern.
Da die Meinung junger Mitarbeiter und insbesondere seiner Azubis für Herrn Geimer eine große Rolle spielt, wird Ausbildungsleiterin Clarissa Gempp zusammen mit ihrem Auszubildenden-Team in ein Projekt zur Entwicklung geeigneter Marketingmaßnahmen eingebunden. Erster Schritt des Teams ist die Informationsgewinnung mithilfe der Marktforschung.

Arbeitsaufträge

1. **Clarissa Gempp ist sich unsicher, welche Art der Marktforschung zur Informationsgewinnung sinnvoll dazu beitragen kann. Als Entscheidungshilfe wird zunächst gemeinsam eine tabellarische Aufstellung über primäre und sekundäre Marktforschung angefertigt. Ergänzen Sie stellvertretend für das Team die fehlenden Angaben in der nachfolgenden Tabelle:**

	Primäre Marktforschung	Sekundäre Marktforschung
Erklärung der Begriffe		

	Primäre Marktforschung	Sekundäre Marktforschung
Beispiele aus der Praxis		
Vorteile und Nachteile		

2. **Nachdem das Team Ihrer Ausbildungsleiterin Frau Gempp die Ergebnisse vorgestellt hat, werden sie beauftragt, eine Kundenbefragung vorzubereiten und durchzuführen. Kern der Befragung soll einerseits die Zufriedenheit der Kunden mit dem Sortiment und dem Serviceangebot sowie andererseits mit dem Preis-Leistungs-Verhältnis sein.**

a) **Erstellen Sie einen Fragebogen (1 Seite, DIN A4, Vorder- und Rückseite), der diese Frage für das Unternehmen in sinnvoller und ausreichender Form berücksichtigt. Nutzen Sie hierfür als Hilfestellung den Infoband Kapitel 2.2, Seite 124 ff.**

b) **Führen Sie die Befragung in Ihrer Klasse durch und werten Sie die Ergebnisse aus.**

3. **Im Anschluss an die Erstellung des Fragebogens und der Durchsicht von Frau Gempp wird nun im Team analysiert, wie die Durchführung beim Kunden erfolgen soll. Es werden verschiedene Alternativen diskutiert, u. a. eine Befragung via Postversand, per E-Mail-Versand und per Auslage im Ladengeschäft. Es soll eine möglichst große Kundenanzahl erreicht werden.**

a) **Stellen Sie die oben genannten Durchführungswege tabellarisch gegenüber und bewerten Sie die einzelnen Methoden in Bezug auf die Sinnhaftigkeit des Vorhabens.**

Durchführungsweg der Befragung	Auslage Geschäft	Postversand	E-Mail
Beschreibung der Durchführung			
Bewertung, Vor- bzw. Nachteile:			

b) **Treffen Sie eine begründete Entscheidung für eine der drei Formen:**

4. **Um sicherzustellen, dass möglichst viele Kunden auch an der Befragung teilnehmen, soll den Kunden ein kleiner Anreiz geboten werden. Machen Sie hierfür fünf geeignete Vorschläge, wie die Kunden zu einer Teilnahme an der Befragung motiviert werden könnten.**

1.

2.

3.

4.

5.

5. **Nach Abschluss der Befragung haben die Auszubildenden gemeinsam mit Frau Gempp alle Fragebögen ausgewertet und die Ergebnisse grafisch dargestellt. Dabei wurden die Ergebnisse verschiedenfarbig aufbereitet: Grün betrifft das Sortiment, Blau die Mitarbeiter und Orange das Preis-Leistungs-Verhältnis des Marktes.**

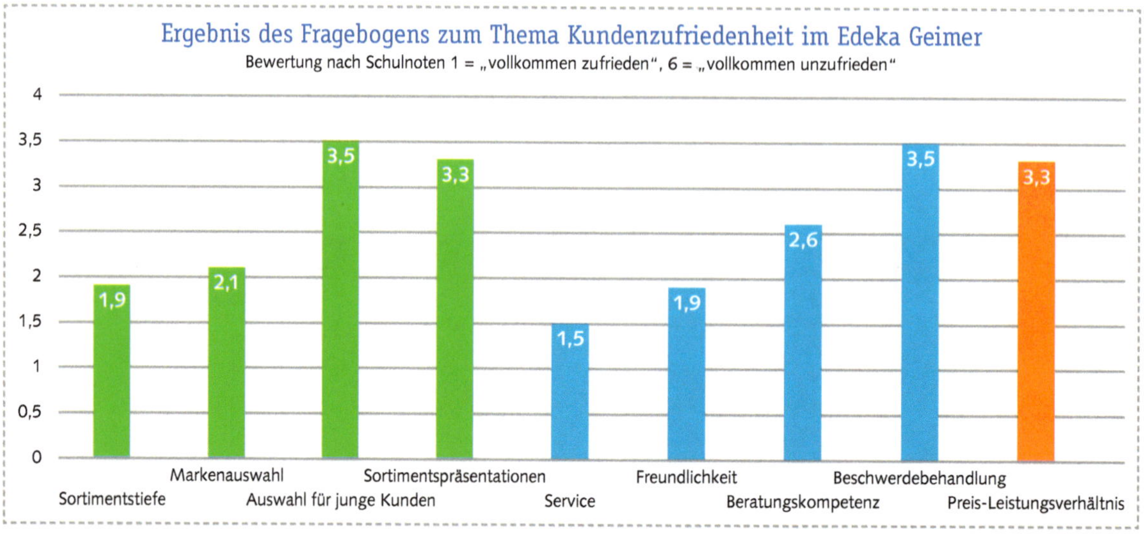

Wählen Sie für die Vorbereitung der nächsten Projektsitzung die zwei dringendsten Probleme aus dem dargestellten Schaubild aus. Schlagen Sie für die beiden ausgewählten Problembereiche jeweils eine geeignete Verbesserungsmaßnahme vor und erläutern Sie die Zielsetzungen dieser Maßnahme.

Problembereich	Maßnahme	Zielsetzung

6. Im Rahmen der Projektarbeit wird auch der Vorschlag diskutiert, die Befragung nicht selbst durchzuführen, sondern damit ein professionelles Marktforschungsinstitut zu beauftragen. Bewerten Sie den Vorschlag, alternativ ein Marktforschungsunternehmen zu beauftragen. Berücksichtigen Sie dabei insbesondere Zeitaufwand, Kosten, Datenqualität, Erfahrung und Neutralität der Untersuchung und tragen Sie Ihre Bewertung in die nachfolgende Tabelle ein.

Entscheidungshilfe	Eigene Durchführung	Marktforschungsunternehmen
Kosten		

Entscheidungshilfe	Eigene Durchführung	Marktforschungsunternehmen
Zeitaufwand		
Datenqualität		
Erfahrung		
Neutralität		

Lernsituation 4

Vorhandene Daten auswerten und analysieren (sekundäre Marktforschung)

In der Mittagspause liest der Abteilungsleiter Obst und Gemüse, Dominik Reiter, in einer Fachzeitung interessiert folgenden Artikel:

Ein Jahr Mitgliedschaft im Demeter e. V.: Kaufland stärkt Bio-Vielfalt

Neckarsulm (ots) – Seit einem Jahr setzt Kaufland als Mitglied im Demeter-Verband ein klares Zeichen für mehr Bio, mehr Nachhaltigkeit und mehr Unterstützung von Umwelt und Natur. Der Einzelhändler erweitert nicht nur stetig sein Demeter-Sortiment, sondern fördert gleichzeitig Projekte der biodynamischen Landwirtschaft. „Die Einhaltung und Verbesserung von Umwelt- und Sozialstandards in der Lieferkette ist uns ein wichtiges Anliegen. Dabei achten wir auf die nachhaltige Gestaltung unseres Sortiments und setzen uns für verantwortungsvolle Produktionsbedingungen und artgerechtere Haltungsbedingungen ein", sagt Artur Findling, Geschäftsführer Einkauf Bio-Lebensmittel bei Kaufland.
Demeter steht für den Anspruch an höchste Qualität und für das Ziel, Natur und Artenreichtum zu bewahren. Bereits seit Oktober 2018 kooperiert Kaufland mit Demeter-Herstellern und -Erzeugern. Vor einem Jahr wurde das Unternehmen in den Verband aufgenommen. Für Mitglieder des ältesten Bioverbands Deutschlands gelten im Sinne der biodynamischen Landwirtschaft besonders konsequente Richtlinien, die weit über die Mindeststandards des EU-Bio-Siegels hinausgehen. Demeter-Erzeuger betrachten ihren Hof als lebendigen Organismus, auf dem Boden, Pflanzen, Tiere, Klima und Menschen zusammenwirken – das Ideal einer Kreislaufwirtschaft wird gepflegt, so dass sich eine besonders nachhaltige Anbau-Form ergibt.

https://www.presseportal.de/pm/111476/4985685 04.08.2021

Da Kaufland einer der stärksten Konkurrenten Ihres Edeka-Marktes ist, beschließt Dominik Reiter, sich über eine Stärkung der eigenen betrieblichen Marktposition mit einem Demeter-Sortiment Gedanken zu machen und bittet seine Auszubildende Sinem Demiroglu um Unterstützung.

Arbeitsaufträge

1. **Um sich einen Überblick über die vorliegende Wettbewerbssituation verschaffen zu können, werden sowohl interne als auch externe Daten benötigt. Er bittet Sinem, diese Daten zusammenzutragen. Beschreiben Sie, wo Sinem Daten zum eigenen Unternehmen und allgemein zur Wettbewerbssituation finden könnte.**

Interne Daten	Externe Daten

Bisher ist Dominik Reiter, im Gegensatz zu seiner Auszubildenden, noch nicht von einer Sortimentserweiterung mit Demeter-Produkten überzeugt. „Bio ist doch Bio" oder „Demeter ist zu teuer, das kauft niemand" sind die Argumente, die er immer wieder hört.

2. Sinem versucht, Ihren Abteilungsleiter von einer stärkeren Fokussierung von Demeter-Produkten zu überzeugen und nutzt dabei den Datenkranz (Seite 91 und 92).
Argumentation pro Demeter:

3. Zur Veranschaulichung möchte Sinem gerne aufzeigen, wie sich die Umsätze bei Bio Lebensmitteln entwickelt haben. Übernehmen Sie für Sinem die Berechnung mit den Werten aus Anlage 1.
Um wie viel Prozent hat sich der Umsatz von Bio-Lebensmitteln 2019 bis zum Jahr 2024 gesteigert?

Nachdem Sinem die Argumentation fertig verfasst hat, lässt sie Ihren Azubi-Kollegen Marcus Weber noch einmal drüber schauen. Marcus verweist auf einen Fehler, den er entdeckt hat. Seiner Meinung nach stellen die Statistiken nicht die Situation von Demeter-Produkten, sondern von Bio-Produkten dar.

4. **In einer Tabelle werden zur Veranschaulichung die Vor- und Nachteile der Nutzung vorhandener Daten (sekundärer Marktforschung) gegenübergestellt. Anschließend erläutert Sinem, warum diese Daten dennoch als Grundlage ihrer Argumentation dienen können. Übernehmen Sie stellvertretend diese beiden Aufgaben:**

Vorteile der sekundären Marktforschung	Nachteile der sekundären Marktforschung

Erläuterung zur Datengrundlage: ______________________________

____

____

____

Datenkranz

Anlage 1: Umsatz mit Bio-Lebensmitteln wächst stetig

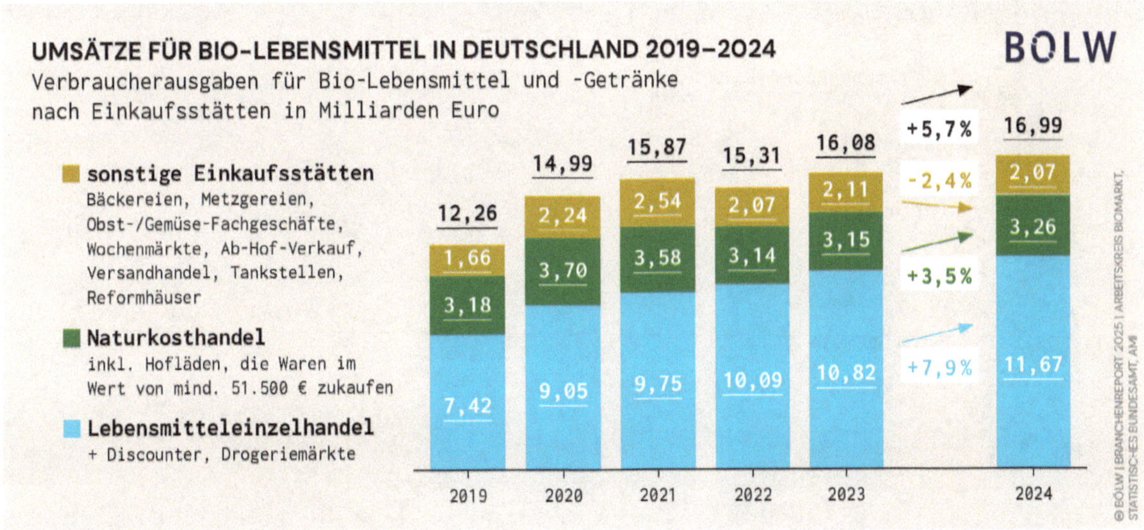

Anlage 2:
Wie oft werden in Deutschland Bio-Produkte gekauft?

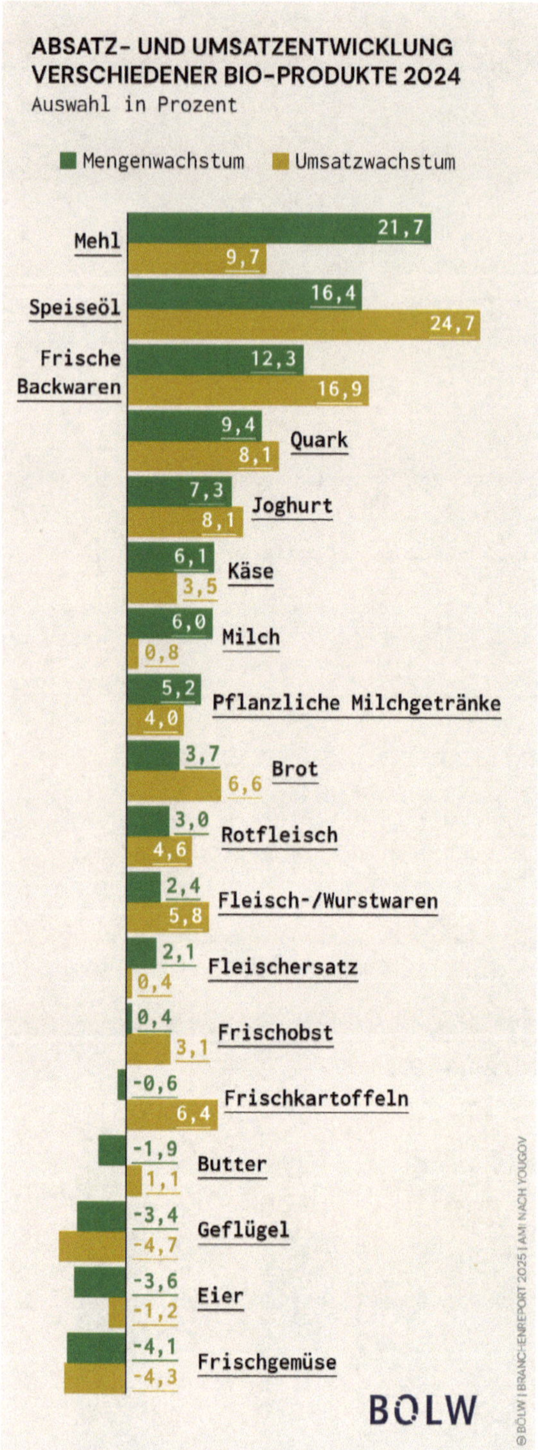

Anlage 3:
Die Bio-Kundschaft

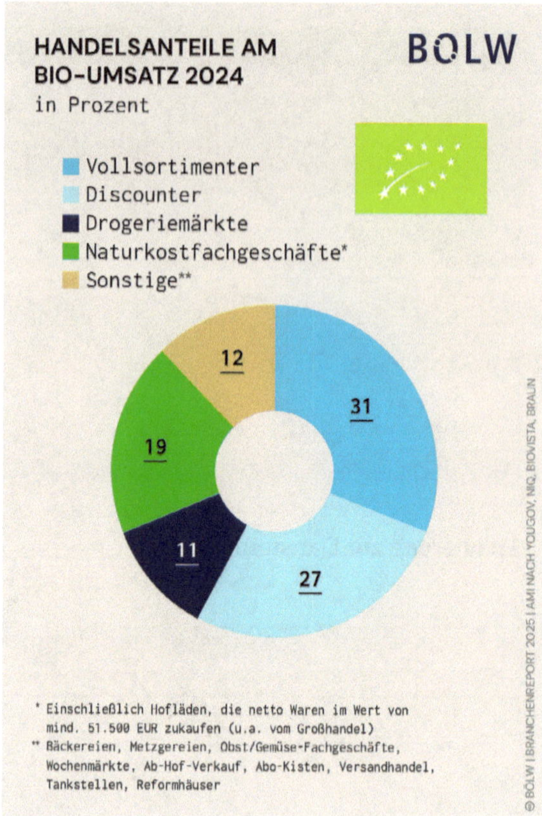

Lernsituation 5

Corporate Identity und Öffentlichkeitsarbeit einsetzen

Clarissa Gempp, Ausbilderin und stellvertretende Marktleiterin der EDEKA Geimer e. K., stößt gerade auf einen interessanten Artikel in der Rundschau für den Lebensmittelhandel. Sie bittet Ihre Auszubildende Celina Fey, den Inhalt des Artikels auszuwerten.

Jahr für Jahr ein neuer Preis in Coburg

EDEKA-Frischecenter Wagner erhält Ehrenpreis beim Deutschen Frucht Preis 2024

Nachdem das EDEKA-Frischecenter Wagner aus Coburg erst im Oktober 2023 zur Nummer Eins unter den zehn besten Wursttheken in Deutschland gekürt wurde, erhielt es nun, ein halbes Jahr später, den erstmals vergebenen Ehrenpreis für die beste Obst- und Gemüseabteilung beim Deutschen Frucht Preis 2024. Dabei kommen Märkte mit einzigartiger Sortimentsleistung, besonderen Vermarktungskonzepten, werthaltigen Verkaufsstrategien und kreativen Flächenkonzepten in die engere Auswahl. Die Schirmherrschaft trägt dabei das Bundesministerium für Ernährung, Landwirtschaft und Verbraucherschutz. Das Unternehmen ist ein strahlendes Beispiel für Kreativität, Ideenreichtum, täglichen Einsatz, Leistungsbereitschaft und die pure Freude an hochwertigen Produkten. Auch ein Instagram- und ein TikTok-Kanal dürfen nicht fehlen, und somit bleibt man nicht nur beim Thema Lebensmittel „am Zahn der Zeit". Auf den Kanälen kann man vor allem die wunderschönen Präsentationsvarianten der Obst- und Gemüseabteilung, aber auch dem weiteren Sortiment, anschauen und bekommt auch zusätzliche Informationen über die jeweilige Produktherkunft, die nachhaltige Produktion sowie passende Verzehrtipps.

Arbeitsaufträge

1. **Nennen Sie in mindestens drei Stichpunkten das Leistungsversprechen des Frischecenters Wagner, das mit der im Artikel beschriebenen Auszeichnung kommuniziert wird.**

2. Nennen Sie vier weitere Maßnahmen der Öffentlichkeitsarbeit, die ein Lebensmitteleinzelhandelsunternehmen durchführen könnte.

© Mihail – stock.adobe.com

3. Der oben beschriebene Lebensmittelsupermarkt als Preisträger des Fruchtpreises versucht durch gezielte Kommunikation mit den Kunden und der interessierten Öffentlichkeit, ein Bild von sich zu erzeugen (Corporate Identity). Wählen Sie durch Ankreuzen die emotionalen Eindrücke aus, die Ihrer Meinung nach in dem nebenstehenden Bild des Frischemarktes mitschwingen und begründen Sie Ihre Meinung.

Nr.	Eindruck	Ja	Nein	Marktforschungsunternehmen
1	Exotik			
2	Natur			
3	Fortschritt			
4	Heimat			
5	Konstanz			
6	Sicherheit			
7	Im Trend			
8	Qualität			
9	Nachhaltigkeit			
10	Frische			

4. **Die Corporate Identity ist das Selbstbild des Unternehmens. Bilder können intuitiv mehr über ein Unternehmen erzählen als viel Werbetext. Ein Versicherungsunternehmen etwa kann mit einem Schild oder einer Burg im Hintergrund Sicherheit versprechen. Empfehlen Sie zu den folgenden Einzelhandelsunternehmen geeignete Bilder, die positiv auf Kunden wirken können (Fremdbild = Corporate Image).**

© Rawpixel.com – stock.adobe.com

Baufachmarkt

Fast Fashion Boutique

Bio-Fachgeschäft

Sportfachmarkt

Reformhaus/Drogerie

5. **Ordnen Sie die Aussagen den folgenden Bereichen der Corporate Identity zu.**

© Alexandr Golovkin – shutterstock.com

Nr.	Aussage	Corporate Behavior (Verhaltensweisen)	Corporate Design (Erscheinungsbild)	Corporate Communication (interne/ externe Kommunikation)	Corporate Culture (Normen und Werte im Unternehmen)	Corporate Language (Sprachstil und Sprachgebrauch)
1	„Wir bespielen das komplette Lebensmittel-Sortiment und stehen für Challenge, aber auch Fairplay und Teamwork."					
2	„Kunden haben immer Vorrang. Wir bedienen zuerst, Regalpflege und interne Abläufe müssen hintanstehen."					
3	„Die Kontakte mit der lokalen Presse und die Pflege unserer Website sind Chefsache."					
4	„Unsere Mitarbeiter erkennen Sie immer an dem orangefarbenen Outfit."					
5	„Wir sind alle im selben Boot, wir sagen Du zueinander und haben keine Berührungsängste."					
6	„Wir handeln zunächst einmal eigenverantwortlich, ohne immer gleich die Chefin zu fragen."					
7	„Unsere Lebensweisheit ist: „Fehler kann jeder machen, wir müssen allerdings daraus lernen."					
8	„Unsere Nachrichten, egal ob per E-Mail oder brieflich sind mit unserem Logo versehen."					

Lernsituation 6

Sortimentseffekte kennen und sortimentspolitische Entscheidungen treffen

Joshua Schulmeister erhält von Herrn Geimer, seinem Vorgesetzten, Aufzeichnungen zum Kaufverhalten von Kunden, die aus dem Warenwirtschaftssystem entnommen wurden. Herr Geimer hat im Moment keine Zeit, diese Zahlen zu untersuchen, zumal das Kaufverhalten in seinem Unternehmen noch nie so richtig systematisch untersucht wurde. Joshua soll nun mithilfe des folgenden Informationsblattes und der Verkaufszahlen eine Warenkorbanalyse vornehmen. Lesen Sie zunächst folgende Informationen.

Wertvolle Daten durch eine Warenkorbanalyse gewinnen:
„Wer Baby-Windeln kauft, kauft zu 90 % auch Chips."
Auf den ersten Blick mag das etwas ungewöhnlich erscheinen, unsere Kunden hinterlassen aber vielerlei Spuren ihres Kaufverhaltens, ob beim Online-Shopping oder im Supermarkt. Manche haben einen Einkaufszettel dabei, andere lassen sich inspirieren. Es lassen sich nun aus den Daten, wer was und wann gekauft hat, wichtige Muster und Abhängigkeiten erschließen. Es werden hierbei unterschiedliche Daten aus vielen Quellen herangezogen und mathematisch-statistisch Beziehungen berechnet, oder Trends festgestellt. Das nennt man Data Mining („Daten schürfen") und wird mit leistungsfähiger Software durchgeführt. Datenquellen sind etwa Kassenbons oder Kundenkarten. Die Ergebnisse der Warenkorbanalyse lassen sich dafür nutzen, wie Produkte platziert werden, Preise bzw. Rabatte gesetzt oder die Serviceleistungen kundenfreundlicher gestaltet werden. Eine gemeinsame Platzierung von nachgefragten Waren sorgt etwa dafür, dass der Kunde keinen großen Aufwand beim Suchen hat. Dabei stößt der Kunde auch auf höherwertige Produkte anstelle des gesuchten Produkts kauft (Up-Selling). Überraschende Entdeckungen – auch beim Shopping – nennt man Serendipität, und sie können Glücksgefühle auslösen. Rabatte für einen Artikel können den Absatz bei einem verwandten, gerne zusammen gekauften Artikel fördern. Weniger gern gekaufte Produkte („Langsam-Dreher") können herausgefunden und aussortiert werden. Werden die Bedürfnisse der Kunden erkannt, z. B. der bequeme Einkauf von Alltagsdingen, so sind die Kunden zufrieden und lassen sich an das Geschäft binden.

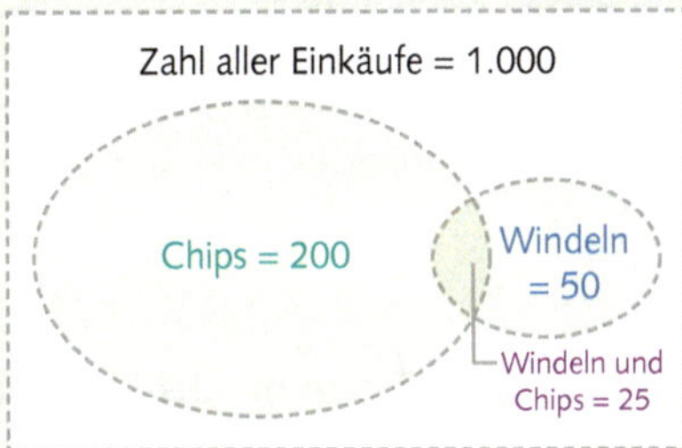

Relative Häufigkeit {Chips} = $\frac{200}{1.000}$ = 0,2 = 20 %

Relative Häufigkeit {Windeln} = $\frac{50}{1.000}$ = 0,05 = 5 %

Relative Häufigkeit {Windeln und Chips} = $\frac{25}{1.000}$ = 0,025 = 2,5 %

Wir können auch die **Stärke** des Zusammenhangs berechnen:
„Wenn Windeln gekauft werden, dann werden auch Chips gekauft."

Konfidenz {Windeln → Chips} = $\frac{25}{200}$ = 0,4 = 40 %

In 40 von 100 Einkaufswägen befinden sich also sowohl Windeln als auch Chips. Dieser Zusammenhang ist sehr stark und wir müssen mit zielgerichtetem Marketing, z. B. Werbung oder Platzierung auf dieses Verbraucherverhalten antworten.

Vgl. auch https://weblab.zwoeinsnull.de/data-mining-warenkorbanalyse/ [Abruf 14.03.2022]

Arbeitsaufträge

1. **Ergänzen Sie die Daten zur absoluten und relativen Häufigkeit anhand der nachfolgenden Tabelle. Markieren Sie die Dinge, die oft zusammen gekauft werden.**

Zahl der Transaktion (Käufe)	Marmelade	Milch	Croissants	Bananen	Tomatensauce	Spaghetti

1	X				X	X
2	X				X	X
3	X	X	X		X	X
4	X	X	X			
5	X	X	X	X		
6	X	X				
7	X		X			
8	X	X	X			X
9	X	X	X	X	X	X
10				X	X	X
Absolute Häufigkeit (Anzahl)						
Relative Häufigkeit (%)						

2. **Joshua möchte Zusammenhänge im Nachfrageverhalten entdecken. Wenn eine Ware 1 in den Warenkorb gelegt wird, z. B. Marmelade, wie häufig ist dann auch eine andere Ware 2 drin, z. B. Croissants?**

a) **Berechnen Sie die prozentualen Zusammenhänge (bei Marmeladen- bzw. Spaghetti-Käufen) in Prozent und tragen Sie die Prozentwerte in die nachfolgende Tabelle ein.**

Zusammen gekauft …	**Zahl der Marmeladenkäufe (Ware 1)**  ____ **Stück = 100 % (Grundwert)**
Croissants (Ware 2)  ____ **= x %**	
Bananen (Ware 2)  ____ **= x %**	

Zusammen gekauft …	Zahl der Spaghetti-Käufe (Ware 1) _____ Stück = 100 % (Grundwert) 
Tomatensauce (Ware 2) _____ = x % 	
Bananen (Ware 2) _____ = x % 	

b) Bewerten Sie für Joshua die Zusammenhänge anhand der ermittelten Zahlen.

3. Welche Folgerungen ziehen Sie für die Platzierung der Artikel im Laden? Machen Sie begründete Vorschläge für den Supermarkt.

4. **Der Preis für die Spaghetti betrug bisher 1,99 EUR, der für Tomatensauce im Glas 2,99 EUR. Es wurden bisher im Monat 150 Päckchen Spaghetti und 100 Glas Tomatensauce gekauft. Sie platzieren die Artikel zusammen. Sie versprechen sich dadurch eine Absatzerhöhung um 10 %.**
Berechnen Sie den Umsatz vor und nach der Verbundplatzierung.

5. **Sollten** immer **Produkte, die Kunden gemeinsam kaufen (Bedarfsverbund), zusammen platziert werden? Begründen Sie Ihre Meinung.**

6. **Im Sortimentsverbund werden unterschiedliche Artikel aus Kundensicht oder Händlersicht nach bestimmten Kriterien zusammengefasst. Kunden kaufen nicht isoliert ein Produkt, sondern es sind Verbundeffekte zwischen den Waren zu berücksichtigen.**
Tragen Sie in die folgende Tabelle Produktbeispiele für einen Supermarkt mit verschiedenen Verbundkategorien ein.

Verbundkategorie	Zweck	Beispiele
Bedarfsverbund	Bedarfsorientiertes Angebot von Komplementärgütern zur Lösung eines Kundenproblems, nach dem Motto: „Alles aus einer Hand."	

Verbundkategorie	Zweck	Beispiele
Auswahlverbund	Viele Sorten, die sich gegenseitig ausschließen (Substitutionsgüter): „Entweder, oder!“ Angebot eines sehr tiefen Sortiments	
Aktionsverbund	In einer Aktion gemeinsam beworbene Waren, die Impulskäufe provozieren und mehr Absatz: „Wenn schon, denn schon!“	
Nachfrageverbund	Kunden kaufen aus Effizienzgründen alles zusammen, z. B. wegen der langen Anfahrt oder Familieneinkauf: „Wenn ich schon mal da bin, dann …“	

7. **Herr Geimer möchte das Sortiment in seiner Breite erweitern, da noch ungenutzte Ladenflächen leer stehen. Es stehen laut nachfolgender Tabelle verschiedene Möglichkeiten zur Verfügung. Die drei Auszubildenden Celina, Sinem und Marcus sollen sich als angehende Einzelhandelskaufleute dazu Gedanken machen.**

Informieren Sie sich zunächst über das Unternehmensprofil des Supermarktes EDEKA Geimer e. K. sowie das Ladenlayout (s. Anlage S. 40).

Die drei Auszubildenden müssen nun entscheiden, welche der folgenden Produkte in das Randsortiment aufgenommen werden sollen. Dabei könnten folgende Aspekte eine Rolle spielen:

- **Gibt es einen sinnvollen Zusammenhang zwischen Haupt- und Randsortiment?**
- **Wo könnte die Ware platziert werden?**
- **Welche Kosten entstehen (z. B. Warenpflege, Energiekosten, Kapitalbindungskosten)?**

Umschlags-Häufigkeit im Jahr / Durchschnittlicher Lagerwert	ca. 2-mal	ca. 4-mal	ca. 12-mal	ca. 180-mal
bis 1.000,00 EUR	Schmuck	Grill-Zubehör	Marken-Parfüms	Whiskey
bis 800,00 EUR	Messer-Sets	Garten-Geräte	Bekleidung	Dry-Aged Beef
bis 500,00 EUR	Kinderuhren	Bücher	Deko-Artikel	Exoten
bis 200,00 EUR	Schuhpflege	Asia-Gewürze	Büromaterial	Blumen

8. Ergänzen Sie in Partnerarbeit stellvertretend für die drei die nachfolgende Tabelle und begründen Sie Ihre Entscheidung.

Kernsortiment	Erweiterung um …	Begründung
Hygieneartikel (Beispiel)	Parfüms	Es gibt einen losen Kaufzusammenhang (Bedarfsverbund), Parfüm wird aber nicht so häufig gekauft wie z. B. Waschlotion. Die Platzierung ist abhängig vom Preisniveau. Es empfiehlt sich evtl. eine auffällige Platzierung mit Regal-Stoppern (Produktneuheit). Der Lagerwert ist hoch und der Umschlag gering. Es ist viel Kapital in der Ware gebunden.

Kernsortiment	Erweiterung um ...	Begründung

9. **Herr Geimer möchte das Sortiment der Warenart Schokolade auch in seiner Tiefe erweitern und neue Sorten mit aufnehmen. Marcus Weber darf den Chef dabei unterstützen und ihm zuarbeiten. Das Schokoladensortiment soll in verschiedene Subkategorien differenziert werden, die die Bedürfnisse bestimmter Zielgruppen abdecken.**
Folgende Marken (Herstellermarken bzw. Eigenmarken) sind Marcus bekannt bzw. es sind bereits Lieferantenbeziehungen mit dem Edeka-Markt aufgebaut worden.

Venchi, Kinderschokolade, Lindt, Hachez, GEPA Schokolade, Rapunzel Schokolade, Heilemann, Milka, Sarotti, Ferrero Rocher, Ritter Sport, Gut & Günstig Schokolade

Recherchieren Sie im Internet nach speziellen Sorten, die den Anforderungen entsprechen. Sie können auch weitere Marken in die Tabelle mit aufnehmen. Überschneidungen sind möglich. Stellen Sie Ihr Ergebnis vor der Klasse dar.

Markenbotschaft	Bekannt aus der Werbung und im Freundeskreis!	Fair Trade ist mein Gewissen.	Das Gute, das Echte, das Pure.	Kleine Snacks und innovative Geschmacksrichtungen
Zielgruppe	Kinder und Jugendliche	Ökologisch Bewusste und sozial Engagierte	Klassische Schokoladenliebhaber	Trendsetter
Hochpreisig				

Mittler Preislage				
Preis günstig				

10. Der Marktleiter eines anderen Supermarktes hatte vor einiger Zeit die Idee, in der Erdbeersaison alles rund um diese rote Sommerfrucht anzubieten. So wurden in einer Sonderplatzierung neben den Früchten Waffelgebäck, Tortenguss, Tortenböden in verschiedenen Größen, Backmischungen, Sprühsahne, aber auch Backformen, Rezeptbücher, Dessertlöffel und Tortenheber platziert. Ein Hingucker war in dieser Aktion Eierlikör der Marke Verpoorten.

a) **Erläutern Sie mögliche Bedarfszusammenhänge und beurteilen Sie, ob diese Sonderplatzierung heutzutage auch so erfolgversprechend sein könnte.**

b) **Machen Sie Vorschläge für eine Aktionsplatzierung von Saisonware Ihrer Wahl. Beziehen Sie sich dabei auf das Layout des EDEKA-Marktes.**

Datenkranz

Anlage: Ladenlayout EDEKA Geimer e. K. Müllheim & häufige Kundenlaufwege

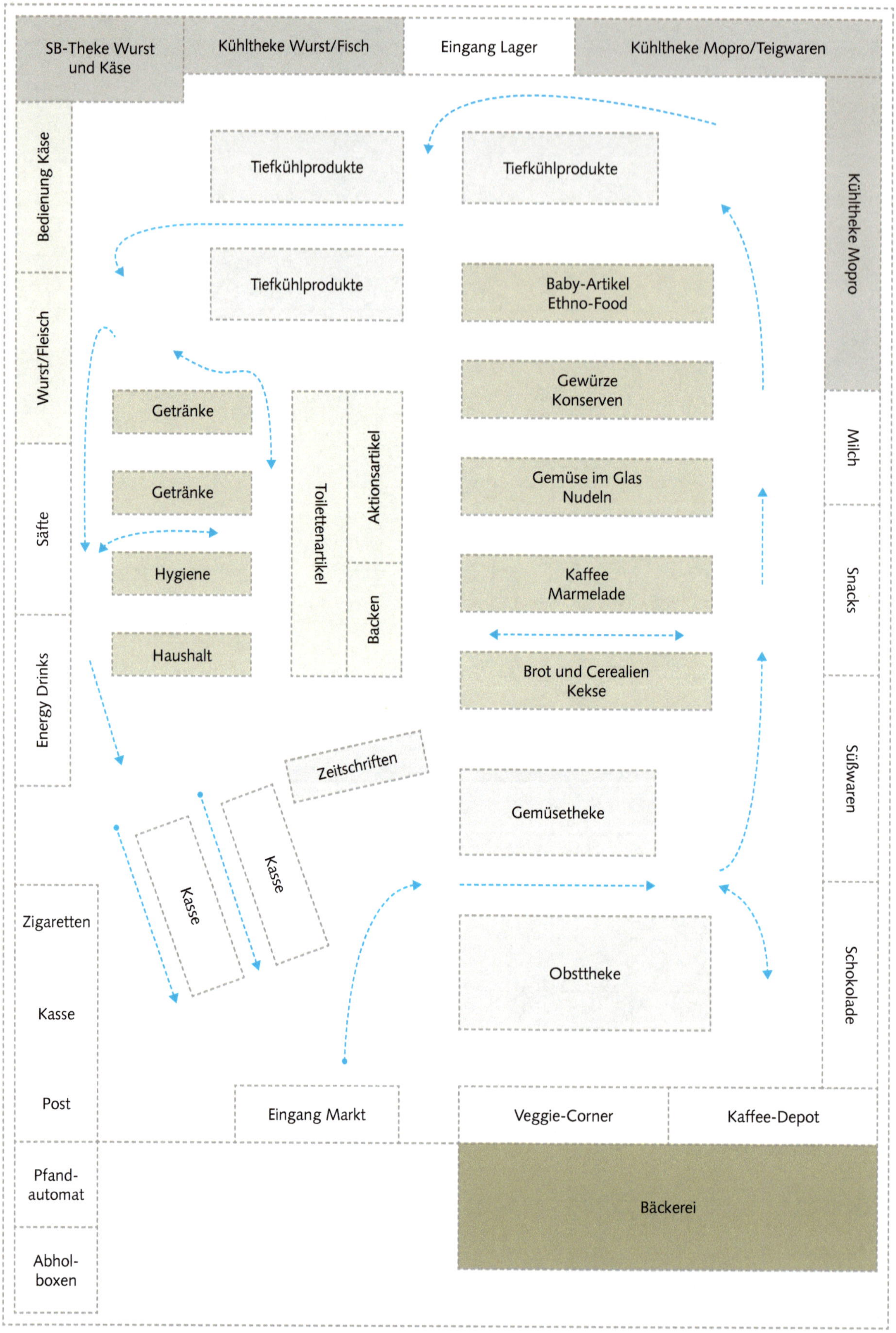

Lernsituation 7

Preise dynamisch nach Marktsituation verändern

Im Eingangsbereich des Supermarktes EDEKA Geimer e. K. wird zur Erweiterung des Sortiments eine Sushi-Bar eingerichtet. Die Geschäftsleitung möchte wissen, ob genug Kunden Interesse an der Produktneuheit zeigen und welchen Preis man anbieten sollte.

Arbeitsaufträge

1. **Nennen Sie einige Faktoren, wovon der Verkaufspreis für dieses Produkt abhängen könnte. Stellen Sie die Faktoren in einer Mind-Map dar und diskutieren Sie diese mit Ihren Mitschülern.**

Faktoren der Preisbindung

Orientierung an den Kosten

Der Geschäftsführer Herr Geimer entscheidet sich für eine nachfrageorientierte Preisbildung. Er stellt durch ein mehrere Wochen laufendes Beobachtungsverfahren unter Mithilfe von Experten der EDEKA Zentrale fest, dass der durchschnittliche Kundenkontakt an einem Tag abhängig ist von der Tageszeit und dem Angebotspreis. Herr Geimer bittet Dominik Reiter, den Leiter der Frische-Abteilung, ihn bei diesem Projekt zu unterstützen.

2. Dominik Reiter schaut sich dazu eine Kundenfrequenzmatrix („Heatmap") an. Diese zeigt die Zahl der Produktkontakte in Abhängigkeit vom Verkaufspreis und der Tageszeit an.

	A	B	C	D	E	F	G
1		HEATMAP: Abhängigkeit der Kundenkontakte von der Preishöhe					
2	Sushi-Box Bento II	10:00 Uhr	12:00 Uhr	14:00 Uhr	16:00 Uhr	18:00 Uhr	20:00 Uhr
3	10,00 EUR	**2**	**3**	**1**	**3**	**4**	**6**
4	11,00 EUR	**1**	**4**	**2**	**3**	**5**	**7**
5	12,00 EUR	**0**	**2**	**3**	**2**	**4**	**5**
6	13,00 EUR	**0**	**1**	**1**	**3**	**3**	**4**
7	14,00 EUR	**0**	**0**	**0**	**3**	**4**	**5**

a) Entscheiden Sie stellvertretend für Herrn Reiter, wann besonders viele Sushi-Boxen gekauft werden. Was könnte dabei eine Rolle spielen?

____

____

____

____

____

____

Die Geschäftsleitung möchte probeweise die Preise für die Sushi-Bar im Tagesablauf flexibel halten („Dynamic Pricing"). Die Preise schwanken also je nach Marktsituation.

b) Entscheiden Sie mithilfe der Daten der Kundenfrequenzmatrix, was mehr Umsatz bringt.
- **Ein fester Preis über den ganzen Tag hinweg oder**
- **eine dynamische Preisbildung, wobei sich der Preis alle zwei Stunden ändern kann.**

Gehen Sie zur Vereinfachung davon aus, dass ein Produktkontakt auch einen echten Kauf darstellt. Ergänzen Sie dabei die folgende Tabelle.

Abhängigkeit der Kundenkontakte von der Preishöhe								
Sushi-Box Bento II	10:00	12:00	14:00	16:00	18:00	20:00	Summe (Absatz)	Umsatz bei Festpreis
10,00 EUR	**2**	**3**	**1**	**3**	**4**	**6**	19	190,00 EUR
11,00 EUR	**1**	**4**	**2**	**3**	**5**	**7**		
12,00 EUR	**0**	**2**	**3**	**2**	**4**	**5**		

Abhängigkeit der Kundenkontakte von der Preishöhe

Sushi-Box Bento II	10:00	12:00	14:00	16:00	18:00	20:00	Summe (Absatz)	Umsatz bei Festpreis
13,00 EUR	**0**	**1**	**1**	**3**	**3**	**4**		
14,00 EUR	**0**	**0**	**0**	**3**	**4**	**5**		
Maximum (Absatz)	2							
Umsatz Dynamic Pricing	20,00 EUR							Gesamtsumme (10:00 – 20:00)

Der Gesamtumsatz bei festen Preisen beträgt ______.

Der Gesamtumsatz bei dynamischer Preisbildung beträgt ______.

Herr Geimer entscheidet sich deshalb für ______.

3. **Nennen Sie Gründe, warum man sich bei vielen Artikeln gerade nicht auf eine kurzfristige Umsatzmaximierung durch Dynamic Pricing konzentriert, sondern die Bedürfnisse des Kunden im Blick haben sollte.**

4. **Kreuzen Sie an, welche Aussagen zur Preispolitik zutreffen und welche nicht, und begründen Sie Ihre Entscheidung.**

Nr.	Aussage	Ja	Nein	Bemerkungen
1	Für die meisten Artikel des Lebensmitteleinzelhandels gibt es gesetzliche Preisbindungen.			
2	„Multi-Pricing“ bedeutet, dass der Verkäufer einen geringeren Preis verlangt, wenn zwei oder mehr Produkte der gleichen Art nachgefragt werden.			

Nr.	Aussage	Ja	Nein	Bemerkungen
3	Bei der Skimming-Strategie wird ein neues Produkt zu einem zuerst niedrigen Preis eingeführt, der dann im weiteren Verlauf (Produktlebenszyklus) erhöht wird, wenn genügend überzeugte Kunden dem Produkt treu bleiben.			
4	Nimmt ein Käufer an, ein Produkt sei schwer zu bekommen, so erscheint es ihm oder ihr attraktiver, als wenn man annimmt, es sei sofort verfügbar.			
5	Durch Nutzung von Preisvergleichsportalen lassen sich weltweit die Preise von Artikeln vergleichen. Deshalb sollten Internetversandhändler als vertrauensbildende Maßnahme immer auf Festpreise setzen.			

Nr.	Aussage	Ja	Nein	Bemerkungen
6	Im klassischen Lebensmitteleinzelhandel gibt es eine fast vollkommene Konkurrenz vieler Anbieter und Nachfrager. Der Preisdruck ist gering, da der Markt noch nicht gesättigt ist und Mehrumsätze für alle Anbieter erzeugt werden könne.			
7	Eine räumliche Preisdifferenzierung bedeutet, dass zum Beispiel ein Stammkunde in verschiedenen Filialen unterschiedliche Preise für ein Produkt bezahlen muss.			
8	Misch- oder Ausgleichskalkulation bedeutet, dass Verluste einer Filiale durch die Gewinne einer anderen ausgeglichen werden, sodass insgesamt ein noch zufriedenstellender Gewinn erzielt wird. 			

Lernsituation 8

Eine Verkaufsförderungsaktion organisieren

Philipp Geimer möchte langfristig eine neue Geschäftsbeziehung mit einem italienischen Hersteller von Bio-Produkten eingehen. Um zu erkennen, ob vor Ort überhaupt eine Nachfrage nach hochwertigen italienischen Spezialitäten besteht, sollen zunächst einige ausgewählte Waren in ein **Probesortiment** aufgenommen und zusätzlich eine „Italienische Woche" angeboten werden. Dabei wird ein Sonderverkaufsstand im Foyer (Eingangsbereich) eingerichtet. Nach Analyse der Abverkaufszahlen soll dann über die endgültige Sortimentserweiterung entschieden werden. Sieben ausgewählte Artikel kommen für die Verkaufsförderung (Kundenpromotion) in Frage. Sie müssen beim Hersteller noch bestellt werden (Lieferzeit: 2 Wochen).

Herr Geimer hat einen **Kalkulationszuschlagssatz** von **einheitlich 80 %** angewendet und erhält folgende **Bruttoverkaufspreise**:

Promotionsartikel	Menge	Bruttoverkaufspreis
Rotwein, Casa Nova Chianti, D.O.C.G., 2019, 750 ml	25	7,50 EUR je Flasche
Schafskäse, St. Marco, Pecorino, 12 Monate Reifung	2 kg	33,00 EUR/kg
Balsamico di Modena I.G.P. Invecchiato, 6 Mte., 300 ml	30	6,49 EUR je Flasche
Linguine-Nudeln, St. Guiseppe, Weizenmehl, 1000 g	30	5,99 EUR je Packung
Sugo Pomarola, Tomaten-/Gemüßesoße, 400 g	30	2,99 EUR je Glas
Olivenöl, Casa Montefalco, Extravergine, 2019, 750 ml	50	11,99 EUR je Flasche
Cantuccini, toskanische Mandelplätzchen, 500 g	30	4,95 EUR je Packung

Zeitraum	23. Kalenderwoche (Juni)	3 Tage von Do – Sa
Besetzung	10:00 – 20:00	immer 2 Personen
Personal	• Marcus Weber (Auszubildender, 32 Stunden) • Jonas Lichtblau (Mitarbeiter Frischetheke, Wareneingang, 20 Stunden, Teilzeit) • Laura Boldizzoni (Mitarbeiterin Kasse, Regalpflege, 20 Stunden Teilzeit) • Jacqueline Horn (Mitarbeiterin Obst / Gemüse, 20 Stunden Teilzeit, Projektdurchführung und Ergebniskontrolle) • Dominik Reiter (Beschaffungsplanung, Projektvorbereitung) 40 Stunden Vollzeit • Victoria Martinez (Praktikantin, Grafik-Design, 20 Stunden Teilzeit)	
Etat für Promotion **(Zuschuss aus dem allgemeinen Werbeetat für Print zund Deko)**	350,00 EUR	
Druck von Flyern	1 Woche Vorlauf	

Arbeitsaufträge

1. Beschreiben Sie Möglichkeiten (mindestens je vier), wie das Verkaufspersonal unterstützt werden kann durch …

a) den Betriebsinhaber Herrn Geimer.

b) den Hersteller der Promotionsartikel.

2. Die „Italienische Woche" ist auch Ideenwettbewerb für das Personal des Markes. Schlagen Sie Maßnahmen vor, um die Kundschaft schon vor der „Italienischen Woche" darüber zu informieren. Tragen Sie Ihre Lösungen in die nachfolgende Tabelle ein:

Printmedien	Audiovisuelle/elektronische Medien	Medien der Außenwerbung

Printmedien	Audiovisuelle/elektronische Medien	Medien der Außenwerbung

3. **Beschreiben Sie mindestens 12 kreative Maßnahmen der Verkaufsförderung, die Sie während der Aktion einsetzen können, um die Kunden am Point of Sale anzulocken (Verbraucherpromotion).**

4. Ergänzen Sie den folgenden Projektablaufplan (auf Seite 116).

a) **Tragen Sie Termine ein.**

b) **Planen Sie den Personaleinsatz.**

c) **Schraffieren Sie in der Zeitliste die Dauer der Arbeitsschritte.**
Beziehen Sie sich auf die oben gegebenen Informationen und treffen Sie gegebenenfalls eigene Annahmen.

d) **Bestimmen Sie zunächst, welche Eigenschaften ein Projekt aufweist. Kreuzen Sie die richtigen Aspekte an.**

1	Projekte sind immer zielgerichtet.	
2	Projekte gehen immer vom Einfachen zum Schweren.	
3	Projekte sind oft von Versuch und Irrtum geleitet.	
4	Projekte verlangen auch Improvisation und Abstimmung („Muddling Through") der Beteiligten.	
5	Projekte lassen sich immer von zentraler Stelle vorab planen.	
6	Projekte beziehen sich immer auf den Output (z. B. Umsatz, Absatzmenge, Zahl der bedienten Kunden, Qualität).	
7	In Projekten lassen sich Ressourcen (Mitarbeiterstunden, Geldmittel, Betriebsmittel) effizient planen.	
8	Projekte werden arbeitsteilig durch Projektteams durchgeführt.	
9	Die Arbeitsaufgaben im Projekt sind nicht voneinander abhängig.	

	A	B	C	D	E	F	G	H	I	J	K	L	M	N	O	P	Q	R	S	T	U	V	W	X	Y
1	**Projektablaufplan „Italienische Woche“ (Vorschlag)**																								
2	Nr.	Aufgaben	Termine		Personaleinsatz		21. KW						22. KW						23. KW						24.
3																									
4			Start	Ende	Verantwortung (Name)	Mitarbeiter (Name, Anzahl)	Mo	Di	Mi	Do	Fr	Sa	Mo	Di	Mi	Do	Fr	Sa	Mo	Di	Mi	Do	Fr	Sa	Mo
5	A	Vorbereitung																							
6	1	Waren bestellen	23.5.	23.5.	Reiter	Reiter																			
7	2	Waren annehmen und verkaufsfertig machen																							
8	3	Flyer drucken lassen																							
9	4	Flyer auslegen (Kundeninfo)																							
10	5	Verkaufsstand aufbauen und dekorieren			Reiter	Martinez																			
11	B	Durchführung																							
12	1	Ware verkaufsfertig machen und Verkostung																							
13	2	1. Verkaufstag			Horn	Weber/Boldizzoni (1. Schicht); Lichtblau/Horn (2. Schicht)																			
14	3	2. Verkaufstag																							
15	4	3. Verkaufstag																							
16	C	Nachbereitung																							
17	1	Verkaufsstand abräumen																							
18	2	Absatz und Umsatz ermitteln			Horn	Boldizzoni																			

5. **Es haben sich folgende Abverkaufszahlen ergeben. Berechnen Sie**

a) **die Abverkaufsquoten in Prozent.**

b) **den Bruttoumsatz.**

c) **den Nettoumsatz.**

d) **das Rohergebnis der Verkaufsförderungsaktion.**

Promotionsartikel	Bestellte Menge	Verkaufte Menge	Abverkaufsquote in %	Brutto-Umsatz in EUR	UST-Satz	Netto-Umsatz in EUR
Rotwein (Flaschen)	25	8			19 %	
Schafskäse	2 kg	1,8 kg			7 %	
Balsamico (Flaschen)	30	28			7 %	
Linguine-Nudeln (Packung)	30	20			7 %	
Tomaten-/Gemüßesoße (Glas)	30	18			7 %	
Olivenöl (Flasche)	50	48			7 %	
Cantuccini (Packung)	30	30			7 %	
Gesamtumsatz der Promotion						
– Wareneinsatz (Bruttoumsatz/Kalkulationsfaktor 1,8)						
– Promotionskosten						
= Deckungsbeitrag (Rohergebnis)						

6. **Herr Geimer möchte nun den Erfolg der Maßnahme messen und bittet seine drei Auszubildenden, die Rendite dieser Aktion zu berechnen.**

a) **Übernehmen Sie stellvertretend für die Drei die Berechnung nach folgender Formel und berücksichtigen Sie bei den Kosten nur die Bezugspreise sowie die Kosten der Promotion.**

$$\text{Rendite}_{(\text{Umsatz})} = \frac{\text{Rohergebnis der Aktion} \times 100}{\text{Mehrumsatz (netto)}}$$

a) **Beurteilen Sie, ob sich die Aktion gelohnt hat.**

Lernsituation 9

Kundenretouren analysieren und Beschwerden kundenorientiert abwickeln

© contrastwerkstatt – stock.adobe.com

Die Ausbilderin Clarissa Gempp veranstaltet regelmäßig Azubi-Treffs, wo ihre Auszubildenden berichten können, was sie in letzter Zeit besonderes erlebt haben. Heute sind Marcus und Sinem dabei. Marcus Weber berichtet:

„Seit vier Monaten bin ich jetzt beim Geimer. Die Probezeit ist jetzt um. Ich bin sehr zufrieden mit der Ausbildung. Die Kollegen sind nett. Auch vom Chef bekomme ich viel Zuspruch und Unterstützung. Manchmal bin ich mir mit den Kunden etwas unsicher. Neulich war da das Problem mit den Nüssen. Eine Kundin kam ziemlich verärgert auf mich an der Kasse zu. „Die gemahlenen Nüsse schmecken muffig und schimmlig. Ich will mein Geld zurück.", schnauzte sie mich total sauer an. Natürlich haben wir umgetauscht. Aber bis ich erst mal den Joshua bei mir hatte. Der hat mir mit der Reklamation geholfen. Das war für mich echt peinlich."

Sinem hatte ein ähnliches Problem an der Frischtheke. Irgend so ein „Öko-Typ" hatte da Edelstahlboxen für den Käse dabei. Sie hatte vergessen, Tara für Verpackungsgewicht zu drücken, und bei diesem Fall gab's auch Stress. Sinem war da wohl etwas verpeilt. Das war aber Ihre erste Woche an der Frische-Theke.

Arbeitsaufträge

1. **Clarissa Gempp möchte, dass die Auszubildenden aufgrund der gemachten Erfahrungen einen Leitfaden für den Umgang mit Beschwerden erstellen. Die beiden Auszubildenden orientieren sich dabei an zwei Leitfragen:**

a) **„Welche berechtigten und unberechtigten Reklamationen kommen in einem Supermarkt vor?" Beschreiben Sie verschiedene Fälle aus Ihrer Praxis, die Sie in die Tabelle eintragen.**

	Berechtigte Reklamationen	Unberechtigte Reklamationen
Lebensmittel		

	Berechtigte Reklamationen	Unberechtigte Reklamationen
Nonfood		

b) **„Welche Informationen, auch gegenüber den Kunden und der reklamierten Ware, sollten die Mitarbeiter des Supermarkts EDEKA Geimer e. K. aufnehmen?“**
Informieren Sie sich über das korrekte Verhalten bei Kundenreklamationen (z. B. bei www.verbraucherzentrale.de oder einer anderen Informationsplattform) und formulieren Sie anschließend geeignete W-Fragen.

c) **Während des Azubi-Treffs gibt die Ausbilderin Frau Gempp den Auszubildenden die Aufgabe, einen „Leitfaden zum Beschwerdemanagement“ im Lebensmitteleinzelhandel zu entwickeln. Ergänzen Sie für die Auszubildenden die folgende Tabelle.**

Stufen	Beispiele für den Lebensmittelhandel EDEKA Geimer e. K.
Kunden zu Feedback stimulieren	
Kundenproblem unkompliziert annehmen	
Kundenbeschwerde analysieren und Verantwortlichkeiten zuweisen	
auf Beschwerde angemessen reagieren (berechtigt/unberechtigt)	
Zufriedenheit der Kunden nach Beschwerdeabwicklung messen	
Informationen über Beschwerden für die Statistik sammeln und analysieren	

© undrey – stock.adobe.com

2. **Mithilfe eines Warenwirtschaftssystems (ERP-Software) lassen sich auch Informationen gewinnen, die für das Customer-Relationship-Management (CRM) wichtig sind. Auf der Grundlage von Kundendaten hat die Auszubildende Celina Fey eine Retouren-Statistik des ersten Quartals erzeugen können.**

Warenretouren des ersten Quartals (Stammkunden) – Auswertung WWS

Nr.	Name	Alter	Stammkunde seit … Jahren	Gesamt-Umsatz der letzten 12 Monate	Retourenwert	Letzte Waren-Retoure aus …	Bisherige Zahl der Retouren	Letzter Umsatz KW
1	Meister	44	10	600,00	56,00	Molkerei	4	13
2	Pichler	73	30	1.200,00	26,00	Obst	3	13
3	Kruse	21	2	120,00	20,00	Tiefkühl	1	2
4	Moretti	33	10	450,00	200,00	Haushalt	1	12
5	Rasooli	21	1	300,00	100,00	Tiefkühl	2	3
6	Hofstadter	25	1	210,00	120,00	Tiefkühl	2	4
7	Hansen	61	5	570,00	29,00	Obst	3	13
8	Wilson	20	2	400,00	78,00	Tiefkühl	2	2
9	Sener	28	10	1.000,00	10,00	Vegan	1	12
10	Klein	34	12	800,00	8,00	Vegan	0	13

a) **Berechnen Sie die Gesamt-Retourenquote für alle Stammkunden in Abhängigkeit vom Gesamtumsatz (in %) und tragen Sie die jeweiligen Einzelwerte der Warenarten in das Kreisdiagramm ein.**

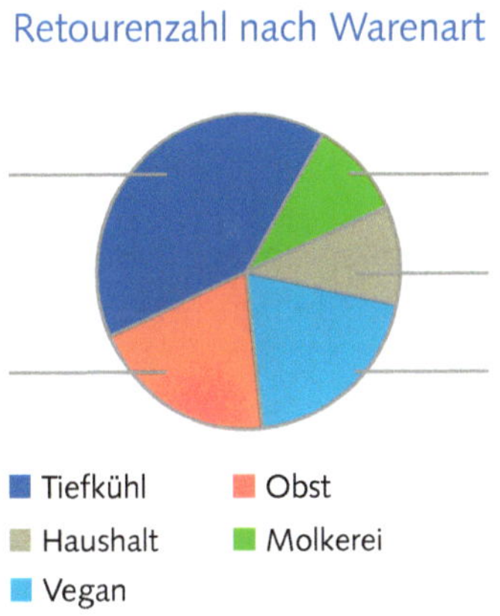

b) **Bestimmen Sie die Warenbereiche, in denen es verstärkt zu Problemen kommt. Nennen Sie mögliche Gründe für berechtigte Reklamationen.**

c) **Bestimmen Sie anhand der Retouren-Tabelle mögliche Kunden, die abwanderungsgefährdet sein könnten. Erläutern Sie, was bei diesen Kunden anhand der Datenlage für eine Abwanderung spricht, was dagegen?**

3. **Strukturieren Sie die Daten (Retourenzahl, nur die letzte Retoure) nach der folgenden Ordnung. Ziehen Sie Schlüsse daraus.**

Letzte Warenretouren im ersten Quartal						
Altersgruppe bis … Jahren	**Haushalt**	**Obst**	**Molkerei**	**Tiefkühl**	**Vegan**	**Gesamt**
30						
40						
50						
60						
70						
80						
Gesamt						10

4. **Bringen Sie die Schritte der Reklamationsbearbeitung in die richtige Reihenfolge, indem Sie die Kennbuchstaben den freien Kästchen zuordnen.**

Kunde betritt mit fehlerhafter Ware unser Geschäft

Finden Sie einen ruhigen Gesprächsort.

[ ]

Bitten Sie den Kunden um den Kaufbeleg.

[ ] – Nein → Verweisen Sie auf den Händler, der die Ware verkauft hat.

2. Ist die Gewährleistungsfrist abgelaufen? – Ja → Bedauern Sie, da es zu lange her ist. Bei Stammkunden können Sie eine Ausnahme machen (Kulanz).

[ ] – Nein → [ ]

Ja ↓

4. Ist es ein Hersteller- oder unser Fehler? – Nein → [ ]; Ja → [ ]

Entschuldigen Sie sich beim Kunden.

[ ] → Tauschen Sie die Ware um oder beheben Sie den Fehler. / [ ]

Verabschieden Sie den Kunden freundlich und dokumentieren Sie den Fall.

Kennung	Erläuterung
A	Geben Sie das Geld zurück oder mindern Sie den Verkaufspreis.
B	Liegt die Beweislast bei uns?
C	Sie teilen dem Kunden mit, dass die 12 Monate abgelaufen sind.
D	Wurde die Ware bei uns gekauft?
E	Machen Sie dem Kunden höflich, aber bestimmt klar, dass es nicht unser Fehler ist.
F	Prüfen Sie die Ware oder schicken Sie sie an den Hersteller.
G	Hören Sie aufmerksam zu und bleiben Sie freundlich.
H	Bieten Sie eine kundenfreundliche Lösung an.

5. **Finden Sie Beispiele für sinnvolle Kundenserviceleistungen nach dem folgenden Schema.**

Nonfood:

Fokus auf …	Pre-Sales-Service	Sales-Service	After-Sales-Service
Person		individuelle Beratung, Self-Scanning-Termnals anbieten	
Ware			gut erreichbare Beschwerde-Hotlines, Bring- bzw. Montage-Service, Umtausch-Service
Kaufrisiko	Zusendung einer Produktauswahl, Warenreservierung		
Zahlung			

© j-mel – stock.adobe.com

Lebensmittel:

Fokus auf …	Pre-Sales-Service	Sales-Service	After-Sales-Service
Person			
Ware			
Kaufrisiko			
Zahlung			

Aufgabe Plus

6. **Wenn viele Datensätze einer Tabelle ausgewertet werden sollen, dann behält man nicht so ohne Weiteres den Überblick. Pivot-Tabellen können für Celina Fey bei der Datenanalyse sinnvoll sein. Aus einer eindimensionalen Tabelle mit vielen Datensätzen lässt sich nach bestimmten Schlüsselelementen eine zwei- oder mehrdimensionale Tabelle (Matrix) erzeugen. Dies lässt sich mithilfe der Tabellenkalkulation mit ein paar Handgriffen bewerkstelligen:**

a) **Normalerweise lassen sich viele Daten aus einem Warenwirtschaftssystem in ein Datenformat überführen (exportieren), welches in die Tabellenkalkulation von Office Standard Software importiert werden kann, z. B. eine einfache CSV-Datei. Pflegen Sie in diesem Falle die Tabelle in das Tabellenkalkulationsprogramm (z. B. MS EXCEL) per Hand ein. Für jedes Element ist eine Zelle vorzusehen.**

Name	Altersgruppe	Warengruppe	Stammkunde	Retourenwert	Gesamtumsatz
Klein	Jugendliche	Convenience	Nein	36,00 EUR	36,00 EUR
Peters	Erwachsene	Obst/Gemüse	Ja	12,00 EUR	80,00 EUR
Grüner	Heranwachsende (bis 23)	MOPRO	Nein	20,00 EUR	56,00 EUR
Groß	Senioren	Obst/Gemüse	Ja	15,00 EUR	45,00 EUR
Habouche	Senioren	Nonfood	Ja	40,00 EUR	40,00 EUR
Majorca	Erwachsene	Convenience	Nein	34,00 EUR	76,00 EUR
Reuther	Erwachsene	MOPRO	Ja	12,00 EUR	30,00 EUR
Wilder	Erwachsene	Obst/Gemüse	Nein	16,00 EUR	40,00 EUR
Meleshkina	Erwachsene	Tiefkühl	Ja	30,00 EUR	120,00 EUR
Wagner	Heranwachsende (bis 23)	Tiefkühl	Nein	45,00 EUR	45,00 EUR

b) **Markieren Sie die komplette Tabelle und wählen Sie die Registerkarte Einfügen/PivotTable/PivotTable aus Tabelle oder Bereich/neues Arbeitsblatt.**

c) **Wählen Sie nun die Schlüsselelemente (Dreh- und Angelpunkte) des Pivot-Tabellenfeldassistenten, sodass folgende Matrix entsteht. In den Kernzellen soll die Zahl der Retouren aufgenommen werden.**

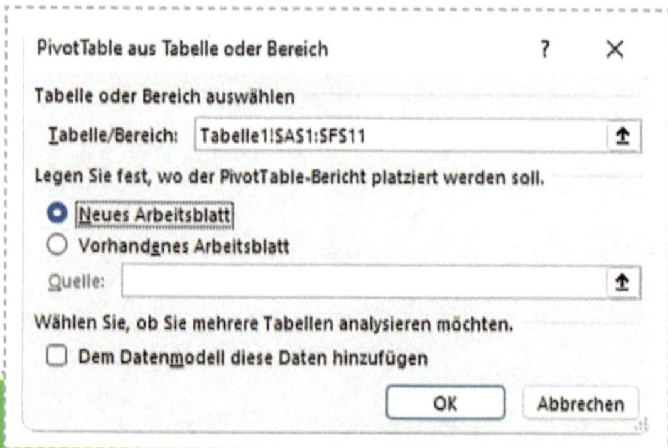

Summe von Retourenwert	Warengruppe					
Altersgruppe	Convenience	MOPRO	Nonfood	Obst/Gemüse	Tiefkühl	Summe
Erwachsene	?	?	?	?	?	?
Heranwachsende (bis 23)	?	?	?	?	?	?
Jugendliche	?	?	?	?	?	?
Senioren	?	?	?	?	?	?
Summe	?	?	?	?	?	?

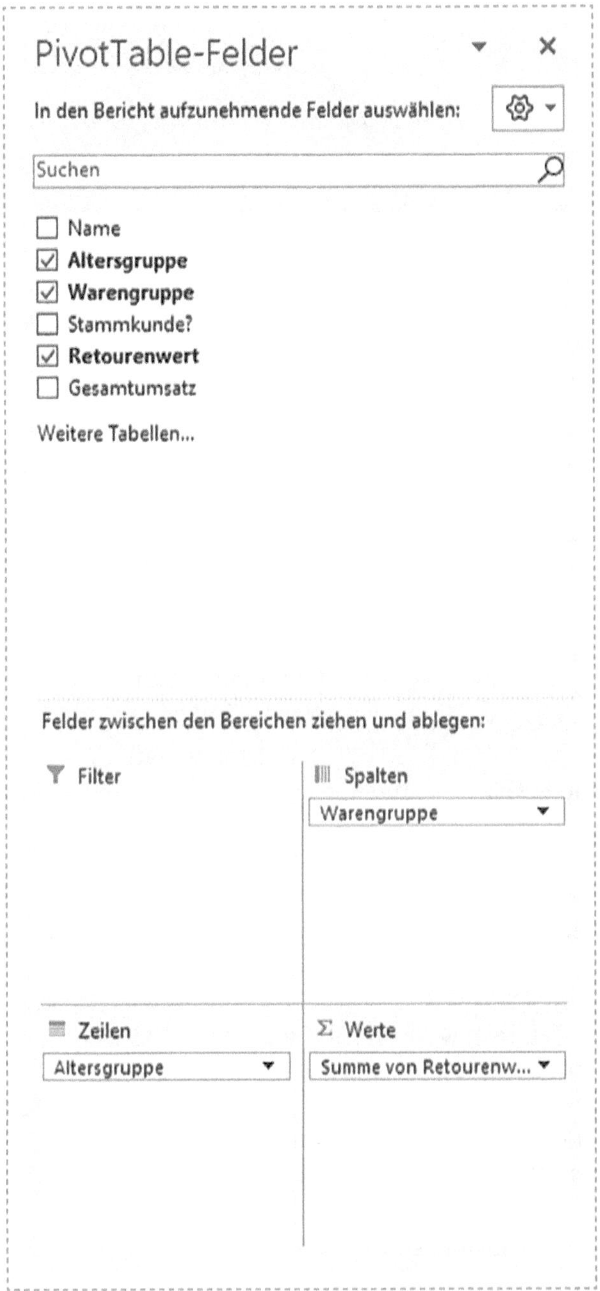
PivotTable-Felder
In den Bericht aufzunehmende Felder auswählen:
Suchen
Name
Altersgruppe
Warengruppe
Stammkunde?
Retourenwert
Gesamtumsatz
Weitere Tabellen...
Felder zwischen den Bereichen ziehen und ablegen:
Filter
Spalten
Warengruppe
Zeilen
Altersgruppe
Werte
Summe von Retourenw...

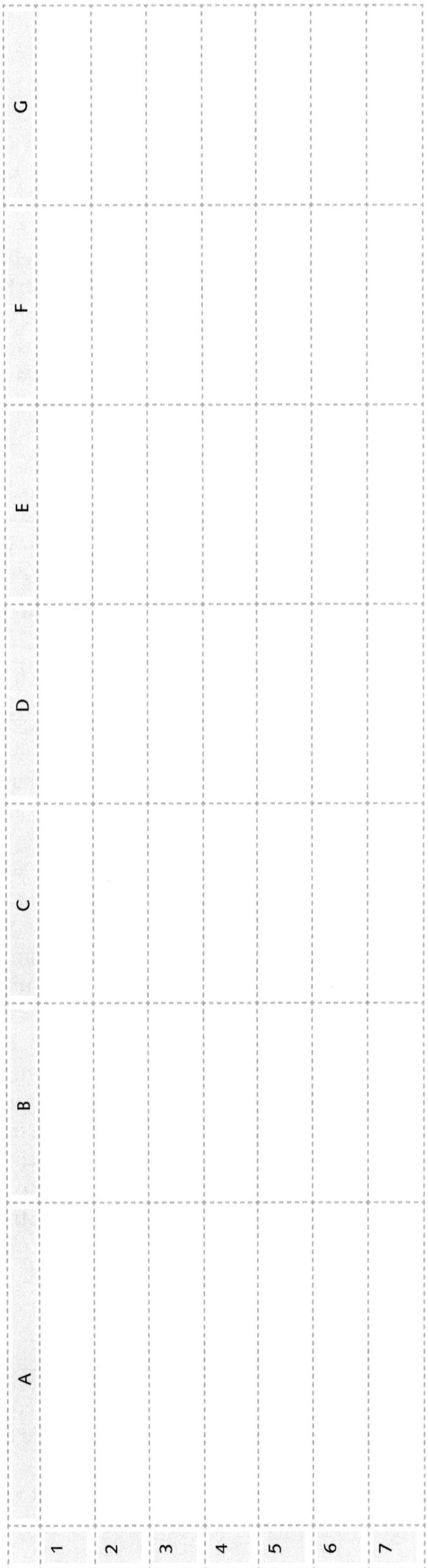
A
B
C
D
E
F
G
1
2
3
4
5
6
7

Lernsituation 10

Marketing-Mix entwickeln

Herr Geimer plant ein Azubi-Projekt. Celina Fey, Sinem Demiroglu und Marcus Weber sollen in Zusammenarbeit mit dem Leiter der Frische-Abteilung, Dominik Reiter, ein Marketing-Konzept entwickeln. Es werden folgende Eckpunkte gesetzt: Verkauf selbst gemachter Smoothies in den Sommermonaten, Planung der Obstbeschaffung durch Herrn Reiter, Verkauf durch Celina, Sinem und Marcus. Das Marketing-Konzept ist gleichzeitig Azubi-Projekt und Ideenwettbewerb.

Folgende Ideen sind von den Dreien weiterzuentwickeln:

1. Herr Geimer könnte einen ehemaligen Van organisieren, aus dem bisher Speiseeis verkauft wurde. Ein mobiler Verkaufswagen eröffnet Möglichkeiten, nicht nur vor dem Markt (Residenzprinzip) Smoothies zu verkaufen, sondern auch anderswo (Domizilprinzip).
2. Der Verkaufsort und die anvisierte Zielgruppe sollten übereinstimmen.
3. Der Verkauf soll nur an zwei Wochentagen stattfinden, sodass den Azubis auch Zeit für das Tagesgeschäft und die Berufsschule bleiben.
4. Zehn Prozent des Erlöses gehen an eine gemeinnützige Einrichtung, was noch näher zu konkretisieren wäre.
5. Es sollen Smoothies mit einem exotischen Flair sein, wobei Herrn Reiter rechtzeitig der Warenbedarf zu melden ist. Ware kurz vor dem Verderb könnte so noch gut verwertet werden.
6. Das konkrete Leistungsprogramm (Art und Zahl der Smoothies), eventuell Zusatzverkäufe, überlässt Herr Geimer den Auszubildenden. Vielleicht lässt sich mit Marktforschung etwas in Erfahrung bringen.
7. Es sollen Preise verlangt werden, die nachfrageorientiert bzw. konkurrenzorientiert sind.
8. Die Azubis sollten sich überlegen, welche Geräte sie zur Zubereitung benötigen und in welchen Gefäßen (Einweg, Mehrweg) verkauft werden soll.
9. Das Azubi-Projekt wird eine Laufzeit von 4 Monaten haben. Der Start des Projektes und das Leistungsprogramm sind rechtzeitig durch Werbung bekannt zu machen.
10. Schließlich sollten sich Celina und Sinem noch wegen möglicher behördlicher Genehmigungen zum mobilen Straßenverkauf erkundigen.

Bananen-Kiwi-Smoothie

1 Banane und 1 Kiwi schälen, zerkleinern und pürieren

½ Liter Orangen-Saft oder Grapefruit-Saft zugeben

1 TL Limettensaft

Nach Belieben mit Honig süßen

Zubereitungszeit: 5 Minuten

Arbeitsaufträge

1. **Greifen Sie die oben dargestellten Ideen auf. Arbeiten in einem Team von ca. 4 Personen und konkretisieren Sie diese Ideen. Bringen Sie Ihre eigenen Erfahrungen als Einzelhandelskaufleute bzw. als Kundschaft mit ein.**
   Vervollständigen Sie nun das Auswertungsraster um geeignete Lösungsmöglichkeiten.

Auswertungsraster zum Marketing-Konzept		
Marketing-Bereich	**Fragestellungen**	**Lösung mit Begründung**
A) Marktforschung	**Wer ist meine Zielgruppe und was kann ich über sie in Erfahrung bringen?**	
Instrumente der Marktforschung	Wer trinkt gerne Smoothies? Was ist im Trend?	
B) Kommunikations-politik	**Wie kommuniziere ich mit der Zielgruppe?**	
Werbung	Welche Werbekanäle setze ich ein? Was ist meine Werbe-botschaft? Wann und wie lange werbe ich?	
Öffentlichkeitsarbeit	Wie kann ich den guten Ruf meines Unter-nehmens steigern?	
Einführungspromo-tion (Verbraucher-promotion)	Wie kann ich den Abver-kauf im direkten Kun-denkontakt fördern?	

Auswertungsraster zum Marketing-Konzept

Marketing-Bereich	Fragestellungen	Lösung mit Begründung
C) Leistungspolitik	**Was ist mein Leistungsversprechen gegenüber dem verwöhnten Wohlstandskunden?**	
Inputfaktoren	Was benötige ich zur Herstellung?	
Sortimentsauswahl	Welche Smoothies führe ich? Was kann ich noch anbieten?	
Verpackungsfragen	Wie gehe ich mit den Trinkbechern um?	
D) Preispolitik	**Wie setze ich einen nachfrage-/wettbewerbsorientierten Preis?**	
Preisniveau	Woran orientiere ich die Höhe des Einführungspreises?	
Preisstrategie	Gibt es Gründe, die Preise im Zeitablauf zu verändern? Wenn ja, welche?	
Vergünstigungen (Konditionenpolitik)	Welche Vergünstigungen kann ich wem/wann geben?	

Auswertungsraster zum Marketing-Konzept

Marketing-Bereich	Fragestellungen	Lösung mit Begründung
E) Vertriebsstellen-Politik	**Welche Absatzwege werde ich beschreiten?**	
Ambulanter Handel	Welche Orte suche ich mit meinem mobilen Verkaufsstand auf? Warum?	
F) Behördliche Genehmigungen	**Wofür sind Genehmigungen notwendig?**	
G) Projektstart		
I) Erfolgskontrolle	**Welche Größen ziehe ich heran, um den Erfolg meiner Sommer-Aktion zu prüfen?**	
Quantitative Größen		
Qualitative Größen		
J) Meine Meinung zu dem Projekt		

Lernsituation 11

Waren Online präsentieren und verkaufen

Alle Auszubildenden der EDEKA Geimer e. K. müssen im Rahmen ihrer Ausbildung einige Wochen bei der Vertriebsleitung reinschnuppern. Ihre Aufgabe ist es, regelmäßig verschiedene Umsatzzahlen miteinander zu verglichen und zu erörtern. Diesmal erhalten die drei gemeinsamen Einblick in die Verkaufsstatistik von Sportartikeln, und zwar zwischen ihrem Edeka Markt, ihren größten Mitbewerbern am Markt und der Branche allgemein. Folgende Daten liegen vor:

Jahr	Branche	Edeka Geimer	Kaufland	Mix Market
2022	256 Mio. EUR	240.000,00 EUR	250.000,00 EUR	240.000,00 EUR
2024	260 Mio. EUR	170.000,00 EUR	255.000,00 EUR	240.000,00 EUR

Celina, die bereits im dritten Ausbildungsjahr ist, beginnt das Gespräch und analysiert die Zahlen genauer.

Celina: *Ausgerechnet unser Ausbildungsbetrieb hat bei Sportartikeln einen deutlichen Umsatzrückgang zu verzeichnen.*

Marcus: *Da die Sortimentsgestaltung zwischen unseren direkten Mitbewerbern und unserem Betrieb sehr ähnlich und auch die Lage vergleichbar ist.*

Sinem erinnert sich und berichtet, dass sie auf dem Weg zur Berufsschule viele Kunden gesehen hat, die große Einkaufstüten mit den Logos der Mitbewerber mit sich trugen.

Sinem: *Sie können die Ware im Internet bestellen und direkt vor Ort abholen oder auch liefern lassen. Diese Möglichkeit haben Kunden bei uns im Edeka Geimer nicht.*

Celina: *Das stimmt, ich habe bei vielen Läden keine Chance einzukaufen, da sie keinen Online-Shop haben.*

Sinem: *Das müssen wir ändern, lass' uns zu Frau Gempp gehen und ihr das vorschlagen.*

Marcus: *Du hast Recht, wir brauchen einen Online-Shop.*

Sie präsentieren die Idee des Online-Shops Ihrer Ausbildungsleiterin. Frau Gempp ist ebenfalls begeistert von dem Vorschlag, allerdings müsste die Vertriebsleitung noch überzeugt werden. Dies soll in der nächsten Vertriebsleitungssitzung geschehen.

Arbeitsaufträge

1. **Die drei Auszubildenden erhalten von Herrn Geimer den Projektauftrag, die Vertriebsleitung von der Einführung eines Online-Shops zu überzeugen. Verschaffen Sie sich – stellvertretend für die drei Auszubildenden – zunächst mithilfe der nachfolgenden Anlagen (siehe Datenkranz Seite 136/137) einen Überblick über die Umsätze des Online-Handels.**

a) **Fassen Sie die Ergebnisse der Recherche zusammen.**

b) **Sammeln Sie Argumente, die den Vertriebsleiter davon überzeugen könnten, warum ein Online-Shop für den EDEKA Geimer e. K. wichtig ist.**

c) **Geben Sie mehrere Kriterien an, worauf Edeka bei der Gestaltung eines Online-Shops achten muss.**

2. **Notieren Sie Serviceleistungen, die im Onlineshop angeboten werden könnten.**

3. **Ein wichtiger Faktor für die Etablierung eines Online-Shops ist die Online-Bezahlung der Artikel bzw. der Rechnung.**

a) **Beschreiben Sie drei der unten aufgeführten Bezahlmethoden in tabellarischer Form:**

Bezahlmethode	Beschreibung

b) **Schlagen Sie drei Bezahlmethoden vor, die Sie für den Edeka Geimer anbieten möchten.**

4. **Damit Kunden über das neue Angebot des Online-Shops informiert werden können, müssen sich die drei Auszubildenden noch über Werbemaßnahmen Gedanken machen. Erläutern Sie mind. zwei Maßnahmen, wie der neue Online-Shop bekannt gemacht werden kann.**

Während der Vorbereitungen für die Konzeptausarbeitungen stößt Marcus Weber bei seiner Recherche auf folgenden Artikel:

Datenschutz: Online-Shop-Betreiber muss Bußgeld zahlen, 06.08.2021

Nachlässigkeit beim Aktualisieren von E-Commerce-Software kann schnell teuer werden. Diese Erfahrung musste ein niedersächsischer Online-Händler von Medikamenten machen. Er bekam von der obersten Datenschützerin seines Bundeslandes eine Strafe von 65.000 Euro aufgebrummt, weil seine Software veraltet war und erhebliche Sicherheitslücken enthielt.

5. **Beschreiben Sie mit Kenntnis des Zeitungsartikels und der beiden Grafiken (Anlage 4 + 5 Seite 137), welche Gefahren auf das Unternehmen EDEKA Geimer e. K. zukommen können, wenn der Online-Shop im Internet freigeschaltet wird, und nennen Sie Möglichkeiten, wie man sich davor schützen könnte.**

Gefahren	Schutz

Datenkranz

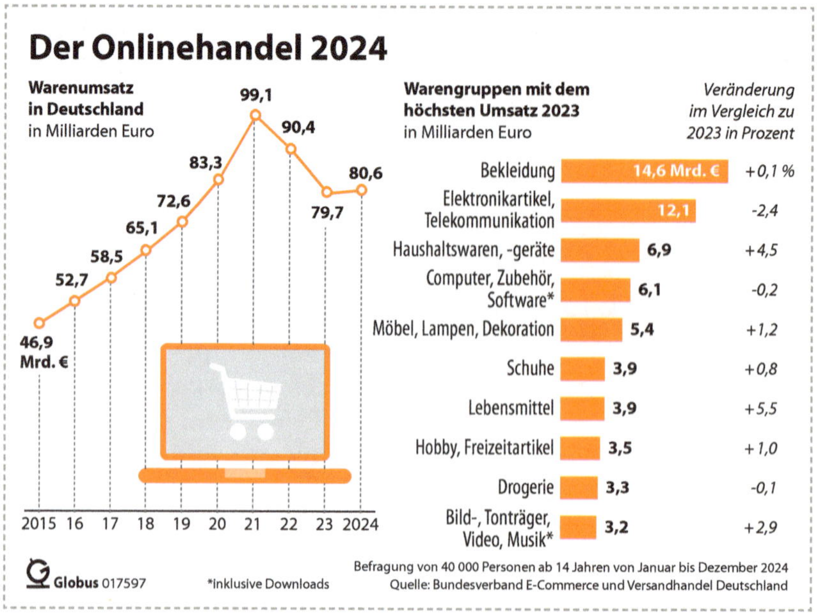

Anlage 1:

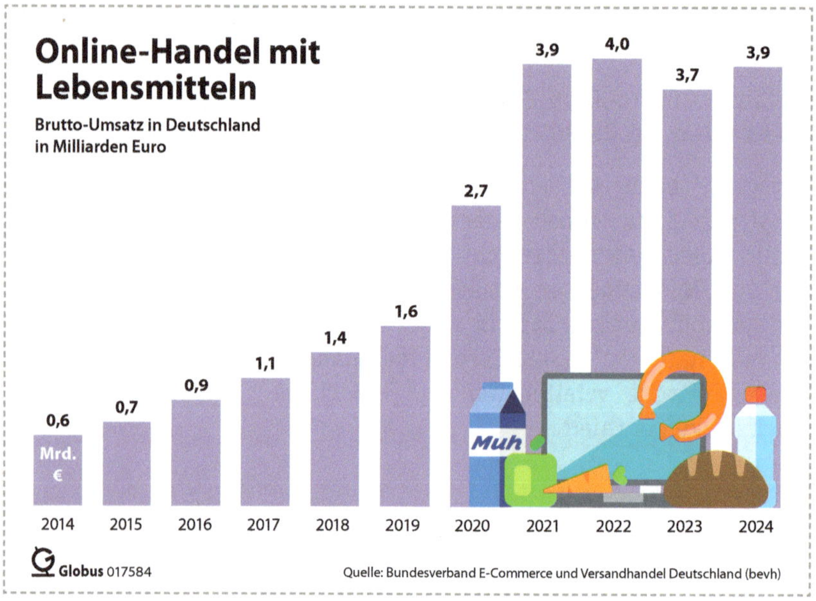

Anlage 2:

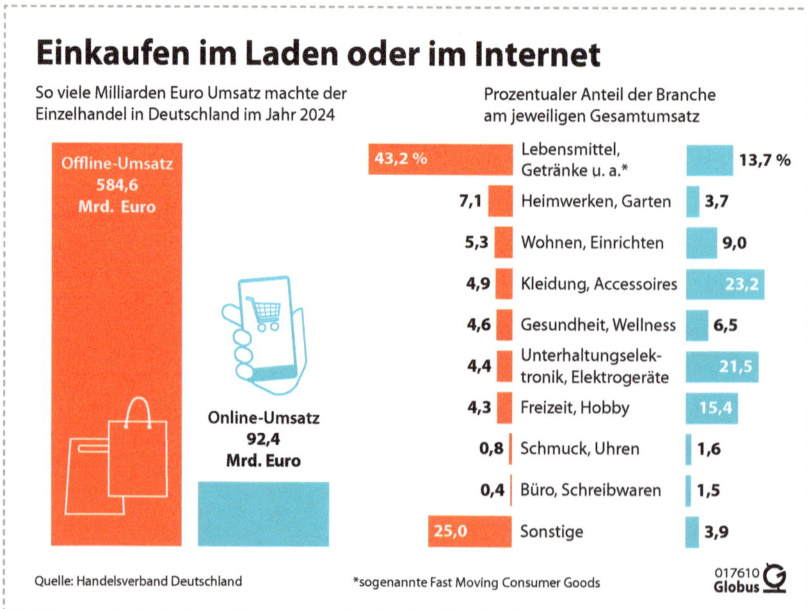

Anlage 3:

Anlage 4 und 5:

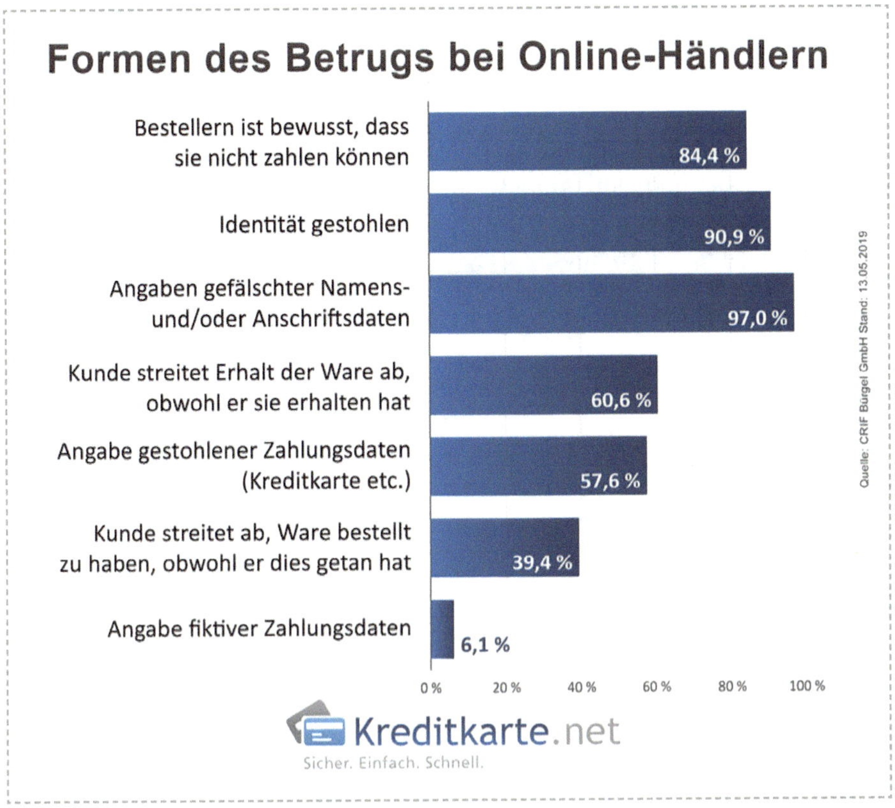

Lernsituation 12

Eine Multi-Channel-Strategie anwenden

Philipp Geimer hat sich vom Konzept für die Einführung eines Online-Shops überzeugen lassen und gibt „grünes Licht“ für die Einführung. Marcus und Sinem sollen das Projekt zusammen mit Frau Gempp begleiten. Heute hat Marcus in der Berufsschule mitbekommen, dass der stationäre Einzelhandel immer mehr an Bedeutung verliert. War es jetzt also ein Fehler, den Online-Shop zu etablieren? Marcus erzählt Sinem von seinen Neuigkeiten aus der Schule.

Marcus: *Es würden sehr viele Arbeitsplätze wegfallen, wenn man die Waren nicht mehr vor Ort, sondern nur noch online anbietet, heißt es. Wenn wir die Waren nur noch online verkaufen, dann haben wir ja vor Ort bald gar keine Arbeit mehr. Ich mache mir da schon etwas Sorgen.*

Sinem: *Nein, nein, da brauchst du dir erst mal keine Sorgen machen. Unser geplanter Online-Shop ist eine Ergänzung zu unserem Ladengeschäft. Wir wollen dadurch noch mehr Kunden ansprechen, die keine Möglichkeit haben, dass sie vor Ort bei uns vorbeikommen. Man nennt so etwas eine Multi-Channel-Strategie.*

Marcus: *Aha, interessant, und was ist das ganz genau?*

Sinem zeigt Marcus einen Artikel über Multi-Channel-Strategie, den sie auch für ihren Chef vorbereitet hatte.

Arbeitsaufträge

1. **Informieren Sie sich zuerst über die verschiedenen Verkaufsstrategien, die im angefügten Artikel und in Ihrem Lehrbuch vorzufinden sind.**

a) **Erstellen Sie in 4er-Gruppen ein Plakat über die verschiedenen Verkaufsstrategien und finden Sie passende Beispiele zu jeder Strategie.**

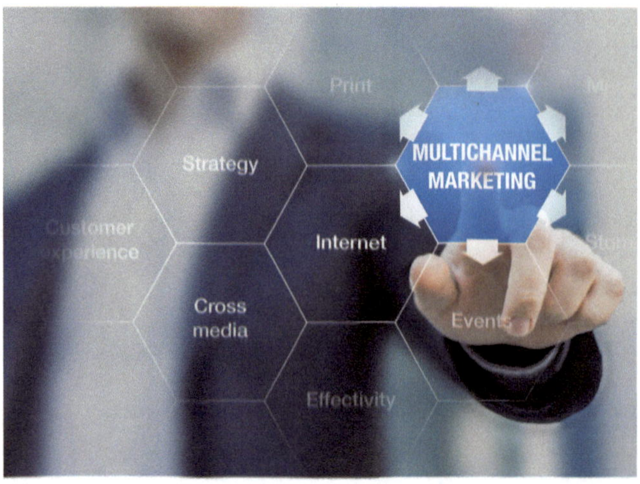

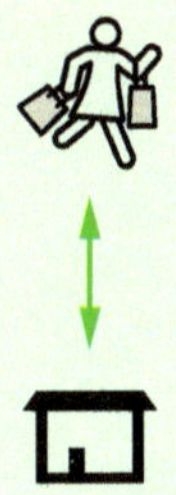

Single-Channel-Strategie

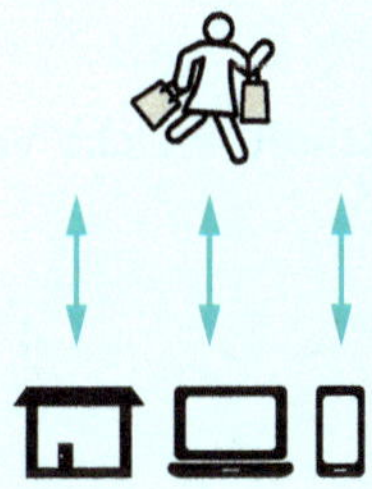

Multi-Channel-Strategie

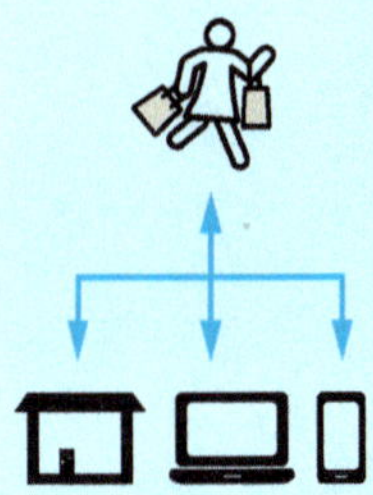

Cross-Channel-Strategie

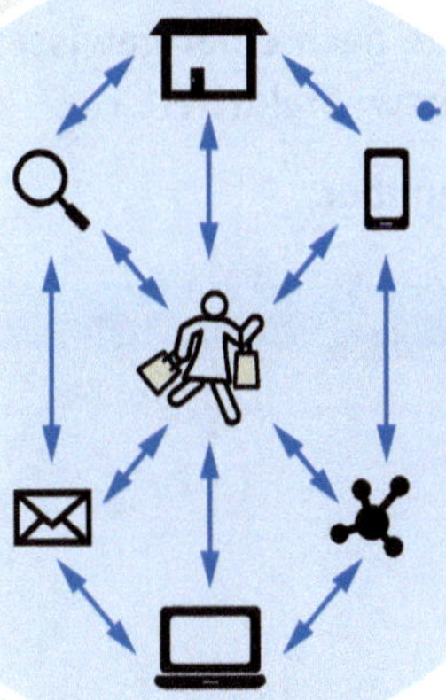

Omni-Channel-Strategie

b) **Sammeln Sie Pro- und Contra-Argumente für eine Personalisierung im Vertrieb (Anlage 1 Seite 143).**

Pro	Contra

c) **Erläutern Sie aus Sicht eines Einzelhandelsunternehmers bzw. aus Sicht der Kundschaft, welche Vor- und Nachteile mit der Etablierung eines Multi-Channel-Vertriebs verbunden sind.**

	Vorteile	Nachteile
Aus Sicht des Unterneh-mens		
Aus Sicht der Kundschaft		

2. **In der ersten Phase der Corona-Pandemie ergab sich während des Lockdowns das Problem, dass ein Teil des Sortiments für die Kundschaft nicht zugänglich war. Als Ausweg wurde nach einer gewissen Zeit „Click and Collect“ und „Click and Meet/Click and Reserve“ angeboten bzw. praktiziert.**

a) **Stellen Sie die beiden Formen „Click and Collect“ und „Click and Meet“ gegenüber.**

Click and Collect

Click and Meet

b) **Erläutern Sie die Vorteile dieser beiden Vertriebsformen.**

Vorteile von Click and Collect und Click and Meet:

c) **Beurteilen Sie in Partnerarbeit, ob Click and Collect und Click and Meet auch zukünftig von den Ladengeschäften angeboten werden sollte.**

3. **Marcus fährt nach dem anstrengenden Arbeitstag mit dem Bus nach Hause, als sich zwei 19-jährige Schüler, Stefanie und Yilmaz, unterhalten. Sie hätten eine super Idee und möchten gerne einen selbst entwickelten Prüfungsaufgabentrainer über das Internet verkaufen. „Das sei ganz einfach und sehr schnell", meint Stefanie. „Den Shop erstelle ich gleich heute und dann kann`s auch schon losgehen", antwortet Yilmaz.**

Marcus setzt sich zu den beiden und erklärt Ihnen, dass es nicht so einfach sei, wie sie sich das vorstellen. Er möchte ihnen aber helfen, auf was sie beim Verkauf über das Internet beachten müssen.

Erstellen Sie in Partnerarbeit eine Mindmap für die beiden Schüler, welche rechtlichen Regelungen beim E-Commerce sie unbedingt beachten müssen. Nutzen Sie hierfür Ihr Lehrbuch und das Internet.

Rechtliche Regelungen des E-Commerce

PAngV

Impressum

- Shops ohne Impressum sind meistens unseriös

AGB

- erleichtert Kundenbeziehung
- Falls keine AGB vorhanden, gilt das BGB

DSGVO

- Nutzer haben das Recht verwendete Daten einzusehen

Fernabsatzvertrag

- Verkäufer hat zahlreiche Informationspflichten

Rechtliche Probleme des E-Commerce

Datenkranz

Anlage 1: Überblick Strategien

Multi-Channel, Omni-Channel oder Personalisierung – Was ist das?
Wie sich der Handel auf neue Absatzkanäle umstellen muss?
30. November 2020
Der Handel hat in den letzten Jahren viele Veränderungen durchgemacht. Durch die Digitalisierung sind neue Möglichkeiten entstanden, wie man mit den Kunden kommuniziert und über verschiedene Channels seine Produkte und Dienstleistungen verkauft. Dabei gibt es verschiedene Absatzkanäle, die wir hier erklären.
Mit dem digitalen Wandel sind auch weitere Kanäle entstanden, über welche ein Händler seine Produkte verkaufen oder bewerben kann. Bei vielen Händlern werden jene Marketing-Strategien, die mehrere Verkaufskanäle bedienen, wie z.B. Cross- oder Omni-Channel, immer wichtiger. Das veränderte Kundenverhalten führt auch dazu, dass dieser Wandel immer mehr Händler betrifft und diese vor große Herausforderungen stellt. […]

Personalisierung versucht, jeden Kunden und seine Bedürfnisse direkt anzusprechen. Dadurch sollen neben den Verkaufszahlen auch die Loyalität und die Zufriedenheit des Kunden gesteigert werden. Eine Konsumentenbefragung von IDC und RichRelevance hat ergeben, dass Produktempfehlungen und Erfahrungsberichte anderer Kunden die Wahrscheinlichkeit eines Kaufentscheids erhöhen können. Eine personalisierte Ansprache bietet dem Kunden einen Mehrwert, indem ihm Werbungen und Inhalte gezeigt werden, welche für ihn relevant sind. Dies vereinfacht es auch, neue Produkte kennenzulernen. Gemäß der Studie von IDC und RichRelevance würde sogar jeder vierte erneut im selben Shop einkaufen, wenn dieser ihm personalisierte Vorschläge unterbreitet.

Verbesserte Personalisierung durch bessere Daten:
Die personalisierte Ansprache verbessert sich laufend. Durch gezielte Analysen können nicht nur vergangene Trends analysiert werden, sondern auch zukünftige Trends erkannt werden. Dies ermöglicht personalisierte Empfehlungen und Angebote anhand der Präferenz des Kunden sowie anhand der Präferenzen ähnlicher Kunden. Das Ziel ist, Kundendaten zusammen mit Daten von anderen Kunden zu verbinden, Empfehlungen und personalisierte Angebote zu finden und diese für den Kunden zugänglich zu machen. Dies soll es erlauben, dem Kunden gezielte statt zufällige Angebote zu unterbreiten, was laut Steinbrenner zu höheren Verkaufszahlen und glücklicheren Kunden führt. Somit kann die Auswertung von Kundendaten dafür verwendet werden, Verhaltensmuster zu erkennen und das vorhersagbare Kaufverhalten für Kundenbindungsprogramme zu nutzen.

Gefahr der Personalisierung:
Jedoch ist auch Vorsicht geboten bei dem Umgang mit persönlichen Daten. Es besteht die Gefahr, dass der Kunde sich „gläsern" fühlt, falls ein Unternehmen vermeintlich mehr über ihn weiß als er selbst. Derzeit blüht deshalb auch der Datenschutz wieder auf. A. C. Klöckner argumentiert in seiner Arbeit über die Nutzung von Daten zur Personalisierung, dass es wichtig ist, transparent zu sein und den Nutzer darauf hinzuweisen, woher die Daten kommen sowie wofür diese verwendet werden. Der Kunde muss darüber informiert werden, wie seine Daten geschützt werden und ob auch noch andere Parteien Zugriff darauf haben.

Trotz Datenschutzbedenken ist es für Unternehmen wichtig, die Daten für personalisiertes Marketing auszuwerten sowie den Markt in relevante Kundengruppen aufzuteilen, um den Kundenbedürfnissen zu entsprechen.

Quelle: https://morethandigital.info/multi-channel-omni-channel-oder-personalisierung-was-ist-das/

Kompetenzfragebogen

Ich kann …	ja	nein	unsicher	nachzulesen auf Seite	Übungs-aufgaben
… die Position meines Ausbildungsbetriebs und der Konkurrenz in der Branche beschreiben.					
… marktrelevante Entwicklungen im Einzelhandel für Gegenwart und Zukunft abschätzen.					
… grundsätzlich Strategien kennen, um im Markt zu bestehen.					
… Geschäftsmodelle der Handelspraxis kennen und deren Erfolg verstehen.					
… Kundenbedürfnisse erkennen und mit Marketing-Maßnahmen angemessen darauf reagieren.					
… primäre und sekundäre Marktforschung unterscheiden.					
… eine Kundenbefragung sinnvoll und zielgerichtet durchführen.					
… verschiedene Durchführungswege einer Befragung auf Vorteilhaftigkeit bewerten.					
… Daten einer Befragung grafisch darstellen und analysieren.					
… die eigene Befragung von der eines Marktforschungsunternehmens abgrenzen.					
… interne und externe Datenquellen aufzählen.					
… die Vorteile der jeweiligen Datenquellen erläutern.					
… Vor- und Nachteile der sekundären Marktforschung benennen.					
… Marketing als zentrale Unternehmensaufgabe verstehen, aber auch (ethische) Grenzen kennen.					
… Maßnahmen der Öffentlichkeitsarbeit in meinem Ausbildungsbetrieb umsetzen, um das Unternehmensimage zu beeinflussen.					
… mtihilfe der Sortimentspolitik Kundenbedürfnisse und Kaufverhalten gezielt ansprechen.					
… Preispolitik je nach Marktsituation und Kundenprofil individuell, kurzfristig und variabel einsetzen.					

Ich kann …	ja	nein	unsicher	nachzulesen auf Seite	Übungs-aufgaben
… Ideen für eine Verkaufsförderungsaktion entwickeln, in Aktionspläne umsetzen und den Erfolg beurteilen.					
… Vorschläge machen, um Kundenbeschwerden effizient und zufriedenstellend zu beheben und in Handlungsroutinen organisatorisch umsetzen.					
… Kundendaten analysieren, um die Qualität von Kundenbeziehungen zu beschreiben und um Kundenprobleme zu lösen.					
… Serviceleistungen im Einzelhandel und die Relevanz für den eigenen Ausbildungsbetrieb kennen und beschreiben.					
… Anschlussstellen zwischen dem Onlinehandel sowie dem stationären Handel finden.					
… Unterschiedliche Vertriebswege je nach Warenart, Betriebsform und Betriebsgröße aufzeigen und mögliche Verknüpfungen zwischen den Vertriebskanälen beurteilen.					
… Marketing-Instrumente je nach Situation aufeinander abstimmen und den Erfolg messen.					
… Statistiken zum E-Commerce auswerten.					
… Argumente für das Betreiben eines Online-Shops aufzählen.					
… Bezahlmethoden in Online-Shops bewerten.					
… Marketingkonzepte zur Steigerung der Bekanntheit des Online-Shops anwenden.					
… Gefahren des Online-Shoppings benennen.					
… verschiedene E-Commerce Verkaufsstrategien voneinander abgrenzen.					
… Pro und Contra Argumente einer Personalisierung abwägen.					
… einen Multi-Channel Vertrieb aus verschiedenen Sichtweisen bewerten.					
… die hybriden Verkaufsformen, wie Click-and-Meet und Click-and-Collect kritisch hinterfragen.					
… rechtliche Regelungen beim E-Commerce aufzählen und erläutern.					

LF 13 Personaleinsatz planen und Mitarbeiter führen

Die Kompetenzentwicklung umfasst, ...

... die Aspekte der Personalbestands- und der Personalbedarfsplanung zu erarbeiten.	
Rahmenaufgaben	Kernaufgaben
Quantitative Aspekte der Personalplanung	Qualitative Aspekte der Personalplanung
Autonome Personalveränderungen	Initiierte Personalveränderungen

... den Personalbestand zu analysieren und die Personalstrukturstatistik auszuwerten.	
Innerbetriebliche Faktoren der Personalplanung	Außerbetriebliche Faktoren der Personalplanung
Berechnung Ist-Bestand	Berechnung Soll-Bestand
Anforderungsprofile qualitativer Personalplanung	Kompetenzfelder

... Methoden der Personalbedarfsplanung anzuwenden und Stellen zu beschreiben.	
Kennzahlmethode	Arbeitsplatz- oder Stellenplanmethode
Stellenbesetzungsplan	Stellenbeschreibung

... die Personalbeschaffungswege zu unterscheiden und Stellen auszuschreiben.	
Interne Personalbeschaffung	Externe Personalbeschaffung
Die „5-W-Regel" bei Stellenanzeigen	Bewerbungsunterlagen
Rechtliche Vorgaben durch das Allgemeine Gleichbehandlungsgesetz (AGG)	

... Personalauswahlverfahren durchzuführen.		
Entscheidungskriterien	Personalfragebogen	Durchsicht der Bewerbungen
Eignungstests	Situative Auswahlverfahren	
Vorbereitung eines Bewerbungsgespräches	Durchführung eines Bewerbungsgespräches	

... verschiedene Formen von Arbeitsverträgen rechtssicher abzuschließen.	
Befristete und unbefristete Arbeitsverträge	Tarifvertragliche Vereinbarungen
Vollzeit-/Teilzeit-Arbeitsverträge	Rang- und Günstigkeitsprinzip
Vereinbarungen nach dem BetrVG	Spezialitäts- und Ordnungsprinzip

... den Personaleinsatz und die Arbeits-/Pausenzeiten rechtssicher zu organisieren.		
Personaleinführung	Personaleinsatzplanung	
Arbeitszeitmodelle	Erfassung der Arbeitszeiten	
Arbeitszeitgesetz	Mindesturlaubsgesetz	Mutterschutzgesetz
Schwerbehindertenrecht laut SG	Jugendarbeitsschutzgesetz	

… die Personaldaten unter Beachtung von Datenschutz und Datensicherheit zu verwalten.

Personalakte	Personalstatistik	Personalcontrolling
EU-Datenschutzgrundverordnung	Bundesdatenschutzgesetz	
allgemeine Datenschutzgrundsätze	Datenschutzbeauftragter	

… Maßnahmen der Personalentwicklung und der Mitarbeitermotivation zu analysieren und Konfliktursachen zu lösen.

Ziele der Personalentwicklung	Fort- und Weiterbildungsmaßnahmen
Aspekte der Arbeitsmotivation	Maßnahmen der Arbeitsorganisation
Konfliktursachen und -beschreibung	Konfliktlösungsprozess

… Faktoren der Arbeitsbewertung und Entgeltformen zu unterscheiden und Entgeltberechnungen durchzuführen.

Aspekte der Entlohnung	Entgeltformen	Abzüge vom Bruttoentgelt
Steuerklassen	Steuerfreibeträge und Lohnsteuerabzugsmerkmale	
Ermittlung der Sozialversicherungsbeiträge	Erstellen einer Entgeltabrechnung	

… ein Arbeitsverhältnis unter Berücksichtigung des Kündigungsschutzes rechtssicher zu beenden und ein angemessenes Arbeitszeugnis auszustellen.

Ordentliche Kündigung	Außerordentliche Kündigung	Aufhebungsvertrag
Allgemeiner Kündigungsschutz	Besonderer Kündigungsschutz	
Einfaches und qualifiziertes Arbeitszeugnis	Aushändigen der Arbeitspapiere	

Der Modellbetrieb im Lernfeld 13

Unternehmensbeschreibung	
Firma	FahrRad GmbH Haan (Zentrale)
Geschäftszweck	**Einzelhandelsunternehmen/Fahrradfachhandel für E-Bikes und Bikes, Zweiradteile und -zubehör, Fahrradbekleidung und Fitnessgeräte**
Geschäftssitz	Brücken Str. 132, 42781 Haan
Registergericht	Amtsgericht Wuppertal HRB 14589 Steuernummer: 203/307/54287 Ust.-Id.-Nummer: DE230780811
Filiale	FahrRad GmbH Mettmann
Gesellschafter/Geschäftsführung	Sabine Weber Roland Mayer
Telefon **Telefax** **E-Mail**	02129-321212-12 02129-321212-102 info@fahrrad-gmbh-haan.de
Mitarbeiter in Haan	14 Festangestellte, mehrere Aushilfen (je nach Saison), 1 Auszubildender (Kaufmann im Einzelhandel)
Mitarbeiter in Mettmann	28 Festangestellte, 2 Auszubildende (Kauffrau im Einzelhandel), 4 Auszubildende (Zweiradmechatroniker)
Warenbereiche	E-Bikes, Mountainbikes, Trekking- und Tourenräder, Crossräder, Kinder- & Jugendräder, Zubehör und Ersatzteile, Fahrradbekleidung, Fitness- und Heimsportgeräte
Kundenstruktur	Privatkunden, Geschäftskunden insbesondere im Onlinehandel
Unternehmensphilosophie **Unternehmensziele**	„FahrRad – so kommen Sie in die Gänge" Mobilität im Wandel/fairer Handel
Beteiligte Personen an den Lernsituationen	
Gesellschafter/Geschäftsführung (Zentrale Haan)	Sabine Weber Roland Mayer
Abteilungsleitung Verkauf (Haan) **Abteilungsleitung Verwaltung (Haan)**	Anton Krull Lena Löschen
Filialleitung (Mettmann) **Stellvertr. Filialleitung (Mettmann)** **Abteilungsleitung Verkauf (Mettmann)** **Abteilungsleitung Lager (Mettmann)** **Betriebsratsvorsitzender (Mettmann)** **Personaleinsatzplanung (Mettmann)**	Dirk König Henrike Berger Katharina Höger Martin Kraft Frank Matzek Monika Mücke
Auszubildender (Haan) **Auszubildende (Mettmann)**	Tino Grübner (22 Jahre); 3. Ausbildungsjahr Tanja Witter (21 Jahre); 3. Ausbildungsjahr Nils Hoffmann (19 Jahre); 1. Ausbildungsjahr

Lernsituation 1

Ziele und Aufgaben der Personalwirtschaft beschreiben

Die Gesellschafter der FahrRad GmbH, Sabine Weber und Roland Mayer, treffen sich heute zur Gesprächsrunde; eingeladen sind Abteilungsleiterin Lena Löschen, für das Personalwesen in der Zentrale in Haan zuständig, und der Filialleiter aus der Filiale Mettmann, Dirk König. Frau Löschen hat zur Sitzung ihren Laptop mitgebracht und bereitet einige Daten vor.

Roland Mayer: *Die positive Entwicklung unseres Unternehmens hat sich auch nach unserer Expansion fortgesetzt. Wir erwarten einen Umsatzzuwachs von ca. 4 %. Dafür wird noch mehr gut geschultes Personal benötigt. Allerdings läuft es in unserer Filiale noch nicht ganz rund, auch wenn unser neuer Filialleiter und sein Team dort hervorragend arbeiten. Ein großes „Lob" schon mal vorab für Ihren professionellen, schwierigen Einsatz, Herr König.*

Dirk König: *Es zeigt sich, dass wir in Mettmann ein ausgefeilteres Personalmanagement benötigen, denn wir wollen uns ja zukünftig an den wirtschaftlichen und sozialen Zielen der Zentrale orientieren. Selbstverständlich bin ich mir der Verantwortung für eine gute Betreuung unserer Mitarbeiter bewusst. Unser Personalwesen muss die Zielvorstellungen des gesamten Unternehmens umsetzen und sich vorausschauend um eine optimale Personalversorgung – quantitativ und qualitativ – kümmern.*

Sabine Weber: *Wenn ich mir die Kennzahlen Ihrer Filiale anschaue, wird klar, dass noch nicht alles nach Plan läuft. Insbesondere mit der Mehrarbeit ist das so eine Sache: Sie belastet unsere Mitarbeiter, aber auch unsere Wirtschaftlichkeit. Außerdem benötigen wir hier in unserer Zentrale noch IT-Fachkräfte, die sich mit computerunterstützen Systemen auskennen.*

Roland Mayer: *Trotzdem war es richtig, dass Sie die im Lager erst kürzlich eingestellte Aushilfskraft entlassen haben, nachdem durch fahrlässiges Verhalten mehrfach Sachen zu Bruch gegangen sind und des Öfteren Lagerware unerklärlicherweise verschwand. Aber nun haben wir erst einmal keinen Ersatz für sie. Ihr Lagerleiter, Martin Kraft, hatte mich gefragt, ob jemand von der Zentrale in Haan zur Filiale nach Mettmann wechseln möchte. Bis Tim Beißert vom freiwilligen Wehrdienst zurückkommt, vergehen auch noch vier Monate; außerdem kennt der sich mit dem neuen Lagersystem nicht aus. Und Herr Kraft geht in zwei Jahren selbst in den Ruhestand.*

Dirk König: *Im Verkauf habe ich den Einsatzplan für die kommende Woche bereits kurzfristig ändern müssen, weil Sergej Jekel am Dienstag einen Arzttermin hat. Und jetzt muss Nadine Epp am Donnerstag für eine Beerdigung beurlaubt werden; genau an diesem Tag sollte sie eigentlich an einer Fortbildung über Lastenfahrräder teilnehmen. Sarah Delzig will am Samstag unbedingt Freizeitausgleich, obwohl wir zum Wochenende die neuen E-Bikes groß beworben haben, aber Stephanie Köhnen kann ich nicht zusätzlich belasten; wie Sie wissen, ist sie im 7. Monat schwanger und geht nach der Geburt in Elternzeit. Wie sollen da die Regelbesetzungszeiten eingehalten werden?*

Sabine Weber: *Halten wir fest: Es geht also auch, aber nicht nur um den Personalbedarf in quantitativer Hinsicht. Für die zukünftige Planung brauchen wir, gerade im Rad- bzw. Fitnessgeräte-Bereich, bestimmte Qualifikationen.*

Lena Löschen: *Unsere bisherige Personalpolitik, vor allem hier in der Zentrale in Haan, hat auf die Stärken unserer eigenen Ausbildung und die Weiterqualifikation langjähriger Mitarbeiter gesetzt, und ich meine, wir sollten bei diesem Konzept bleiben. Trotzdem werden wir wohl auch über Möglichkeiten der Überbrückung des Personalengpasses von außen nachdenken müssen …*

Arbeitsaufträge

1. **Vom Personalwesen der FahrRad GmbH wird erwartet, dass es vorausschauend für eine optimale Versorgung mit Mitarbeitern sorgt, damit alle anstehenden Aufgaben optimal erledigt werden können. Dazu müssen quantitativ ausreichend Mitarbeiter zur Verfügung stehen, die in qualitativer Hinsicht über die erforderlichen Kompetenzen bzw. Befugnisse verfügen sollten.**
Stellen Sie fest, welche quantitativen und welche qualitativen Aspekte der Personalplanung in der Gesprächsrunde der FahrRad GmbH angesprochen werden.

Quantitative Aspekte der Personalplanung:

Qualitative Aspekte der Personalplanung:

2. **Wenn die Personalplanung gelingen soll, muss auf zwei Ebenen der Personalwirtschaft zusammengearbeitet werden. Längerfristige personalpolitische Entscheidungen und Vorgaben gehören zur Ebene der Rahmenaufgaben, auf der Ebene der Kernaufgaben werden konkrete Entscheidungen getroffen. Entscheiden Sie, ob es sich bei den nachfolgenden Situationen jeweils um eine Rahmenaufgabe oder eine Kernaufgabe handelt.**

Situationen		Rahmenaufgabe	Kernaufgabe
a)	Prinzipien der Kooperation und Delegation werden festgelegt.		
b)	Ein Stellenplan wird aufgestellt.		
c)	Ein Arbeitsvertrag wird abgeschlossen.		
d)	Lohn- und Gehaltsabrechnungen werden erstellt.		
e)	Zuständigkeitsbereiche und Verantwortungen werden neu geordnet.		
f)	Personalakten werden geführt.		
g)	Weiterbildungsmaßnahmen werden terminiert.		
h)	Grundsätzliche Richtlinien für die Personalarbeit werden festgelegt.		

3. **Die Aufgaben der Personalwirtschaft der FahrRad GmbH sind schwerpunktmäßig in der Zentrale in Haan gebündelt. Sie umfassen alle mitarbeiterbezogenen Gestaltungs- und Verwaltungsaufgaben. Ordnen Sie in der Tabelle die nachfolgenden Begriffe den genannten Beispielen zu: Personalentwicklung, Personalbeurteilung, Personalbeschaffung, Personalfreistellung, Personalentlohnung, Personaleinsatzplanung.**

Aufgabenbereich	Gestaltungs- bzw. Verwaltungsaufgaben der FahrRad GmbH
	… hat dafür zu sorgen, dass zu jeder Zeit ausreichend Mitarbeiter im Unternehmen mit entsprechender Qualifikation vorhanden sind.
	… hat das Entgelt der Mitarbeiter zu ermitteln und dafür Sorge zu tragen, dass Mitarbeiter angemessen und je nach Arbeitseinsatz entlohnt werden.
	… organisiert, dass Mitarbeiter je nach Arbeitsanfall zeitlich, quantitativ, qualitativ und örtlich auf ihre Arbeitsplätze verplant werden.
	… zielt darauf ab, dass Informationen über die Leistung und Potentiale der Mitarbeiter gewonnen, verarbeitet und ausgewertet werden.
	… hat dafür Sorge zu tragen, dass Mitarbeitern und Führungskräften Möglichkeiten zur Verbesserung ihrer Qualifikationen und Leistungsbereitschaft angeboten werden.
	… hat darauf zu achten, dass alle notwendigen Maßnahmen bei einem Personalabbau arbeitsrechtlich und sozial verträglich durchgeführt werden.

Lernsituation 2

Den Personalbestand analysieren

Am nächsten Tag möchte sich Sabine Weber ein detailliertes Bild über den Personalbestand in der Filiale machen. Sie ruft deshalb das Büro in Mettmann an. Am Telefon meldet sich Frau Mücke, die heute die stellvertretende Filialleiterin, Frau Berger, vertritt. Da Henrike Berger frei hat, schreibt Frau Weber ihr eine E-Mail mit folgendem Auftrag:

FahrRad GmbH

Interne Mitteilung

Datum: 02.07.20..
von: Geschäftsleitung Sabine Weber
an: Henrike Berger

FahrRad GmbH Haan
So kommen Sie in die Gänge

Beigefügte Unterlagen mit der Bitte um

Kenntnisnahme	☐	Rückgabe bis:	__________
Stellungnahme	☐	Weiterleitung an:	__________
Erledigung	☒	Rücksprache mit:	__________

Liebe Frau Berger,

zur Vorbereitung der Personalbedarfsermittlung benötigen wir eine Analyse unseres aktuellen Personalbestandes in der Filiale in Mettmann. Erstellen Sie bitte eine Personalstatistik für jede Abteilung unserer Filiale und differenzieren Sie dabei nach folgenden Kriterien:

- Gesamtbeschäftigtenzahl der Abteilung
- Anteil Männer
- Anteil Frauen
- Anteil Vollzeitbeschäftigte
- Anteil Teilzeitbeschäftigte
- Anteil unbefristete Arbeitsverträge
- Anteil befristete Arbeitsverträge
- Betriebszugehörigkeit
- Sonstige für die Personalplanung bedeutsame Bemerkungen

Die Auszubildenden sind bei der Berechnung nicht zu berücksichtigen.
Tanja Witter, die laut Ausbildungsplan ab morgen in der Personalabteilung eingesetzt ist, wird Sie bei den Auswertungen unterstützen.

Mit freundlichen Grüßen

Sabine Weber

Personalbestandsliste FahrRad GmbH, Filiale Mettmann (ohne Auszubildende)							
Perso-nal-Nr.	**Name**	**Ausbildung**	**Betriebs-jahre am 01.01.20..**	**Tätigkeit**	**Vollzeit/ Teilzeit**	**befris-tet/un-befristet**	**Bemerkungen**
Verwaltung + Personal							
1008	**König, Dirk**	**Diplomkaufmann**	**16**	**Filialleitung**	**VZ**	**u**	ehemaliger Geschäftsführer
2004	Berger, Henrike	Kauffrau für Bürokommunikation	3	stellvertr. Filialleitung	VZ	u	
2006	Mücke, Monika	Kauffrau für Bürokommunikation	2	Personaleinsatz-planung/ Abrechnung	VZ	u	Antrag auf Teilzeit (= 0,5 VZ) liegt vor
2009	Borowka, Ina	Kauffrau im EH	1	Abrechnung/ Lohnbuchhaltung	TZ	b	(= 0,5 VZ)
1021	Sachs, Stefan	Staatlich geprüfter Informatiker	11	Softwarepflege/IT	VZ	u	Schwerbehinde-rung, Grad 50
Lager + Werkstatt							
1013	**Kraft, Martin**	**Fachlagerist**	**22**	**Lagerleitung**	**VZ**	**u**	2 Jahre bis zum Renteneintritt
1019	Püthe, Sigrid	angelernt	2	Lager, Warenannahme	VZ	u	
1032	Borutta, Sven	angelernt	3	Lager, Warenannahme	TZ	b	(= 0,5 VZ)
1022	**Chiosta, Achim**	**Zweiradmechatroniker**	**8**	**Werkstattleitung**	**VZ**	**u**	
1028	Matzek, Frank	Zweiradmechatroniker	3	Montage, Reparatur	VZ	u	Betriebsrats-vorsitzender
1040	Sarat, Mesut	angelernt	2	Montage, Reparatur	TZ	b	(= 0,5 VZ), Kündigung durch Sarat
1042	Mahler, Frank	Zweiradmechaniker	7	Montage, Reparatur	VZ	b	vorher in Haan, unterstützt Filiale noch 5 Monate
Verkauf							
2021	**Höger, Katharina**	**Kauffrau im EH/ Bachelor of Arts**	**12**	**Abteilungsleitung Verkauf**	**VZ**	**u**	
1048	Jekel, Sergej	Fitnesstrainer/ Verkäufer	1	Leitung Fitnessgeräte	VZ	u	
1055	Mec, Ali	Fitnesskaufmann	1	Verkauf Fitnessgeräte	TZ	u	(= 0,5 VZ)
2025	Epp, Nadine	Kauffrau im EH	3	Leitung Verkauf Bekleidung	VZ	u	Betriebsrats-mitglied
2030	Weiser, Katja	Verkäuferin	2	Verkauf Bekleidung	VZ	b	
2032	Brem, Jessica	angelernt	1	Verkauf Bekleidung	TZ	b	(= 0,5 VZ), schwanger, keine Elternzeit
1057	Lange, Simon	Kaufmann im EH	9	Leitung Verkauf Fahrrad/Zubehör	VZ	u	
1058	Kanuf, Daniel	Kaufmann im EH	2	Verkauf Pedelec/E-Bike	VZ	u	
1062	Fiebig, Robin	Verkäufer	3	Verkauf Pedelec/E-Bike	TZ	b	(= 0,5 VZ)
1063	Özkan, Erkan	Kaufmann im EH	1	Verkauf Fahrrad/ Zubehör	VZ	u	
1069	Nagel, Olaf	Verkäufer	6	Verkauf Fahrrad/ Zubehör	VZ	u	Betriebsrats-mitglied
2036	Natschenko, Olesia	Verkäuferin	3	Verkauf Jugendräder	TZ	u	(= 0,5 VZ)
2040	Delzig, Sarah	Verkäuferin	2	Verkauf Schutz-Bekleidung	TZ	b	(= 0,5 VZ)
2044	Köhnen, Stefanie	Verkäuferin	3	Kasse	VZ	u	schwanger, Elternzeit geplant
2045	Feichter, Sandy	angelernte Kassiererin	1	Kasse	TZ	b	(= 0,5 VZ)
2046	Bogdanovic, Karla	angelernte Kassiererin	8	Kasse	VZ	b	vorher in Haan

Arbeitsaufträge

1. **Werten Sie die Personalbestandsliste der FahrRad GmbH für die Filiale Mettmann anhand nachfolgender Personalstrukturstatistik aus. Benutzen Sie, wenn möglich, ein Tabellenkalkulationsprogramm.**

Personalstrukturstatistik für die Filiale Mettmann (ohne Auszubildende)								
Abteilungen	Filiale Mettmann gesamt		Verwaltung + Personal		Lager + Werkstatt		Verkauf	
Merkmale	**absolut**	**in %**	**absolut**	**in %**	**absolut**	**in %**	**absolut**	**in %**
Gesamtbeschäftigtenzahl	28	100,00	5	100,00	7	100,00	16	100,00
Geschlecht								
Männer	15	53,57	2	40,00	6	85,71	7	43,75
Frauen								
Beschäftigungsverhältnis								
Vollzeit								
Teilzeit								
unbefristet								
befristet								
Betriebszugehörigkeit								
0 – 2 Jahre								
3 – 5 Jahre								
6 – 10 Jahre								
11 – 15 Jahre								
über 15 Jahre								
sonstige Bemerkungen								

2. **Sowohl der quantitative als auch der qualitative Personalbedarf wird regelmäßig von innerbetrieblichen und außerbetrieblichen Faktoren beeinflusst. Stellen Sie für die folgenden Beispiele aus dem Fahrradeinzelhandel fest, welcher Einflussfaktor vorliegt. Tragen Sie jeweils nur eine Lösung aus (A) oder (B) ein.**

(A) innerbetriebliche Einflussfaktoren
(A1) wirtschaftliche Ziele der FahrRad GmbH
(A2) soziale Ziele der FahrRad GmbH
(A3) qualitative Anforderungen durch fachlich geschultes Personal
(A4) Arbeitsorganisation/Organisationsstruktur
(A5) Kapitalausstattung

(B) außerbetriebliche Einflussfaktoren
(B1) Arbeitsmarktsituation aufgrund demografischer Entwicklung
(B2) gesamtwirtschaftliche Entwicklung
(B3) rechtliche und tarifliche Vorgaben
(B4) technischer Fortschritt und Innovationen
(B5) Ansprüche von Kunden, die gezielte Nachfragen haben

Einflussfaktoren des Personalbedarfs	
Beispiel	**Einflussfaktor**
• Umsatzwachstum • Steigerung der Arbeitsproduktivität • stärkere Präsenz am Zweiradmarkt	
• zunehmender Beratungsbedarf beim Verkauf von E-Bikes • Personal mit Sprachkenntnissen für die Beratung in einer Fremdsprache	
• Fachverkäufer im Verkauf der FahrRad GmbH • kaufmännisch ausgebildete Mitarbeiter in der Buchhaltung • gelernte und angelernte Mitarbeiter im Lager und in der Montage/Reparatur	
• Personaleinsparung wegen Zahlung gestiegener gesetzlicher Mindestlöhne • Personaleinstellungen wegen erhöhtem Personalbedarf nach tariflicher Kürzung der Wochenarbeitszeit	
• Ersatz von Kassenarbeitsplätzen durch sogenannte Pay-Terminals • Kundenberatung mithilfe digitaler Informationstechnik	
• Investition in eine Gebäudeerweiterung mit einem neuen, größeren Verkaufsraum für Fitnessgeräte und Einstellung neuer Mitarbeiter	
• Fehlen von Bewerbern als Zweiradmechatroniker • Ersatzbedarf wegen „Rente ab 63"	
• Übertragung der Lohn- und Finanzbuchhaltung an eine Steuerkanzlei und Freistellung eigener Mitarbeiter • Einsatz verschiedener Arbeitszeitmodelle	
• aktives Fordern und Fördern • Aufstieg aus den eigenen Reihen • Zufriedenheit der Mitarbeiter • Arbeitsbedingungen (z. B. Arbeitszeitregelung, Entlohnung)	
• Nachfragesteigerung durch verstärkten Umstieg vom Auto aufs Fahrrad • Nachfrageboom bei E-Bikes	

3. Stellen Sie im Anschluss an die Analyse des Ist-Zustands in der Personalstrukturstatistik (Arbeitsauftrag 1) für die FahrRad GmbH fest, welcher Handlungsbedarf – bezogen auf den gegenwärtigen Personalbestand – qualitativ und quantitativ besteht. Werten Sie dazu die Aussagen aus der Gesprächsrunde (Lernsituation 1) bzw. die „sonstigen Bemerkungen" Ihrer Personalstrukturstatistik aus.

Handlungsbedarf hinsichtlich des Personalbestands:

4. Bei der Personalbedarfsplanung sind insbesondere die Qualifikationsprofile von Mitarbeitern zu berücksichtigen. Nennen Sie fünf verschiedene Aspekte, die bei der qualitativen Personalplanung für die FahrRad GmbH bedeutend sind.

5. **Ermitteln Sie für die Filiale Mettmann der FahrRad GmbH den voraussichtlichen zukünftigen Personalbestand. Gehen Sie dabei vom aktuellen Personalbestand laut Personalstrukturstatistik aus (vgl. Arbeitsauftrag 1) und berücksichtigen Sie die voraussichtlichen Abgänge und Zugänge. Alle Teilzeitstellen sind als halbe Stellen vergeben und zählen entsprechend als 0,5 Stellen.**

Beispiel	Verwaltung + Personal	Lager + Werkstatt	Verkauf
voraussichtliche Zugänge	Herr Grübner (Haan): Übernahme aus Ausbildungsverhältnis (VZ)	Herr Beißert: Rückkehr vom freiwilligen Wehrdienst (VZ)	Frau Witter: Übernahme aus Ausbildungsverhältnis (VZ)
voraussichtliche Abgänge	Frau Mücke: Entfall einer ½ Stelle wegen Teilzeitbeschäftigung	Herr Sarat (TZ): rechtswirksame Kündigung Herr Mahler (VZ): befristetes Arbeitsverhältnis endet in 5 Monaten	Frau Brem (TZ): Mutterschutz – Überbrückung durch Mehrarbeit; keine Elternzeit geplant Frau Köhnen (VZ): Mutterschutz; Elternzeit geplant

FahrRad GmbH, Filiale Mettmann: Quantitative Personalbestandsplanung (Anzahl der Stellen)			
	Verwaltung + Personal	Lager + Werkstatt	Verkauf
aktueller Ist-Bestand			
voraussichtliche Abgänge			
voraussichtliche Zugänge			
voraussichtlicher Ist-Bestand			

6. **Während in der Filiale Mettmann nur Teilzeit- und Vollzeitbeschäftigte arbeiten, werden in der Zentrale als Aushilfskräfte von Zeit zu Zeit auch geringfügig Beschäftigte eingesetzt.**
Erläutern Sie, welche besonderen Merkmale diese Mitarbeiter aufweisen.

Lernsituation 3

Den Personalbedarf ermitteln

Sabine Weber, Roland Mayer und Dirk König beraten über den zukünftigen Personalbedarf der FahrRad GmbH für die Filiale in Mettmann. Anton Krull ist per Video-Konferenz hinzugeschaltet. Er vertritt heute Lena Löschen, die krankgeschrieben ist.

Roland Mayer: *Unsere Abteilungen hier in Haan sind alle gut besetzt. Allerdings wurde der Einkauf bisher ausschließlich von mir erledigt. Insbesondere in den Bereichen Fitnessgeräte und Zubehör sowie bei den E-Bikes müssen wir uns aber ständig einem schnellen Wandel anpassen. Das schaffe ich nicht mehr alleine von hier. Wir werden daher in der Filiale Mettmann für den Einkauf eine zusätzliche Leitungsstelle einrichten, die mich deutlich entlasten soll. Die neue Stelle wird mit der Vergütungsgruppe II ausgeschrieben werden und ist vorerst in den Stellenbesetzungsplan der Abteilung „Verwaltung + Personal" aufzunehmen. Wenn der Trend anhält und wir weiter expandieren, wird das Beschaffungswesen bald zu einer eigenständigen Abteilung ausgebaut.*

Sabine Weber: *Aufgrund der zurzeit guten Konjunktur auf dem Markt für Zweiräder und unserer erfolgreichen Werbekampagne dürfen wir mit einer Umsatzsteigerung von ca. 10 % rechnen. Können wir diese in unseren anderen Abteilungen mit dem bisherigen Personal auffangen?*

Anton Krull: *Um den guten Standard unserer Kundenberatung zu halten, benötigen wir im Verkauf in der Filiale Mettmann auf jeden Fall mehr Personal. Außerdem ist zu berücksichtigen, dass mehrere Mitarbeiterinnen wegen Mutterschutz und gegebenenfalls Elternzeit bald ausfallen.*

Dirk König: *Problematisch ist auch unsere Abteilung „Lager + Werkstatt" in Mettmann. Martin Kraft hat das Lager zwar gut im Griff und Tim Beißert kommt vom freiwilligen Wehrdienst zurück, aber in der Montage und Reparatur sind wir unterbesetzt. Sven Borutta ist unzuverlässig, seinen befristeten Vertrag werden wir auf keinen Fall verlängern. Mesut Sarat hat selbst gekündigt, der ist also auch bald weg. Wir müssen die beiden durch fachkundige Zweiradmechatroniker in Vollzeit ersetzen. Außerdem haben unsere Berechnungen ergeben, dass wir zwei weitere Mitarbeiter einstellen sollten, denn aufgrund der prognostizierten Umsatzsteigerung ist auch in der Reparatur eine steigende Anzahl an Aufträgen zu erwarten.*

Sabine Weber: *Für Ausfallzeiten durch Urlaub, Fortbildungen und Krankheit müssen wir in den Abteilungen „Lager + Werkstatt" und „Verkauf" mit einem weiteren Zuschlag von 10 % als Reserve rechnen. Im Bereich „Verwaltung + Personal" konnten wir Ausfälle bisher immer durch Überstunden ausgleichen, aber Frau Mücke geht demnächst auf halbe Stelle, da brauchen wir eine zusätzliche Vollzeitstelle für die Abrechnung.*

Frau Berger als stellvertretende Filialleiterin und Herr Krull werden beauftragt, nach den Vorgaben der Geschäftsleitung die Berechnungen zum Personalbedarf für die Filiale Mettmann vorzunehmen.

Arbeitsaufträge

1. **Henrike Berger und Anton Krull überlegen zunächst, welche Methode der quantitativen Personalbedarfsplanung für die jeweilige Abteilung geeignet ist: die Kennzahlmethode oder die Arbeitsplatz-/Stellenplanmethode? Ergänzen Sie die Tabelle, indem Sie die fehlenden Abteilungen eintragen und jeweils begründen, warum die gewählte Methode für sie geeignet ist.**

Methoden der quantitativen Personalbedarfsplanung	
Kennzahlmethode	**Arbeitsplatz- oder Stellenplanmethode**
a) Abteilung: „Lager + Werkstatt" Begründung: b) Abteilung: Begründung:	Abteilung: Begründung: Die Personalbedarfsrechnung erfolgt hier mittels eines Stellenplans bzw. eines Stellenbesetzungsplans.

2. **Ergänzen Sie folgenden Stellenbesetzungsplan der Abteilung „Verwaltung + Personal" der Filiale Mettmann, indem Sie den Soll-Bestand und den Ist-Bestand aufgrund der in der Situationsbeschreibung dargestellten Personalsituation ermitteln.**

FahrRad GmbH, Filiale Mettmann: Stellenbesetzungsplan der Abteilung „Verwaltung + Personal"			
	Soll- Bestand	Ist- Bestand	Stelleninhaber
Filialleitung Verwaltung + Personal			Dirk König (VZ)
stellvertretende Filialleitung Verwaltung + Personal			Henrike Berger (VZ)
Teamleitung Einkauf			unbesetzt
Sachbearbeitung Personaleinsatzplanung			Monika Mücke (noch VZ, wechselt auf TZ = 0,5 Stellen)
Abrechnung/Lohnbuchhaltung			Ina Borowka (TZ)
Abrechnung			unbesetzt
Softwarepflege			Stefan Sachs (VZ)

3. Ermitteln Sie zur Bestimmung des quantitativen Personalbedarfs den voraussichtlichen Soll-Bestand der Abteilung „Lager + Werkstatt“ und der Abteilung „Verkauf“. Berücksichtigen Sie dabei die Situationsbeschreibung und wenden Sie jeweils die in Arbeitsauftrag 1 bestimmte Methode zur Personalbedarfsplanung an.

Voraussichtlicher Soll-Bestand für die Abteilung „Lager + Werkstatt“:

Voraussichtlicher Soll-Bestand für die Abteilung „Verkauf“:

4. Henrike Berger hat aufgrund der ermittelten Personalbestände und der geplanten Personalbewegungen alle Planungsgrößen für die Ermittlung des quantitativen Personalbedarfs der FahrRad GmbH, Filiale Mettmann, übersichtlich zusammengestellt.

FahrRad GmbH, Filiale Mettmann: Personalbestände (Anzahl der Stellen)			
	Verwaltung + Personal	Lager + Werkstatt	Verkauf
aktueller Ist-Bestand	4,5	6	13
voraussichtlicher Soll-Bestand	6	8,8	15,7

Erstellen Sie in übersichtlicher tabellarischer Darstellung eine Personalbedarfsrechnung für die Abteilungen der FahrRad GmbH der Filiale Mettmann. Ermitteln Sie eine Über- bzw. Unterdeckung, und unterscheiden Sie bei einer Unterdeckung nach Ersatz- und Neubedarf.

FahrRad GmbH: Quantitative Personalbedarfsplanung (Anzahl der Stellen)			
	Verwaltung + Personal	Lager + Werkstatt	Verkauf
aktueller Ist-Bestand			
voraussichtliche Abgänge			
voraussichtliche Zugänge			
voraussichtlicher Ist-Bestand			
voraussichtlicher Sollbestand			
Überdeckung bzw. (+)			
Unterdeckung (–)			
Ersatzbedarf			
Neubedarf			

5. **Damit die notwendige Stellenbesetzung für die „Teamleitung Einkauf“ auch in qualitativer Hinsicht optimal erfolgen kann, tauschen sich Roland Mayer und Anton Krull noch einmal aus; geplant ist, dass man sich an den Stellenbeschreibungen orientiert, die bisher in Haan für Teamleitungsstellen formuliert wurden. Für die neue Stelle „Teamleitung Einkauf“ in der Filiale Mettmann machen die beiden stichwortartig folgende Vorgaben:**

- Kaufmännische Berufsausbildung mit mehrjähriger Erfahrung im Einkauf ist zwingend erforderlich, alternativ Studium bzw. duales Studium mit Bachelor- und Berufsabschluss.
- Die Teamleitung Einkauf organisiert alle Arbeitsabläufe bei der Anbahnung neuer Geschäftskunden und der Beschaffung von Waren in Absprache mit der Geschäftsführung in Haan. (Die wesentlichen Tätigkeiten im Tagesgeschäft sind in der Stellenbeschreibung zu konkretisieren.)
- Kontakte mit ausländischen Anbietern erfordern gute Englisch-Kenntnisse in Schrift und Wort.
- Die Teamleitung Einkauf ist der Geschäftsleitung und der Filialleitung unterstellt.
- Die Teamleitung Einkauf entlastet Roland Mayer von allen Tätigkeiten im Tagesgeschäft des Wareneinkaufs und kooperiert mit der Abteilungsleitung des Verkaufs; Herr Krull übernimmt die Vertretung der Teamleitung Einkauf.
- Die Teamleitung Einkauf weist im Rahmen ihrer Tätigkeit die Sachbearbeiter der Buchhaltung bzw. der Lagerlogistik an und steht im ständigen Austausch mit der Lagerleitung.
- Teilnahme an Vertragsverhandlungen, Besuch von Messen und Ausstellungen von Anbietern sowie der Informationsaustausch mit der Zentrale in Haan gehören zum Aufgabengebiet.

Vervollständigen Sie mit Kenntnis der Stichworte bzw. der Situationsbeschreibung die nachfolgende Stellenbeschreibung.

FahrRad GmbH: Stellenbeschreibung Beschaffungswesen	
Stellenbezeichnung	Teamleitung Einkauf in der Filiale Mettmann
Stelleneinordnung • Unterstellung • Überstellung • Gleichstellung	 • gegenüber den anderen Teamleitungen in Haan und Mettmann
Stellenvertretung	
Stellenziele	Entlastung der Geschäftsleitung von allen Tätigkeiten des Wareneinkaufs
Stellenverantwortung	
Stellenaufgaben/ Tätigkeiten	Organisation aller Arbeitsabläufe bei der Beschaffung von Waren, z. B.: • Anbahnung neuer Geschäftskunden und -felder • Warenbedarf für die FahrRad GmbH ermitteln
Stellenbefugnisse	 • Informationspflicht gegenüber der Zentrale Haan
Stellenanforderungen • Ausbildung/ Erfahrung • Kenntnisse	 • oder duales Studium mit Bachelor- und Berufsabschluss

Lernsituation 4

Personalbeschaffung – oder: Ein neuer Mitarbeiter wird gesucht.

Mehrere **externe Bewerber** haben sich für die Stelle „Teamleitung Einkauf" beworben. Die Auswertung der Qualifikationen hat allerdings ergeben, dass bei allen Bewerbern die notwendigen Warenkenntnisse für den „Zweiradbereich" unzureichend sind.
Roland Mayer schlägt deshalb vor, für die Stellenbesetzung auch eine **interne Ausschreibung** vorzubereiten, aber bis zur Besetzung den Einkauf weiter allein durchzuführen.
Als expandierendes Unternehmen ist die FahrRad GmbH ohnehin nur mit einer knappen Personaldecke ausgestattet. Darum sehen Lena Löschen und Anton Krull den Vorschlag von Roland Mayer kritisch und schlagen alternativ vor, die Geschäftsprozesse in der Zentrale der FahrRad GmbH zu optimieren. Bei einem Besuch der CeBIT erhalten sie Informationen über die Leistungen führender Anbieter von kaufmännischer PC-Software. Folgender Werbetext (Auszug) hat das besondere Interesse von Frau Löschen geweckt:

Mehr Wettbewerbsstärke durch optimierte Business-Prozesse: die Lösung Ihrer Probleme durch eine kaufmännische Profi-Software!

Auftragsbearbeitung: clever anpacken, besser durchblicken
Finanzbuchhaltung: schneller buchen, sicher auswerten
Lohn & Gehalt: Was sich rechnet, lohnt sich auch.

Gewinnen Sie Sicherheit in allen kaufmännischen Aufgaben mit den Highlights unserer Profi-Software und integrieren Sie Ihre Filialen in einem Komplettsystem.

Eine maßgeschneiderte Software, die für die FahrRad GmbH von der Finanzbuchhaltung bis zur Lohnabrechnung, von der Auftragsbearbeitung bis zum Bestellwesen alles in einem System verwaltet, wäre ein großer Fortschritt – davon sind Lena Löschen und Anton Krull überzeugt. Damit könnte man die kaufmännische Verwaltung optimieren und die Geschäftsführung (Roland Mayer, Sabine Weber) entlasten.
In einer Besprechung aller Mitarbeiter mit Leitungsfunktion wird schnell klar: Ein weiterer neuer (externer) Mitarbeiter für die Zentrale muss her, um die Ideen und Impulse für die neuen Wege im computergestützten Informationsmanagement zu realisieren. Das Aufgabengebiet stellt man sich so vor:
Als Systemadministrator muss er die Leistungen kaufmännischer PC-Programme einschätzen und die Planung, Installation und Wartung des Netzwerkes durchführen; die Homepage pflegen; die Beratung, Schulung und Unterstützung aller Abteilungen im Umgang mit kaufmännischer Software koordinieren; IT-Probleme analysieren und beseitigen sowie Verantwortung für Datenschutz und Datensicherheit übernehmen.

Erwartet werden von einem neuen Mitarbeiter:
- Identifikation mit den Zielen der Unternehmung,
- Kommunikationsfähigkeit, Organisationsfähigkeit, Selbstständigkeit und Flexibilität,
- betriebswirtschaftliche Grundkenntnisse und Erfahrungen in der kaufmännischen Verwaltung,
- Studium der Informatik (FH/Uni) oder gleichwertige IT-Kenntnisse.

Arbeitsaufträge

1. **Nach der Auswertung verschiedener externer Bewerbungen für die Stelle „Teamleitung Einkauf" zieht Roland Mayer eine interne Stellenbesetzung in Betracht.**

a) **Beschreiben Sie vier Vorteile, die eine interne Stellenbesetzung allgemein für die FahrRad GmbH hätte.**

b) **Beschreiben Sie vier Nachteile, die eine interne Stellenbesetzung allgemein für die FahrRad GmbH hätte.**

c) **Beschreiben Sie, welchen Einfluss der in der FahrRad GmbH etablierte Betriebsrat bei einer Stellenausschreibung hat (Mitwirkungsrecht nach § 93 BetrVG): In welcher Situation muss die FahrRad GmbH einen internen Bewerber dem externen Bewerber vorziehen, in welchem Fall verhält sich die Situation umgekehrt?**

2. Lena Löschen und Anton Krull wollen die Geschäftsleitung durch einen Systemadministrator entlasten und die Verwaltung optimieren.

a) **Überlegen Sie, warum diese Stelle in der FahrRad GmbH extern zu besetzen ist.**

Gründe für eine externe Personalbeschaffung bei der Suche nach einem Systemadministrator:

b) **Erörtern Sie, welche Vor- und Nachteile die FahrRad GmbH durch die externe Personalbeschaffung des Systemadministrators zu erwarten hat.**

Vorteile einer externen Personalbeschaffung des Systemadministrators:

Nachteile einer externen Personalbeschaffung des Systemadministrators:

c) **Erläutern Sie, wie sich der Betriebsrat angesichts der personellen Situation in der FahrRad GmbH bezüglich der externen Stellenausschreibung vermutlich verhalten wird.**

3. **Stellen Sie begründet fest, welche Wege der externen Personalbeschaffung für die zu besetzende Stelle infrage kommen. Geben Sie eine Empfehlung für zwei bevorzugte Beschaffungswege.**

Wege der externen Personalbeschaffung:

4. **Lena Löschen bittet ihren Auszubildenden Tino Grübner aus dem dritten Lehrjahr, ihr bei der Formulierung einer Stellenanzeige zu helfen, weil das Thema „Stellenanzeige und Bewerbung" gerade in der Schule sehr ausführlich behandelt wurde und Tino noch einmal die 5-W-Regel anwenden kann.**
Tino hat in seinem Fachbuch eine Checkliste für die inhaltliche Gestaltung einer Stellenanzeige gefunden, bei der die 5-W-Regel angewendet wird.

a) **Ordnen Sie die unten aufgeführten Schwerpunkte, die in einer Stellenanzeige zu beachten sind, den „5-Ws" zu:**

Schwerpunkte: *Bewerbungsmodalitäten und allgemeine Hinweise zur Bewerbung/Bezeichnung der Stelle und detaillierte Beschreibung/Vorstellung des Unternehmens/Anforderungsprofil des Bewerbers bzw. an die zu besetzende Stelle/Leistungen des Unternehmens, die der Bewerber erwarten kann*

Die „5-Ws"	Schwerpunkte, die in einer Stellenanzeige zu finden sein sollten
Wir sind …	
Wir suchen …	
Wir erwarten …	
Wir bieten …	
Wir bitten …	

b) **Lena Löschen möchte bei der Ausgestaltung der Stellenanzeige gern einige Standardformulierungen verwenden, die auch bei anderen Stellenanzeigen der FahrRad GmbH verwendet werden könnten. Sie bittet ihren Auszubildenden, einen geeigneten, ausdrucksstarken Text zu entwickeln.**

Unterstützen Sie Tino Grübner und formulieren Sie einen Textabschnitt, der die dynamische Entwicklung der FahrRad GmbH treffend charakterisiert und die Stellenanzeige mit einem „Wir" einleitet:

Wir …

c) **Frau Löschen gibt Tino Grübner den Rat, bei der Formulierung einer Stellenausschreibung die rechtlichen Vorgaben des Allgemeinen Gleichbehandlungsgesetzes (AGG) zu beachten. Sie legt Tino einen Auszug aus einer Stellenanzeige vor und bittet ihn, mögliche Fehler zu benennen.**

Verkäuferin gesucht!

Wir sind:
- ein Unternehmen mit umsatzstarken Verbrauchermärkten (Vollsortiment)
- mit über 50 Filialen Marktführer in NRW

Wir bieten:
- einen sicheren und interessanten Arbeitsplatz in Vollzeit
- in einem jungen Team (< 35 Jahre) im Modebereich
- bei übertariflicher Bezahlung und angemessenen Arbeitszeiten

Wir suchen:
- eine ausgebildete Kauffrau im Einzelhandel bis 35 Jahre
- mit langjähriger Berufserfahrung im Bereich „Mode und Design"
- mit angemessener Körpergröße und hoher Belastungsbereitschaft
- für den flexiblen Arbeitseinsatz
- und guten Deutschkenntnissen (Deutsch als Muttersprache)

Senden Sie Ihre Bewerbungsunterlagen mit Lichtbild
an die Global KG, Düsseldorf

Prüfen Sie die abgebildete Stellenausschreibung der Global KG und begründen Sie anhand von vier verschiedenen Beispielen, warum hier gegen das Allgemeine Gleichbehandlungsgesetz (AGG) verstoßen wurde.

Allgemeines Gleichbehandlungsgesetz (AGG)
§ 1 Ziel des Gesetzes

Ziel des Gesetzes ist, Benachteiligungen aus Gründen der Rasse oder wegen der ethnischen Herkunft, des Geschlechts, der Religion oder Weltanschauung, einer Behinderung, des Alters oder der sexuellen Identität zu verhindern oder zu beseitigen.

Vermeidbare Fehler bei der Gestaltung einer Stellenanzeige	
Textauszug:	**Verstoß gegen das AGG (Begründung), Änderungsvorschlag:**

5. Gestalten Sie auf der Grundlage der bisher erhaltenen Informationen und der 5-W-Regel eine Stellenanzeige in der Fachzeitschrift „Zweirad-Magazin". In dieser Anzeige wird für die Zentrale der FahrRad GmbH in Haan ein Systemadministrator gesucht.

Berücksichtigen Sie bei der Ausgestaltung der Anzeige die Überlegungen von Lena Löschen und Anton Krull zum Anforderungsprofil (aus Lernsituation 4); bieten Sie übertarifliches Gehalt, eine 38-Stunden-Woche und weitere Vergünstigungen an.

Da die Einstellung zum 01. August 20.. erfolgen soll, erbitten Sie die Bewerbungsunterlagen innerhalb der nächsten 14 Tage an die Zentrale in Haan, zu Händen Frau Lena Löschen.

Stellenanzeige in der Fachzeitschrift „Zweirad-Magazin“:

Lernsituation 5

Ein Personalauswahlverfahren durchführen

© auremar – stock.adobe.com

Auf die Stellenanzeige der FahrRad GmbH für einen Systemadministrator sind zahlreiche Bewerbungen eingegangen. Nach einer ersten optischen Durchsicht und einer zweiten inhaltlichen Vorauswahl der verbliebenen Bewerbungsunterlagen durch Anton Krull gibt es aussichtsreiche Bewerber für die zu besetzende Stelle, die er Roland Mayer vormittags kurz vorstellt.
In einer für den Nachmittag anberaumten Sitzung sollen alle Geschäftsführer der Zentrale Haan und Dirk König als Leiter der Filiale Mettmann noch einmal Gelegenheit zur Prüfung der Bewerberunterlagen erhalten. Anschließend wird entschieden, welche beiden Personen zum Bewerbungsgespräch eingeladen werden, das Herr Mayer dann jeweils gemeinsam mit Frau Löschen (Abteilungsleitung Verwaltung) durchführen möchte.

Arbeitsaufträge

1. **Bearbeiten Sie die nachfolgenden Aufgaben in Partner- oder Gruppenarbeit. Zählen Sie Kriterien auf, anhand derer Anton Krull allein durch die (erste) optische Durchsicht eine Vorauswahl der zahlreichen Bewerbungen treffen und ungeeignete Bewerber (C – Auswahl) aussortieren könnte.**

   Kriterien für eine erste optische Vorauswahl:

2. **Zählen Sie (für die verbliebenen Bewerbungsunterlagen) Kriterien auf, anhand derer Anton Krull bei der (zweiten) vereinfachten inhaltlichen Durchsicht zügig eine Auslese für die Sitzung am Nachmittag treffen könnte.**

   Kriterien für eine Auslese bei vereinfachtem inhaltlichem Durchlesen:

3. Anton Krull bekommt die Aufgabe, die Sitzung für den Nachmittag vorzubereiten. Dazu sind nach der bisherigen Auslese noch drei Bewerberunterlagen detailliert zu sichten und zu bewerten. Die Entscheidung über eine Einladung zum Vorstellungsgespräch oder zu einer Absage soll nachvollziehbar sein, denn es können nur zwei Kandidaten eingeladen werden. Anton Krull holt sich Hilfe und Rat bei Lena Löschen, die ihm bei der Vorgehensweise eine Nutzwertanalyse vorschlägt:

a) Legen Sie stellvertretend für Herrn Krull fünf Entscheidungskriterien fest, die bei einer Nutzwertanalyse als Einstellungskriterien besonders wichtig sind:

b) Gewichten Sie Ihre fünf Entscheidungskriterien, indem Sie jedem Kriterium einen Prozentsatz zuweisen; in Summe sind 100 % zu vergeben:

Lena Löschen und Anton Krull haben mittlerweile die Unterlagen der drei infrage kommenden Bewerber nebeneinandergelegt. Frau Löschen erklärt, wie bei der Auswertung der Nutzwertanalyse vorzugehen ist: Zuerst müssen die wesentlichen Bewertungskriterien definiert sein. In einer Tabelle werden dann die vorher festgelegten Kriterien und deren Gewichtung (Prozentsätze) eingetragen, sodass im letzten Schritt alle drei vorliegenden Bewerbungsunterlagen mit Punkten bewertet werden können.

4. Frau Löschen macht sich während der Durchsicht zuerst ein paar individuelle Notizen zu allen drei Bewerbern, aber sie wird durch einen Anruf unterbrochen.

a) **Sichten Sie stellvertretend für Frau Löschen alle Bewerbungsunterlagen, die auf den Folgeseiten abgebildet sind, und halten Sie die für Ihre Entscheidungskriterien relevanten Informationen in Stichpunkten fest.**

Wichtige Informationen zu Christian Bach:

Wichtige Informationen zu Frauke Michaelsen:

Wichtige Informationen zu Thomas Zwanziger:

b) **Entscheiden Sie nach Ihrem „Bauchgefühl", welchen der drei Bewerber Sie nicht zum Bewerbungsgespräch einladen würden. Begründen Sie Ihre Auswahl.**

5. **Frau Löschen beginnt mit der Eintragung der Werte in die Nutzwerttabelle, allerdings wird sie schon wieder durch einen Kunden abgelenkt bzw. unterbrochen.**
Ergänzen Sie die fehlenden Angaben in der Nutzwertanalyse für Christian Bach. Bewerten Sie mit Punkten von 1 bis 5 (1 = schlecht, 5 = hervorragend), wie gut der Bewerber die Entscheidungskriterien erfüllt, und ermitteln Sie jeweils die gewichteten Punkte (Gewichtung × Punktzahl) sowie die Punktsumme. Füllen Sie anschließend alle fehlenden Angaben in den Nutzwertanalysen für die beiden weiteren Bewerber aus.

Nutzwertanalyse/Entscheidungsbewertungstabelle zur Bewerberauswahl				
		Christian Bach		
Kriterium	**Gewichtung (%)**	**Information lt. Bewerbung**	**Punkte 1 – 5**	**gewichtete Punkte**
Bewerbungsunterlagen				40
		Fähigkeiten weiterentwickeln, Verantwortung übernehemen, ungekündigte Stellung		30
	20			100
	40		5	
	20			80
Summe	100			
(Punktvergabe: 1 = schlecht … 5 = hervorragend)				

Nutzwertanalyse/Entscheidungsbewertungstabelle zur Bewerberauswahl				
		Frauke Michaelsen		
Kriterium	Gewichtung (%)	Information lt. Bewerbung	Punkte 1 – 5	gewichtete Punkte
Summe	100			
(Punktvergabe: 1 = schlecht … 5 = hervorragend)				

Nutzwertanalyse/Entscheidungsbewertungstabelle zur Bewerberauswahl				
		Thomas Zwanziger		
Kriterium	Gewichtung (%)	Information lt. Bewerbung	Punkte 1 – 5	gewichtete Punkte
Summe	100			
(Punktvergabe: 1 = schlecht … 5 = hervorragend)				

Christian Bach, Erlenweg 112, 40599 Düsseldorf

Christian Bach
Erlenweg 112
40599 Düsseldorf
0177-3000001
0211-154321000
christian.bach@t-online.de

FahrRad GmbH
Brückenstr.132
42781 Haan

Düsseldorf, …

Bewerbung zum Systemadministrator

Sehr geehrter Herr Mayer,

über Ihre Anzeige in der Jobbörse bin ich auf die Stellenausschreibung „System-administrator" aufmerksam geworden. Da mich die ausgeschriebene Stelle außerordentlich interessiert, möchte ich mich im Folgenden kurz vorstellen.

Ich habe den Abschluss „Bachelor of Science in Informatik" an der Universität Freiburg mit der Note 1,6 erworben. Studienschwerpunkte waren die Module „Praktische Informatik" und „Systeme". Mein besonderes Interesse gilt den Methoden zur Lösung konkreter Probleme der Informationsverarbeitung.

Seit Juni 2018 bin ich in ungekündigter Stellung bei Infodatex, Köln, als Außendienstmitarbeiter beschäftigt. Mein Aufgabengebiet ist die Beratung von Unternehmen bei der Umsetzung komplexer IT-Projekte sowie die Betreuung und Wartung von Warenwirtschaftssystemen.

Mein berufliches Ziel ist es, mich in diesen Fachbereichen weiterzuentwickeln und Verantwortung für die Systemadministration zu übernehmen.

Ich bin überzeugt, dass ich Ihr Anforderungsprofil erfülle und eine Bereicherung für Ihr Team darstelle. Wann darf ich mich bei Ihnen vorstellen?

Mit freundlichem Gruß

Christian Bach

Anlagen (3)

1 tabellarischer Lebenslauf
2 Zeugniskopien

Lebenslauf

Name:	Christian Bach
Adresse:	Erlenweg 112, 40599 Düsseldorf
Geburtstag/-ort:	02.07.1995/Neuss
Familienstand:	verheiratet, keine Kinder
Staatsangehörigkeit:	deutsch
Berufstätigkeit:	Außendienstmitarbeiter bei Infodatex 2.1 GmbH, Köln
seit Juni 2018	IT-Beratung und Realisierung von IT-Projekten
Weiterbildung:	
02. Mai 2021 – 23. Mai 2021	Seminar Netzwerkadministrator für IT-Spezialisten IT-Akademie, Düsseldorf
September 2024	Weiterbildung Datenschutzbeauftragter Bildungszentrum der IHK Bonn/Rhein-Sieg 50 Unterrichtsstunden
Studium:	
Oktober 2014 – April 2018	Bachelor of Science in Informatik Unterrichtssprache Deutsch und Englisch Albert-Ludwigs-Universität Freiburg
Praktikum:	
Mai 2014 – September 2014	Infodatex 2.1 GmbH, Köln
Schulabschluss:	
April 2014	Allgemeine Hochschulreife (Note 2,1) Albert Einstein Gymnasium, Düsseldorf
Besondere Kenntnisse:	
Sprachkenntnisse	Englisch, verhandlungssicher

Düsseldorf, ...

Christian Bach

Frauke Michaelsen
Moritzstr. 13
45468 Mülheim
Tel.: 0173/3000104
E-Mail: fmichaelsen@unimax.com

FahrRad GmbH
Brückenstr.132
42781 Haan

Mülheim, ...

Bewerbung zur Systemadministratorin
Ihr Angebot im Job-Portal der Bundesagentur für Arbeit vom ...

Sehr geehrter Herr Mayer,

mit großem Interesse habe ich Ihr Angebot im Job-Portal der Bundesagentur für Arbeit gelesen und bewerbe mich um die ausgeschriebene Stelle.

Für die Anforderungen der Stelle bringe ich sehr gute Voraussetzungen mit. Als Diplombetriebswirtin habe ich erfolgreich den Aufbau eines EDV-gestützten Kostenrechnungssystems bei der Drupa GmbH, Siegen, verantwortlich geleitet. Bei der Frigo Kühlgeräte GmbH, Essen, war ich als Gruppenleiterin im Bereich Controlling tätig.

Aus familiären Erfordernissen musste ich meinen Wohnsitz nach Mülheim verlegen und meine Tätigkeit bei der Frigo GmbH, Koblenz, aufgeben. Ortsnah suche ich nun eine neue berufliche Herausforderung.

Ihrer Anzeige entnehme ich, dass Sie für Ihr Team eine Mitarbeiterin/einen Mitarbeiter suchen, die/der verantwortlich für die Systemadministratorin ist. Aufgrund meiner Ausbildung, meiner bisherigen beruflichen Erfahrungen sowie einer Weiterbildung im Bereich Warenwirtschaftssysteme erfülle ich Ihr Anforderungsprofil. Gerne bin ich auch bereit, in Teilzeit zu arbeiten, soweit es den betrieblichen Erfordernissen entspricht.

Über Ihre Einladung zu einem Vorstellungsgespräch würde ich mich sehr freuen.

Mit freundlichem Gruß

Frauke Michaelsen

Anlagen (3)

1 tabellarischer Lebenslauf
2 Zeugniskopien

Lebenslauf

persönliche Angaben	Name: geboren: Staatsangehörigkeit: Familienstand:	**Frauke Michaelsen** 23.11.1982, Norderstedt deutsch verheiratet keine Kinder
Berufserfahrung	2013 – [...]	Frigo Kühlgeräte GmbH, Koblenz Gruppenleiterin Controlling
	2008 – 2013	Drupa GmbH, Siegen Assistentin der Geschäftsleitung Aufbau eines EDV-gestützten Kostenrechnungssystems
Studium	2003 – 2008	Westfälische Wilhelms-Universität Münster Diplombetriebswirtin Schwerpunkt: Rechnungswesen, Rechnungslegung der Unternehmung
Ausbildung	2001 – 2003	GEROX GmbH Im- und Exporte, Neuss Kauffrau im Groß- und Außenhandel
Schulbildung	1998 – 2001	Wirtschaftsgymnasium an der Walter-Eucken-Kollegschule, Düsseldorf Abschluss: Allgemeine Hochschulreife
	1993 – 1998	Heinrich Heine Gymnasium, Düsseldorf
	1989 – 1993	Grundschule Norderstedt

Weiterbildung/ Sonstiges

- Kommunikation für Führungskräfte
- Warenwirtschaftssystem unter SAP
- verhandlungssicheres Englisch in Wort und Schrift

Marl, ... *Frauke Michaelsen*

Arbeitszeugnis (Auszug)

... Frau Michaelsen war in der Zeit vom 01.08.2013 – [...] in unserem Unternehmen beschäftigt. In dieser Zeit unterstützte sie die Geschäftsleitung bei der Einführung und Betreuung eines EDV-gestützten Kostenrechnungssystems. Mit ihrer ausgezeichneten Fachkompetenz, einer weit überdurchschnittlichen Teamfähigkeit und ihrer ausgeprägten Kommunikationsfähigkeit hat Frau Michaelsen wesentlich zum Gelingen des Projekts beigetragen. Frau Michaelsen verlässt das Unternehmen auf eigenen Wunsch. Wir bedauern das Ausscheiden von Frau Michaelsen sehr und wünschen ihr für den weiteren Berufsweg alles Gute.

Thomas Zwanziger

Düppelweg 32 g
44787 Bochum
Tel.: 0234/12345
E-Mail: thomas.zwanziger@info.com

FahrRad GmbH
Brückenstr.132
42781 Haan

Bochum, …

Bewerbung um die ausgeschriebene Stelle als Systemadministrator

Sehr geehrte Damen und Herren,

als Wirtschaftsinformatiker bewerbe ich mich auf die Stellenanzeige "Systemadministrator".

Ich habe 2017 mein Studium der Wirtschaftsinformatik an der Fachhochschule Bielefeld erfolgreich abgeschlossen. Im Rahmen der Fachrichtung Personal/Organisation war auch das Modul „Controlling und Management" Bestandteil meines Studiums. Darüber hinaus habe ich eine spezielle Qualifikation im Seminar „Management- und Kommunikationskompetenz" erworben. Seit meinem Studienabschluss beschäftige ich mich als wissenschaftlicher Mitarbeiter im Bereich Informatik mit dem Thema Systemadministration.

Praktische betriebliche Erfahrungen im Handel konnte ich bereits durch zwei sechswöchige Betriebspraktika während meiner schulischen Ausbildung zum „Staatlich geprüften Assistenten" sammeln.

Ich bin stets bereit, mich neuen Herausforderungen zu stellen. Diese sehe ich insbesondere in den zukunftsträchtigen und innovativen Aufgaben, die mit der System- und Netzwerkadministration verbunden sind.

Ich würde mich freuen, in einem zukunftsorientierten Team Verantwortung übernehmen zu dürfen und meine bisher gewonnenen Kenntnisse einzubringen sowie vertiefen und erweitern zu können. Ferner hoffe ich auf neue Erfahrungen.

Aufgrund eines Sportunfalls wurde mir eine Schwerbehinderung mit dem Grad 60 zuerkannt. Die Schwerbehinderung führt zu keiner Einschränkung bei einer kaufmännischen Tätigkeit.

Über eine positive Nachricht Ihrerseits würde ich mich sehr freuen.

Freundliche Grüße

Thomas Zwanziger

Anlage:
Zeugnis Fachhochschule

Thomas Zwanziger

Düppelweg 32 g
44787 Bochum
Tel.: 0234/12345
E-Mail: thomas.zwanziger@info.com

© RPM – stock.adobe.com

Persönliche Angaben	Familienstand	ledig
	Staatsangehörigkeit:	deutsch
	Geburtstag:	17. Januar 1992
	Geburtsort:	Essen
	Schwerbehinderung:	Grad 60

Hochschultätigkeit

2017 – […]

Wissenschaftlicher Mitarbeiter

im Bereich Informatik für Geisteswissenschaftler an der Universität Bochum,

Schwerpunkt Systemadministration

Studium

2012 – 2017

Wirtschaftsinformatik an der FH Bielefeld

Fachrichtung Personal/Organisation, Abschluss Master

Spezielle Qualifikation

Seminar 2014

Management- und Kommunikationskompetenz

Schulbildung

2009 – 2012

Staatlich geprüfter kaufmännischer Assistent

Fachlicher Schwerpunkt: Informationswirtschaft

Kuniberg Berufskolleg, Recklinghausen

Sechswöchige Betriebspraktika

- Unterstufe: Fa. Schlüter, Großhandel für Arbeitsschutz
- Mittelstufe: Medium Markt, Handelsbetrieb für Elektroartikel

Sprachkenntnisse

Englisch, Spanisch

Bochum, … *Thomas Zwanziger*

6. **Unterbreiten Sie auf der Basis der errechneten Punktesummen einen Vorschlag, welche zwei Bewerber einzuladen sind.**

7. **Wenn eine Auswahl anhand qualitativer Kriterien getroffen werden muss, ist eine Nutzwertanalyse oft hilfreich. Mit diesem „Werkzeug“ können die subjektiv getroffenen Entscheidungen zahlenmäßig belegt und damit transparent und nachvollziehbar gemacht werden.**
Insofern ist Anton Krull erfreut, als ihm die ausgefüllte Tabelle mit den Punktzahlen der drei Bewerber vorliegt. Lena Löschen weist aber darauf hin, dass es in der Nachmittagsbesprechung dennoch zu Diskussionen kommen kann, denn auch eine zahlenmäßig belegte Nutzwertanalyse wird nicht automatisch für eine objektive, unanfechtbare Entscheidung sorgen.
Nehmen Sie kritisch zu den Hinweisen von Lena Löschen Stellung. Welche Argumente werden die Kritiker dieser Nutzwertanalyse aufzählen? Erläutern Sie mindestens drei Gesichtspunkte:

8. **Die von der FahrRad GmbH ausgewählten Bewerber werden zu einem Bewerbungsgespräch mit Herrn Mayer (Geschäftsleitung) und Frau Löschen (Abteilungsleitung Verwaltung) eingeladen. Lena Löschen erhält den Auftrag, die beiden Bewerber einzuladen und die Phasen der Bewerbungsgespräche zu strukturieren.**

a) **Bringen Sie die sechs beschriebenen Phasen eines ausführlichen Bewerbungsgespräches in die richtige Reihenfolge, indem Sie die Ziffern 1 – 6 hinter der jeweiligen Phase eintragen.**

Ablauf eines Bewerbungsgespräches	Phase
Fragen zum Bewerber: Gründe für die Bewerbung, Werdegang, persönliche Situation, fachliche Qualifikation, Gesundheitsfragen	
Infos und Detailfragen zur ausgeschriebenen Stelle: Beschreibung des Aufgabenbereiches, Arbeitsort und -zeit, Gehalt, Verantwortlichkeiten, etc.	
Nachfragen und Gesprächsabschluss: mögliche Detailfragen zur Stellenbesetzung bzw. zum Bewerber, Vereinbarung über die weitere Vorgehensweise und Verabschiedung	

Ablauf eines Bewerbungsgespräches	Phase
Informationen des Arbeitgebers: Vorstellung des Unternehmens, Unternehmens- und Führungsgrundsätze, Darstellung der Unternehmensphilosophie	
Vorstellung und Begrüßung: Begrüßung durch den Personalchef oder die Geschäftsleitung, Schaffen einer positiven Gesprächsatmosphäre	
Erwartungen des Bewerbers: Erwartungen und berufliche Ziele, die der Bewerber an die zu besetzende Stelle stellt, Stärken des Bewerbers	

c) **Um bei einem Bewerbungsgespräch gut vorbereitet zu sein, müssen sowohl der Bewerber als auch die Geschäftsleitung als Arbeitgeber einschätzen können, mit welchen Fragen die einzelnen Ablaufphasen eingeleitet werden.**
Formulieren Sie für jede der sechs Phasen zwei konkrete Fragen, die Frau Löschen und Herr Mayer an den Bewerber stellen könnten. Füllen Sie dazu die nachfolgende Tabelle aus.

Phasen des Vorstellungsgespräches	Mögliche Fragen, die die Geschäftsleitung an den Bewerber stellen könnte
Gesprächsphase 1	
Gesprächsphase 2	
Gesprächsphase 3	
Gesprächsphase 4	
Gesprächsphase 5	
Gesprächsphase 6	

d) **Während eines Vorstellungsgespräches möchten Lena Löschen und Roland Mayer natürlich möglichst viele Informationen von den Bewerbern erhalten. Dennoch müssen sich die beiden bei einigen Fragen zurückhalten, wenn gegen das Allgemeine Gleichbehandlungsgesetz verstoßen wird und die Fragen diskriminierend sind.**
Kreuzen Sie bei den folgenden Beispielen an, ob die Frage zulässig oder unzulässig ist. Erläutern Sie bei den unzulässigen Fragen, unter welchem Umstand die jeweilige Frage dennoch zulässig sein könnte.

Mögliche Frage des Arbeitsgebers	zulässig	unzulässig	Ausnahmen möglich, wenn …
Sind Sie verheiratet, Single oder geschieden? Haben Sie eine gleichgeschlechtliche Beziehung?			
Sind Sie vorbestraft?			
Haben Sie berufliche und fachliche Kenntnisse, die Ihre Bewerbung rechtfertigen?			
Sind Sie schwanger?			
Sind Sie Mitglied in einer Gewerkschaft?			
Sind Sie gegen Corona geimpft?			
Welche Noten hatten Sie bei Ihrer Abschlussprüfung?			
Besteht ein rechtswirksames Wettbewerbsverbot mit einem früheren Arbeitgeber?			
Wie vereinbaren Sie Familie und Beruf miteinander?			
Haben Sie eine Behinderung? Wenn ja, welchen Grad der Behinderung haben Sie?			

e) **Welche Konsequenzen hat es, wenn Bewerber auf zulässige bzw. unzulässige Fragen falsch reagieren? Füllen Sie dazu die nachfolgende Tabelle aus.**

Arbeitgeber stellt eine Frage, die …	Bewerber reagiert darauf mit …	Rechtliche Konsequenzen
… gegenüber dem Bewerber unzulässig ist.	… einer falschen Antwort.	
… gegenüber dem Bewerber zulässig ist.	… einer falschen Antwort.	

f) **Lena Löschen hat aufgrund der Vielzahl an Vorstellungsgesprächen, die in nächster Zeit geplant sind, die Idee, bei der Eignungsfeststellung „Situative Verfahren“ im Assessment-Center durchzuführen.**
Beschreiben Sie die Vor- und Nachteile, die ein Assessment-Center gegenüber anderen Personalauswahlverfahren bietet.

Vorteile eines Assessment-Centers:

Nachteile eines Assessment-Centers:

g) **Nennen und beschreiben Sie weitere Arten von Eignungstests:**

h. **Im Rahmen differenzierter Eignungstests ist es möglich, dass von den Bewerbern spezielle Arbeitsproben anzufertigen sind. Diese können schriftlich oder auch praktisch erfolgen. Geben Sie für drei unterschiedliche Tätigkeitsbereiche der FahrRad GmbH je eine typische Aufgabenstellung für eine Arbeitsprobe an, die unter Aufsicht anzufertigen wäre …**

- … für eine Stelle im Personalbüro:

- … für eine Stelle in der Werkstatt:

- … für eine Stelle im Verkaufsbereich:

Lernsituation 6

Arbeitsverträge schließen und Regelungen des Arbeitsrechtes beachten

© auremar – stock.adobe.com

Henrike Berger, zuständig für Personalangelegenheiten in der Filiale Mettmann, bereitet zusammen mit Anton Krull aus der Zentrale Haan den Arbeitsvertrag für Christian Bach vor, der die Stelle als neuer Systemadministrator bekommen hat. Frau Berger telefoniert gerade mit Sabine Weber aus der Zentrale. Anton Krull hört das Gespräch mit und macht Notizen.

Sabine Weber: *Frau Berger, ich möchte noch mal darauf hinweisen, dass beim Arbeitsvertrag für Herrn Bach trotz des Grundsatzes der Vertragsfreiheit unbedingt die tariflichen Regelungen, unsere Betriebsvereinbarungen sowie die Mitwirkungs- und Mitbestimmungsrechte zu beachten sind, insbesondere das Rang- und Günstigkeitsprinzip …*

Henrike Berger: *Sind denn dem Betriebsrat alle Bewerbungsunterlagen vorgelegt worden und hat der seine Zustimmung für die Einstellung erteilt?*

Sabine Weber: *Naja, Sie wissen ja, es musste jetzt schnell gehen, sodass nach § 93 (BetrVG) die eigentliche Ausschreibung im Betrieb unterblieben ist, wir wollten einen externen Bewerber.*

Anton Krull: *Aus Gründen des Datenschutzes hat der Betriebsrat doch sowieso nur einen Anspruch auf mündliche Informationen über die Bewerber, wir haben die Entscheidung für Herrn Bach in der Sitzung der Führungskräfte besprochen, da hat der Betriebsrat doch nichts mehr zu sagen.*

Arbeitsaufträge

1. **Prüfen Sie in Partnerarbeit anhand des Auszuges aus dem Betriebsverfassungsgesetz und begründen Sie, ob …**

a) **… Anton Krull mit seiner Aussage zum Informationsrecht des Betriebsrates recht hat.**

b) **… es bei der Einstellung von Herrn Bach ein Mitbestimmungsrecht des Betriebsrates gibt, vom dem Sabine Weber am Telefon spricht.**

c) **… der Betriebsrat ggf. seine Zustimmung verweigern kann, wenn das Bewerberverfahren nicht korrekt war.**

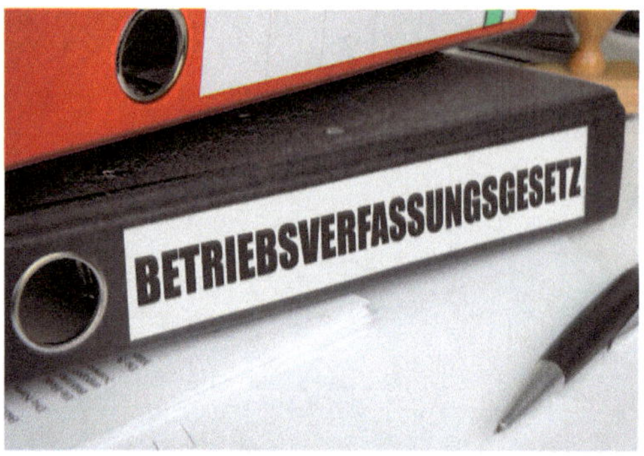

© Coloures-Pic – stock.adobe.com

Auszug aus dem Betriebsverfassungsgesetz (BetrVG)

§ 93 Ausschreibung von Arbeitsplätzen
Der Betriebsrat kann verlangen, dass Arbeitsplätze, die besetzt werden sollen, allgemein oder für bestimmte Arten von Tätigkeiten vor ihrer Besetzung innerhalb des Betriebs ausgeschrieben werden.

§ 99 Mitbestimmung bei personellen Einzelmaßnahmen
(1) In Unternehmen mit in der Regel mehr als zwanzig wahlberechtigten Arbeitnehmern hat der Arbeitgeber den Betriebsrat vor jeder Einstellung, Eingruppierung [...] und Versetzung zu unterrichten, ihm die erforderlichen Bewerbungsunterlagen vorzulegen und Auskunft über die Person der Beteiligten zu geben; [...]
(2) Der Betriebsrat kann die Zustimmung verweigern, wenn

1. die personelle Maßnahme gegen ein Gesetz [...] verstoßen würde,
[...]
5. eine nach § 93 erforderliche Ausschreibung im Betrieb unterblieben ist [...]

(3) Verweigert der Betriebsrat seine Zustimmung, so hat er dies unter Angabe von Gründen innerhalb einer Woche nach Unterrichtung durch den Arbeitgeber diesem schriftlich mitzuteilen. Teilt der Betriebsrat dem Arbeitgeber die Verweigerung seiner Zustimmung nicht innerhalb der Frist schriftlich mit, so gilt die Zustimmung als erteilt.

Lösung zu a)

Lösung zu b)

Lösung zu c)

2. **Da Henrike Berger einen „guten Draht" zum Betriebsratsvorsitzenden Frank Matzek hat, informiert sie sich bei ihm, ob es seitens der Betriebsrates Einwände bei der Einstellung von Herrn Bach gibt. Sie erfährt, dass der Betriebsrat gestern bereits sein „OK" gegeben hat. Allerdings sind einige Mitglieder des Betriebsrates der Meinung, dass bei dieser Neueinstellung – wie zuletzt häufiger üblich – zunächst ein befristeter Arbeitsvertrag angeboten werden sollte. Den befristeten Arbeitsvertrag könne man ja später verlängern oder in ein unbefristetes Arbeitsverhältnis umwandeln.**

a) **Überlegen Sie aus Arbeitgeber- und Arbeitnehmerperspektive, welche Vor- bzw. Nachteile mit einer Befristung des Arbeitsvertrages verbunden wären.**

Vor- und Nachteile aus Sicht der FahrRad GmbH (Arbeitgeber):

Vor- und Nachteile aus Sicht des neuen Mitarbeiters (Arbeitnehmer):

3. **Herr Matzek, der sich natürlich im Arbeitsrecht besonders gut auskennt, erläutert Frau Berger, dass eine Befristung eines Arbeitsvertrages sinnvoll sein kann, wenn sie durch einen sachlichen Grund gerechtfertigt ist.**

a) **Erläutern Sie, welche drei sachlichen Gründe hierbei vorliegen könnten.**

b) **Kreuzen Sie an, ob die folgenden Aussagen zu befristeten Arbeitsverträgen richtig oder falsch sind:**

Befristete Arbeitsverträge			
	Aussage	richtig	falsch
A	Eine Befristung kann mit und ohne sachlichen Grund vorgenommen werden.		
B	Liegt kein sachlicher Grund für die kalendermäßige Befristung eines Arbeitsvertrages vor, so ist die Befristung bis zur Dauer von 3 Jahren zulässig.		
C	Innerhalb der maximalen Laufzeit befristeter Arbeitsverträge können kürzer laufende Verträge nur zweimal verlängert werden.		
D	Ein befristetes Arbeitsverhältnis endet ohne Kündigung.		
E	Liegt ein sachlicher Grund für die Befristung eines Arbeitsvertrages vor, z. B. Vertretung eines Mitarbeiters, der einen Angehörigen pflegen möchte, so darf die Befristung nicht länger als 1 Jahr dauern.		
F	Für die befristet beschäftigten Arbeitnehmer gilt ein „Diskriminierungsverbot", d. h., sie dürfen nicht ohne sachlichen Grund schlechter gestellt werden als die unbefristet Beschäftigten.		
G	Ein zweckbefristeter Arbeitsvertrag (z. B. Vertretung bei Schwangerschaft oder Elternzeit) endet mit Erreichen des Zwecks, frühestens zwei Wochen nach Zugang der schriftlichen Unterrichtung des Arbeitnehmers über den Zeitpunkt der Zweckerreichung.		
H	Wenn der Arbeitnehmer nach Ablauf des befristeten Vertrages eine Weiteranstellung wünscht, muss er zwei Wochen vor Ablauf des Termins einen Antrag stellen.		
I	Ein befristeter Arbeitsvertrag bei der FahrRad GmbH wird über drei Monate geschlossen und dann weitere drei Mal um vier Monate verlängert. Der Betriebsrat kann dieses Verfahren als rechtmäßig bewerten.		

Christian Bach wird einen unbefristeten Arbeitsvertrag erhalten. Darin sind u. a. die Regelungen zur Arbeitszeit, zu den Pausen und zum Urlaub festzulegen. Henrike Berger hat bereits einen ersten Entwurf verfasst und legt diesen zur Prüfung Frank Matzek und Anton Krull vor. Die Drei sind sich bei einigen Formulierungen unsicher, deshalb schauen sich Herr Matzek und Herr Krull den Entwurf, das Arbeitszeitgesetz und das Bundesurlaubsgesetz noch mal genauer an, Frau Berger untersucht parallel den gültigen Tarifvertrag. Alle strittigen Punkte werden geprüft und auf Metaplan-Karten stichwortartig aufgeschrieben. Während der Recherche werden die Karten durch das Lüften des Raumes und das Öffnen der Tür durcheinandergebracht.

Auszug aus dem **Arbeitszeitgesetz** (ArbZG):

§ 3 Arbeitszeit der Arbeitnehmer
Die werktägliche Arbeitszeit der Arbeitnehmer darf acht Stunden nicht überschreiten. Sie kann auf bis zu zehn Stunden nur verlängert werden, wenn innerhalb von sechs Kalendermonaten oder innerhalb von 24 Wochen im Durchschnitt acht Stunden werktäglich nicht überschritten werden.

§ 4 Ruhepausen
Die Arbeit ist durch im Voraus feststehende Ruhepausen von mindestens 30 Minuten bei einer Arbeitszeit von mehr als sechs bis zu neun Stunden und 45 Minuten bei einer Arbeitszeit von mehr als neun Stunden insgesamt zu unterbrechen. Die Ruhepausen [...] können in Zeitabschnitte von jeweils mindestens 15 Minuten aufgeteilt werden. Länger als sechs Stunden hintereinander dürfen Arbeitnehmer nicht ohne Ruhepause beschäftigt werden.

Auszug aus dem **Tarifvertrag**:

§ 2 Arbeitszeit der Arbeitnehmer
Die regelmäßige Wochenarbeitszeit beträgt ausschließlich der Ruhepausen 38,5 Stunden. Die regelmäßige tägliche Arbeitszeit ist festzulegen.
Die regelmäßige Arbeitszeit ist auf 5 Tage in der Woche zu verteilen. Aus dringenden betrieblichen Erfordernissen kann die Arbeitszeit auf 6 Tage verteilt werden. Wird an Samstagen gearbeitet, soll die Arbeitszeit um 15:00 Uhr enden.

§ 6 Urlaub
Die Mindestdauer des Jahresurlaubs beträgt:
(1) bei Verteilung der tariflichen Arbeitszeit auf i. d. R. 6 Werktage der Woche: 36 Werktage,
(2) bei Verteilung der tariflichen Arbeitszeit auf i. d. R. 5 Werktage der Woche: 30 Arbeitstage.

Entwurf: Arbeitsvertrag Christian Bach

Arbeitszeit einschließlich Ruhepausen:
(1) „Als Arbeitstage gelten die Werktage von Montag bis Freitag. Die regelmäßige wöchentliche Arbeitszeit beträgt 37,5 Stunden ohne Berücksichtigung der Ruhepausen."
(2) „Bei einer Arbeitszeit von mehr als 6 Stunden müssen die **Ruhepausen** insgesamt mindestens 20 Minuten betragen, bei einer Arbeitszeit von mehr als 9 Stunden mindestens 30 Minuten."
(3) „Der Arbeitnehmer ist verpflichtet, aus dringenden betrieblichen Erfordernissen bis zu 2 Überstunden täglich zu leisten
(4) und am Samstag bis 16:00 Uhr zu arbeiten."

Urlaubsregelung:
(1) „Der bezahlte Erholungsurlaub richtet sich nach dem geltenden Tarifvertrag. Es werden jährlich zusätzlich 2 Arbeitstage Urlaub gewährt."
(2) „Der volle Urlaubsanspruch wird erstmalig nach siebenmonatigem Bestehen des Arbeitsverhältnisses erworben."

Auszug aus dem **Bundesurlaubsgesetz** (BUrlG):

§ 3 Dauer des Urlaubs
(1) Der Urlaub beträgt jährlich mindestens 24 Werktage.
(2) Als Werktage gelten alle Kalendertage, die nicht Sonn- oder gesetzliche Feiertage sind.

§ 4 Wartezeit
Der volle Urlaubsanspruch wird erstmalig nach sechsmonatigem Bestehen des Arbeitsverhältnisses erworben.

4. **Die Ergebnisse der Recherche sind auf den Metaplan-Karten nachlesbar. Gemeinsam soll nun entschieden werden, ob es beim Arbeitsvertrag Änderungen geben muss oder nicht. Leider sind die einzelnen Informationen noch ungeordnet und unvollständig.**

a) **Ergänzen Sie bei der Kartensammlung auf der folgenden Seite jeweils die noch fehlenden Angaben, die Sie den Auszügen aus dem Arbeitszeitgesetz, Bundesurlaubsgesetz und dem Tarifvertrag entnehmen können.**

Ungeordnete Ansammlung der Metaplan-Karten:

Im Tarifvertrag: keine Regelung zu Ruhepausen	**Im Arbeitsvertrag:** __________ __________	**Im Tarifvertrag:** 30 Arbeitstage Urlaub (Mo – Fr)
Im Arbeitsvertrag: bis zu zwei Überstunden täglich (bei betriebl. Anlass)	**Im Tarifvertrag:** __________ __________	**Im Arbeitsvertrag:** __________ __________
Im Tarifvertrag: __________ __________	**Im ArbZG:** keine Infos zur wöchentlichen Arbeitszeit	**Im Arbeitsvertrag:** 37,5 Std./Woche
Im Arbeitsvertrag: Samstagsarbeit bis 16.00 Uhr	**Im ArbZG:** werktägl. Arbeitszeit auf 10 Stunden erhöhen (mit Ausgleich)	**Im Tarifvertrag:** __________ __________
Im Arbeitsvertrag: Ruhepause __________ __________	**Im ArbZG:** __________ __________ __________	**Im BUrlG:** __________ __________
Im ArbZG: keine Aussage zur Samstagsarbeit	**Im Tarifvertrag:** keine Regelung zum Urlaubsanspruch	**Im BUrlG:** voller Urlaubsanspruch nach 6 Monaten
… ArbZG/Arbeitsvertrag gelten gleichermaßen, Überstundenregelung ist ok	… es gilt der Arbeitsvertrag, (Günstigkeitsprinzip)	… es gilt das Günstigkeitsprinzip (vom Arbeitsvertrag mit 37,5 Std./Woche)
… es gilt das ArbZG, Rangprinzip beachten, Regelung im AV streichen	… es gilt der Tarifvertrag, Regelung im AV streichen (Rangprinzip)	… es gilt das Bundesurlaubsgesetz, Regelung im AV streichen (Rangprinzip)

b) **Übertragen Sie alle Angaben der Metaplan-Karten (einschließlich der Maßnahmen) in das folgende Raster:**

Im ArbZG/ im BUrlG	Im Tarifvertrag	Im Arbeitsvertrag	geltende Regelung, getroffene Maßnahme
keine Infos zur wöchentlichen Arbeitszeit			
Ruhepause			
werktägl. Arbeitszeit auf 10 Stunden erhöhen (mit Ausgleich)			
keine Aussage zur Samstagsarbeit			
Urlaubstage			
voller Urlaubsanspruch nach 6 Monaten			

5. Erläutern Sie anhand eines Beispiels die Begriffe „Rangprinzip“ und „Günstigkeitsprinzip“.

Rangprinzip:

Günstigkeitsprinzip:

Henrike Berger hat alle Änderungen im Vertragsentwurf in den Arbeitsvertrag von Christian Bach eingearbeitet. Für Herrn Matzek ist es besonders wichtig, dass im Vertrag auch die wesentlichen Pflichten des Arbeitgebers benannt sind, Anton Krull sind insbesondere die Pflichten des Arbeitnehmers wichtig. Kurz vor der Vertragsunterzeichnung werden die Vertragspunkte noch einmal durchgearbeitet.

6. Kreuzen Sie an, ob die nachfolgenden Begriffe zu den Pflichten des Arbeitgebers oder zu denen eines Arbeitnehmers gehören, und beschreiben Sie die Bedeutung jedes Begriffes:

Pflichten von Arbeitgeber und Arbeitnehmer und die jeweilige Bedeutung			
Bezeichnung	**Arbeitgeber (AG)**	**Arbeitnehmer (AN)**	**Bedeutung**
Treue- und Verschwiegenheit			
Einhaltung des gesetzlichen Wettbewerbsverbotes			

Pflichten von Arbeitgeber und Arbeitnehmer und die jeweilige Bedeutung			
Bezeichnung	**Arbeitgeber (AG)**	**Arbeitnehmer (AN)**	**Bedeutung**
Fürsorgepflicht			
Verschwiegenheitspflicht			
Informations- und Anhörungspflicht			
Haftpflicht			
Zeugniserteilung			
Entgeltzahlung im Krankheitsfall bzw. an gesetzlichen Feiertagen			

7. **Christian Bach hat den unbefristeten Arbeitsvertrag unterschrieben. Nun fehlen Frau Berger noch einige Unterlagen, die Herr Bach zu seinem Arbeitsstart vorweisen bzw. mitbringen muss.**
Welche Unterlagen muss ein Arbeitnehmer seinem Arbeitgeber vor Antritt seiner Beschäftigung nachweisen? Zählen Sie vier verschiedene Nachweise auf:

Lernsituation 7

Personal beim beruflichen Start betreuen, Personaldaten erheben und schützen

Nach dem Ende der Sommerferien beginnt in Mettmann in der Filiale der FahrRad GmbH ein neuer Zeitabschnitt. Tanja Witter, Auszubildende aus dem 3. Ausbildungsjahr, hat die Aufgabe bekommen, den neuen Auszubildenden Nils Hoffmann mit den wichtigsten Betriebsbereichen vertraut zu machen. Nils macht eine Ausbildung als Zweiradmechatroniker, Fachrichtung Fahrradtechnik, interessiert sich aber auch für den Verkaufsbereich.

Tanja Witter: *Du weißt schon, dass du gleich noch vor der Mittagspause in den Schulungsraum musst zur Erstunterweisung; BG, UVV und so. Am Nachmittag erwartet dich dann Frau Berger im Büro wegen der Personaldaten und der Begrüßung durch den Chef.*

Nils Hoffmann: *Ja, ich habe vorhin so 'ne Art Laufzettel in die Hand bekommen, das habe ich soweit auf dem Schirm. Aber was ist eine Erstunterweisung, und was sind BG und UVV?*

Arbeitsaufträge

1. **Beantworten Sie die von Nils gestellte Frage, indem Sie die Begriffe im Zusammenhang mit seinem Berufsstart erklären. Untersuchen Sie dazu § 12 des Arbeitsschutzgesetzes (ArbSchG) und recherchieren Sie im Internet unter den Stichworten „Erstunterweisung", „BG" und „UVV".**

Arbeitsschutzgesetz – ArbSchG, § 12 Unterweisung

(1) Der Arbeitgeber hat die Beschäftigten über Sicherheit und Gesundheitsschutz bei der Arbeit während ihrer Arbeitszeit ausreichend und angemessen zu unterweisen. Die Unterweisung umfasst Anweisungen und Erläuterungen, die eigens auf den Arbeitsplatz oder den Aufgabenbereich der Beschäftigten ausgerichtet sind. Die Unterweisung muss bei der Einstellung […] der Beschäftigten erfolgen. Die Unterweisung muss an die Gefährdungsentwicklung angepasst sein und erforderlichenfalls regelmäßig wiederholt werden.

b) **Geben Sie vier Beispiele an, in welchen Themenbereichen Nils Hoffmann zu Beginn seiner Tätigkeit bei der FahrRad GmbH unterwiesen werden muss.**

c) **Die Erstunterweisung hat für Nils eine Vielzahl neuer Erkenntnisse gebracht. Am Nachmittag meldet er sich bei Frau Berger in der Personalabteilung, die ihn darauf hinweist, dass die Unterweisung dokumentiert werden und er daher noch Unterschriften leisten muss. Begründen Sie, was hierbei zu dokumentieren ist und warum das für die FahrRad GmbH wichtig sein könnte.**

Frau Berger erklärt Nils Hoffmann, dass bei allen Mitarbeitern beim Berufsstart eine Reihe von Daten zu erfassen und zu verarbeiten sind. Seit Christian Bach in der Zentrale seine Stelle als Systemadministrator angetreten hat, ist die Datenverarbeitung schneller und sicherer geworden. Alle notwendigen Angaben werden zunächst in einem **Personalstammblatt** mit folgenden Mindestinhalten erhoben:

- persönliche Angaben,
- schulischer/beruflicher Werdegang,
- Angaben zur Beschäftigung (z. B. Eintrittsdatum, Tätigkeit, TZ/VZ, Arbeitszeit, Urlaubsanspruch),
- Angaben zur Entgeltberechnung bzw. zur Ausbildungsvergütung (z. B. Höhe, VL, Krankenkasse, Lohnsteuerabzugsmerkmale),
- Angaben zu Personalunterlagen.

Nils Hoffmann fragt Frau Berger in diesem Zusammenhang, ob das „Datensammeln" in einem Personalstammblatt bei der aktuellen Gesetzeslage überhaupt noch möglich ist.

2. **Entwerfen Sie ein Layout für ein Personalstammblatt der FahrRad GmbH. Unterteilen Sie das Stammblatt in die Bereiche, die oben als Mindestinhalte vorgegeben sind, wobei die Begriffe als Überschriften verwendet werden können. Nehmen Sie aufgrund der besonderen Sensibilität der Daten in das Stammdatenblatt nur Punkte auf, die unbedingt notwendig sind.**

FahrRad GmbH Haan
So kommen Sie in die Gänge

Personalstammblatt

persönliche Angaben

schulischer und beruflicher Werdegang

Angaben zur Beschäftigung

Angaben zum Gehalt

Angaben zu Personalunterlagen

3. Frau Berger beantwortet die Frage von Nils, aber sie verbindet das gern mit einem kleinen Vortrag: *„Unabhängig davon, wie die Personalakte geführt wird, umfasst sie wichtige Dokumente und Vorgänge, die wegen der hohen Sensibilität der personenbezogenen Daten einer besonderen Sorgfalt und Vertraulichkeit unterliegen und für die daher die Anforderungen der EU-Datenschutz-Grundverordnung (DSGVO) und des Bundesdatenschutzgesetzes (BDSG) zwingend zu beachten sind"*, **das sagt sie so, als hätte sie das auswendig gelernt.**

a) **Die Begriffe „Datenschutz" und „Datensicherheit" werden fälschlicherweise oft synonym verwendet. Klären Sie den Unterschied zwischen diesen beiden Begriffen.**

Datenschutz: ______________________________

____

____

Datensicherheit: ______________________________

____

____

____

b) **Für den Datenschutz in Deutschland sind die DSGVO und das BDSG maßgeblich, um personenbezogene Daten vor Missbrauch zu schützen. Geben Sie zehn verschiedene Beispiele personenbezogener Daten an:**

____

____

____

____

____

____

____

c)

Art. 6 DSGVO, Rechtmäßigkeit der Verarbeitung

(1) Die Verarbeitung ist nur rechtmäßig, wenn mindestens eine der nachstehenden Bedingungen erfüllt ist:
a) Die betroffene Person hat ihre Einwilligung zu der Verarbeitung der sie betreffenden personenbezogenen Daten für einen oder mehrere bestimmte Zwecke gegeben;
b) die Verarbeitung ist für die Erfüllung eines Vertrags, dessen Vertragspartei die betroffene Person ist, oder zur Durchführung vorvertraglicher Maßnahmen erforderlich, die auf Anfrage der betroffenen Person erfolgen;
[…]

In der Personalabteilung der FahrRad GmbH verwaltet Henrike Berger aufgrund der Beschäftigungsverhältnisse große Mengen personenbezogener Daten. Um die Rechtmäßigkeit der Verwendung sicherzustellen, muss jede Verarbeitung solcher Daten legitimiert sein.
Welche beiden Möglichkeiten der Legitimation sind laut Art. 6 DSGVO für die Verarbeitung personenbezogener Daten erlaubt?

d) **Kreuzen Sie an, welche der nachfolgend beschriebenen Daten ohne gesonderte Einwilligung des Personals in der Personalabteilung verarbeitet werden dürfen und welche nicht:**

Verarbeitung personenbezogener Daten, die ohne gesonderte Einwilligung bei der FahrRad GmbH verarbeitet werden dürfen:	ja	nein
Name, Vorname und Adresse des Beschäftigten		
Zugehörigkeit und Name des Vereins, bei dem der Beschäftigte Mitglied ist		
Berufsabschluss, Daten des Abschlusszeugnisses		
Steuer-Identifikationsnummer		
Größe und Gewicht zum Einstellungstag		
Anzahl der Ehen		
religiöse Orientierung		
Schufa-Auskunft		
Bank- bzw. Kontodaten		
Konfession		
Mitgliedschaft in einer Partei		
Hobbys, die in der Freizeit ausgeübt werden		

e) **Angenommen, ein Mitarbeiter der FahrRad GmbH vermutet falsche bzw. unzulässige Eintragungen in seiner Personalakte. Klären Sie, welche Rechte er nach Betriebsverfassungsgesetz (BetrVG) und nach EU-Datenschutz-Grundverordnung (DSGVO) in diesem Zusammenhang in Anspruch nehmen kann. Nutzen Sie dazu ggf. die Gesetzestexte im Original, z. B. www.gesetze-im-internet.de bzw. www.ds-gvo-gesetz.de.**

Personalakte – Rechte des Mitarbeiters		
Gesetz	**§**	**Rechte**
Betriebs-verfassungs-gesetz	**83**	
EU-Daten-schutz-Grund-verordnung	**15**	
	16	
	17	
	18	
	82	

4. **Eine ordnungsgemäße Erhebung, der sichere Umgang mit den Personal- und Betriebsdaten und die professionelle Datensicherung setzen ein gut funktionierendes IT-System und strenge Regeln für die damit arbeitenden Mitarbeiter voraus.**
Ergänzen Sie fehlende Angaben in der nachfolgenden Tabelle, in der verschiedene Maßnahmen der Datensicherung und Datensicherheit der FahrRad GmbH beschrieben werden.

Maßnahmen bzw. Verfahren der Datensicherung	
Technische Maßnahmen:	**Beispiele:**
• Räumliche Sicherung des IT-Bereichs	• Sicherheitsschlüssel, Alarmanlage, Schlösser
• Notstromaggregate	•
•	• Im Notfall Zugriff auf den Zweitrechner.
• automatische Sicherheitskopien und Backups auf lokalen Datenträgern bzw. cloudbasierte Online-Backups	•
• Schutz vor „Viren“ und „Malware“	•
• Pseudomisierung und Verschlüsselung	•
Personenbezogene Maßnahmen:	Beispiele:
•	• für die Mitarbeiter werden regelmäßig Schulungen und Fortbildungen angeboten.
• Passwort-/Administratorverfahren	•
• Doppelbesetzungen	•
• IT-Richtlinien, Regelung von Verantwortlichkeiten	•

5. **Im Verantwortungsbereich von Christian Bach, vor Kurzem als Systemadministrator in der Zentrale eingestellt, liegt auch die Einführung einer elektronischen Personalakte zur Optimierung und effizienteren Gestaltung der Personalverwaltung. Zudem ist er laut Stellenausschreibung „Beauftragter für den Datenschutz“.**
Welche Aufgaben bzw. Tätigkeiten wird Herr Bach als Datenschutzbeauftragter verrichten? Zählen Sie fünf Beispiele auf:

Lernsituation 8

Arbeitsbedingungen optimieren, Mitarbeiter motivieren und Konfliktgespräche führen

© auremar – stock.adobe.com

Sabine Weber und Dirk König arbeiten heute am großen Planungstisch, Lena Löschen stellt parallel am PC die Personaldaten zusammen. Die drei planen den Personaleinsatz für die Sommer- und Ferienzeit. Ganz neu ist seit Kurzem, dass die FahrRad GmbH im Zuge der Corona-Pandemie von den starren Arbeitszeitregeln weggegangen ist und nun neue Arbeitszeitmodelle in beiden Betrieben, also in Haan und Mettmann, anbieten möchte.

Sabine Weber: *Dadurch, dass wir bei Ihnen in der Filiale jetzt die Arbeitszeiterfassung für die Abteilungen entkoppelt haben, können wir für den Lager- und Werkstattbereich, für den Verwaltungsbereich und für den Verkauf unterschiedliche Arbeitszeitmodelle anbieten.*

Lena Löschen: *Durch die langen Öffnungszeiten unserer Verkaufsabteilungen können wir allerdings nicht alle Abteilungen gleich behandeln, das wird sonst schwierig zu organisieren sein.*

Dirk König: *Ja, wir haben schon viele Anfragen unserer Mitarbeiter, ob sie nicht flexibler eingesetzt werden könnten. Außerdem sollte wir über Verfahren zur Verbesserung der Arbeitsbedingungen und über unser Fortbildungskonzept nachdenken, damit wir für die vielen motivierten Mitarbeiter Anreize schaffen können.*

Sabine Weber: *Ja, aber wir müssen dabei leider immer die Kosten im Auge behalten, durch unsere umfangreichen Investitionen in letzter Zeit darf Mitarbeitermotivation nicht zu viel kosten.*

Arbeitsaufträge

1. **Frau Weber, Frau Löschen und Herr König fertigen zuerst eine Übersicht der möglichen Arbeitszeitmodelle an, um abzuwägen, welche Modelle für die FahrRad GmbH in den Bereichen Verkauf, Lager + Werkstatt, Verwaltung + Personalabteilung oder in der Chefetage ungeeignet bzw. geeignet sind. Übernehmen Sie diese Aufgabe in Partnerarbeit, indem Sie die nachfolgende Tabelle ausfüllen und die Entscheidung jeweils begründen.**

Mögliche Arbeitszeitmodelle für die FahrRad GmbH

Arbeitszeitmodell	eher ungeeignet für …	eher geeignet für …	Begründung
Gleitzeit/gleitende Arbeitszeit: Anwesenheitspflicht während der Kernarbeitszeit, davor/danach Arbeitszeit frei planbar	Verkauf, Lager + Werkstatt	Verwaltung + Personal, Chefetage	

Mögliche Arbeitszeitmodelle für die FahrRad GmbH			
Arbeitszeitmodell	**eher ungeeignet für …**	**eher geeignet für …**	**Begründung**
Teilzeitarbeit			
Arbeitszeitkonto			
Vertrauens-arbeitszeit			
Schichtarbeit			

Mögliche Arbeitszeitmodelle für die FahrRad GmbH			
Arbeitszeitmodell	**eher ungeeignet für …**	**eher geeignet für …**	**Begründung**
Minijob			
Homeoffice			

2. **Neben dem Angebot, flexiblere Arbeitszeiten anzubieten, möchte Dirk König die veralteten Fortbildungskonzepte überarbeiten und neue Methoden der Personalentwicklung einführen, insbesondere „On-the-job"-Maßnahmen für seine Auszubildenden und Mitarbeiter.**

a) **Beschreiben Sie die Ziele einer professionellen Personalentwicklung aus der Sicht des Einzelhandelsunternehmens und aus der Sicht der Mitarbeiter:**

Ziele aus der Sicht des Einzelhandelsunternehmens:

___

___

___

Ziele aus der Sicht der Mitarbeiter:

___

___

___

b) **Beschreiben Sie allgemein, was Dirk König mit „On-the-job"-Maßnahmen gemeint hat.**

c) **Erläutern Sie anhand von drei Beispielen, welche „On-the-job"-Maßnahmen sich für die Mitarbeiter der FahrRad GmbH anbieten:**

d) **Zwischen Sabine Weber und Dirk König hat sich während der Besprechungsrunde ein „kleiner" Wortstreit entwickelt, was eigentlich der Unterschied zwischen Fortbildungs- und Weiterbildungsmaßnahmen ist. Erläutern Sie beide Begriffe:**

Fortbildung:

Weiterbildung:

Lena Löschen hat während des kleinen Wortstreits der beiden aus dem Netz eine Grafik herausgesucht und als Entscheidungsgrundlage ausgedruckt. Sie möchte damit die Diskussion bezüglich der Mitarbeitermotivation und der Kosten verschiedener Maßnahmen anregen.

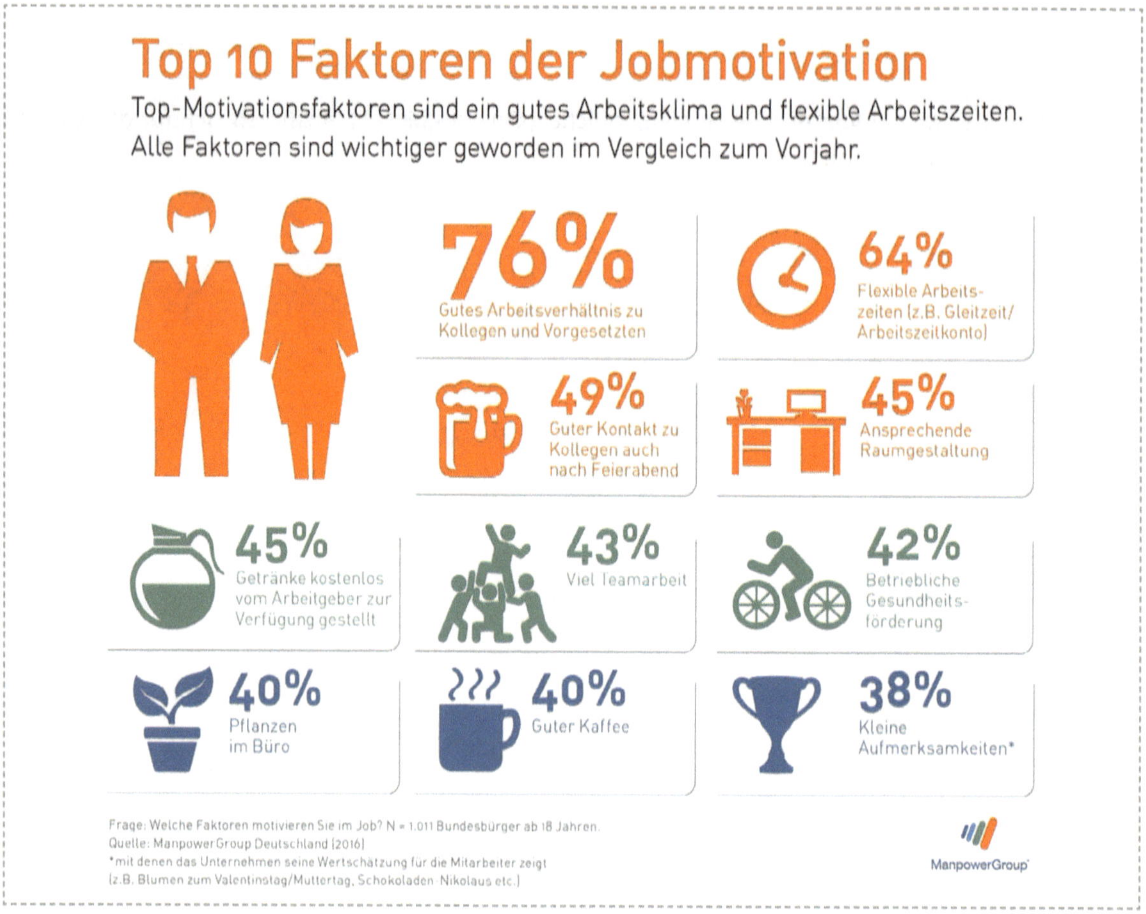

3. **Untersuchen Sie die obenstehende Grafik.**

a) **Nehmen Sie zu der Aussage von Sabine Weber in der Ausgangssituation Stellung, die sagte:** *„Ja, aber wir müssen dabei leider immer die Kosten im Auge behalten, durch unsere umfangreichen Investitionen in letzter Zeit darf Mitarbeitermotivation nicht viel zu kosten."*

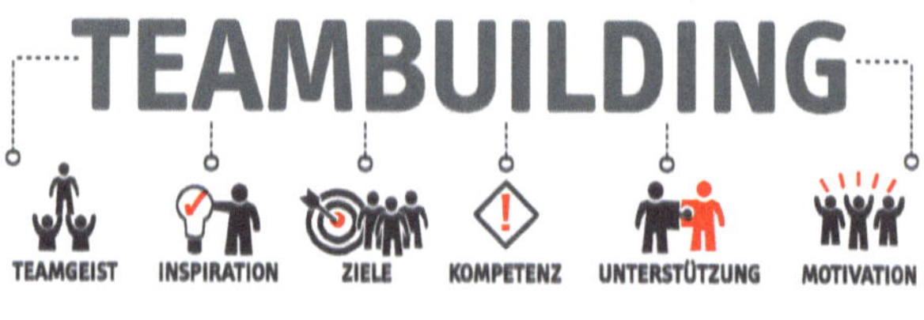

© Trueffelpix – stock.adobe.com

b) **Instrumente bzw. Herangehensweisen zur Mitarbeitermotivation lassen sich in drei Bereiche einteilen. Ordnen Sie jeweils mehrere Maßnahmen den nachfolgenden Kategorien zu:**

Maßnahmen zur Mitarbeitermotivation …	
… die *keine Kosten* für das Unternehmen verursachen	• Teamarbeit und Eigenverantwortung fördern
… die *vertretbare Kosten* für das Unternehmen verursachen	
… die *höhere Kosten* für das Unternehmen verursachen	• Prämienzahlungen

c) **Sabine Weber erinnert Dirk König und Lena Löschen daran, dass sie als Führungskräfte bei der Mitarbeitermotivation eine wesentliche Rolle spielen und natürlich bei der Personalführung ihren eigenen Führungsstil entwickeln müssen. Kreuzen Sie in der Tabelle jeweils an, ob die nachfolgenden Beschreibungen eher dem autoritären Führungsstil (a. F.) oder dem kooperativen Führungsstil k. F.) zugeordnet werden können:**

Merkmale des autoritären bzw. des kooperativen Führungsstils	a. F.	k. F.
Vorgesetzte treffen trotz ihrer ranghöheren Position die Entscheidungen nicht allein.		
Der Führungsstil ist aufgabenorientiert.		
Von den Mitarbeitern wird erwartet, dass die Anweisungen der Führungskraft umgesetzt werden.		
Die Mitarbeiter sind in die Entscheidungsprozesse eingebunden.		
Von dem Vorgesetzten wird bei diesem Führungsstil „Vorbildcharakter“ erwartet.		
Die Mitarbeiter müssen die Fähigkeit zum eigenverantwortlichen und selbstständigen Handeln erfüllen und Teambereitschaft zeigen.		
Anweisungen sind von den Mitarbeitern widerspruchslos hinzunehmen, sofern die gestellte Aufgabe aufgrund der Qualifikation erledigt werden kann.		
Die Durchführung der Anweisungen muss ständig überwacht bzw. kontrolliert werden.		
Es steht der partnerschaftliche Teamgedanke im Vordergrund.		

4. **Eine wesentliche Voraussetzung, Mitarbeiter zu motivieren, sind Beurteilungen und konstruktive Mitarbeitergespräche, die Führungskräfte von Zeit zu Zeit mit dem Personal durchführen sollten. Was sollte in einem Einzelhandelsunternehmen von Führungskräften beurteilt werden? Geben Sie passende Beispiele zu den Kriterien an.**

Beurteilungskriterien, die im Einzelhandel wichtig sind	
Kriterium	**Beispiele aus dem Einzelhandel**
fachliche Leistung	
Arbeitsverhalten	
physische Leistung	
kognitive Leistung	
persönliches Auftreten	

Für den Nachmittag haben sich Lena Löschen, Sabine Weber und Dirk König die Urlaubsplanung für die Filiale in Mettmann vorgenommen. Von der 24. – 33. Kalenderwoche haben die Mitarbeiter aus dem Bereich Verwaltung + Personal sowie Lager + Werkstatt folgende Wünsche eingereicht. Die Wünsche aus dem Bereich Verkauf liegen noch nicht vor. Alle Urlaubswünsche schließen die genannten Wochen mit ein. Die Sommerferien beginnen mit der 26. Kalenderwoche und enden in der 32. Kalenderwoche.

Eingetragene Urlaubswünsche, Bereich Verwaltung + Personal und Lager + Werkstatt

Mitarbeiter	Funktion	Bemerkungen	Urlaubswunsch
König, Dirk	**Filialleitung**	verh., 2 nicht schulpflichtige Kinder	25.–27. Woche
Berger, Henrike	stellvertr. Filialleitung	verh., 1 schulpflichtiges Kind	26.–27. Woche
Mücke, Monika	Personaleinsatzplanung	verh., 2 schulpflichtige Kinder	29.–30. Woche
Borowka, Ina	Lohnbuchhaltung	alleinerzieh., 1 schulpflichtiges Kind	27.–29. Woche
Sachs, Stefan	Softwarepflege/IT	geschieden, keine Kinder	29.–30. Woche
Kraft, Martin	**Lagerleitung**	verh., 2 nicht schulpflichtige Kinder	27.–29. Woche
Püthe, Sigrid	stellvertr. Lagerleitung	verheiratet, keine Kinder	28.–29. Woche
Borutta, Sven	Lager, Warenannahme	verheiratet, keine Kinder	30.–32. Woche
Chiosta, Achim	**Werkstattleitung**	verheiratet, keine Kinder	25.–26. Woche
Matzek, Frank	stellvertr. Werkstattleitung	ledig, keine Kinder	26.–28. Woche
Sarat, Mesut	Montage, Reparatur	verh., 3 schulpflichtige Kinder	27.–29. Woche

5. a) **Stellen Sie die Urlaubswünsche in einem Balkendiagramm dar. Nutzen Sie dazu möglichst ein Tabellenkalkulationsprogramm.**

Name/Woche	24.	25.	26.	27.	28.	29.	30.	31.	32.
König, Dirk									
Berger, Henrike									
Mücke, Monika									
Borowka, Ina									
Sachs, Stefan									
Kraft, Martin									
Püthe, Sigrid									
Borutta, Sven									
Chiosta, Achim									
Matzek, Frank									
Sarat, Mesut									

b) **Für die tatsächliche Urlaubsgewährung macht die Filialleitung folgende Vorgaben:**

- Es muss immer eine der beiden Abteilungsleitungen oder die Filialleitung anwesend sein,
- Abteilungsleitung und die Stellvertretung dürfen nicht gleichzeitig Urlaub machen,
- die Verwaltung muss immer mit mindestens zwei Personen besetzt sein,
- Lager + Werkstatt müssen immer mit mindestens zwei Personen besetzt sein,
- Mitarbeiter mit schulpflichtigen Kindern müssen in den Schulferien Urlaub machen,
- während der Ferien muss die IT-Abteilung im Hause bleiben, weil Softwareupdates durchgeführt werden und der vertretende Kollege in Haan seine Stelle erst nach den Sommerferien beginnt.

Ändern Sie aufgrund der Vorgaben die Urlaubsplanung, indem Sie die Balken verschieben.

Name/Woche	24.	25.	26.	27.	28.	29.	30.	31.	32.
König, Dirk									
Berger, Henrike									
Mücke, Monika									
Borowka, Ina									
Sachs, Stefan									
Kraft, Martin									
Püthe, Sigrid									
Borutta, Sven									
Chiosta, Achim									
Matzek, Frank									
Sarat, Mesut									

Aufgabe Plus

Als kurz vor Feierabend Frau Weber und Frau Löschen bereits gegangen sind und Dirk König die Unterlagen zusammenstellt, gibt es nebenan laute Stimmen und „dicke Luft" im Aufenthaltsraum. „Seine" Auszubildende Tanja Witter streitet lautstark mit ihrer Kollegin, Frau Epp, die Herrn König bei der Ausbildung von Tanja unterstützt, wenn er keine Zeit hat.

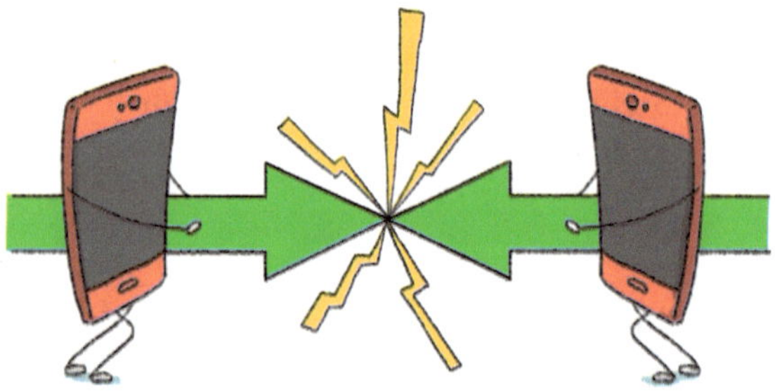

Nadine Epp: *Das ist jetzt schon das dritte Mal, dass du vorzeitig den Verkaufsraum verlässt, um Feierabend zu machen, dabei sind im Vorraum noch einige Kartons, die weggeräumt werden müssen.*

Tanja Witter: *Aber ich habe seit 10 Minuten eigentlich schon Feierabend; es kann nicht sein, dass ich immer alles alleine aufräumen muss, wenn da eigentlich noch ein paar Kolleginnen von der Spätschicht sind, die das machen können. Ich verpasse noch meinen Bus.*

Nadine Epp: *Feierabend machst du, wenn ich dir sage, dass du gehen kannst; das war bei uns früher auch nicht anders. Wenn jeder immer alles liegen lassen würde …! Nimm dir mal einen Container und räum` das Papier und die Kartons weg.*

6. Analysieren Sie in Partnerarbeit anhand der beschriebenen Situation, woran sich der lautstarke Streit zwischen Frau Epp und Tanja Witter entzündet hat.

a) **Beschreiben Sie die Argumente beider stichwortartig:**

Gründe, die Frau Epp gegenüber Tanja Witter geäußert hat und die zum Konflikt geführt haben	Gründe, die Tanja Witter gegenüber Frau Epp geäußert hat und die zum Konflikt geführt haben

b) **Beschreiben Sie Ihrem Partner gegenüber, mit welchen Konflikten Sie selbst schon in Ihrem Ausbildungsbetrieb zu tun hatten. Machen Sie sich Notizen bzw. Stichworte zu den (von Ihrem Partner) beschriebenen Konflikten; einige dieser Konfliktbeschreibungen sollen dann im Plenum berichtet werden.**

c) **Beschreiben Sie Ursachen, die in einem Einzelhandelsunternehmen zu Konflikten führen können. Ergänzen Sie die Angaben in der Tabelle mit weiteren Beispielen und entscheiden Sie durch ein Kreuz, ob die Ursache sachlich (im betrieblichen Umfeld) bedingt oder persönlich bedingt ist:**

Konfliktursachen	sachlich bedingt	persönlich bedingt
Mitarbeiter haben zu wenig Zeit, es gibt Stress und zu kurze Regenerationsphasen, dadurch werden Fehler gemacht. Der Chef ist wütend.		
Es gibt Neid unter den Mitarbeitern, weil jemand im Personalbüro hat durchblicken lassen, dass trotz gleicher Aufgaben nicht alle Mitarbeiter der Abteilung auch gleich bezahlt werden.		
Die Vertretung des Chefs kann den Lager-Mitarbeiter nicht leiden, weil der mal blöd gelacht hat, als sie gegen das Parkschild gefahren ist. Seitdem bekommt er immer nur kurze Infos zu seinem Arbeitseinsatz.		

d) **Da Dirk König die ganze Diskussion zwischen Frau Epp und Frau Witter mitbekommen hat, möchte er sich gleich am nächsten Morgen um eine Konfliktlösung bemühen. Dazu sollen beide, erst voneinander getrennt, dann gemeinsam im Besprechungsraum zu dem Streit Stellung nehmen und gemeinsam eine Lösung finden.**
Beschreiben Sie die Phasen der Konfliktlösung, die in mehreren Schritten zu erfolgen hat.

Schritt 1:

Schritt 2:

Schritt 3:

Schritt 4:

Schritt 5:

e) **Spielen Sie die Phasen der Konfliktlösung als Rollenspiel im Plenum nach, indem drei Freiwillige die Rolle von Frau Epp, Frau Witter und Herrn König einnehmen. Die nicht am Rollenspiel beteiligten Schüler bewerten das Verhalten und die Argumentationsfähigkeit der Akteure und die Kompromissvorschläge.**

Lernsituation 9

Lohn- und Gehaltsabrechnungen durchführen – oder: bekommen, was man verdient

Die Geschäftsleitung in Haan hat den Filialleiter, Dirk König, noch einmal daran erinnert, für eine möglichst gerechte Lohnfindung zu sorgen, damit das Personal seinen Verdienst als angemessen empfindet. Die FahrRad GmbH orientiert sich bei der Entlohnung an Maßstäben wie erworbene Qualifikationen, Schwierigkeitsgrad der Arbeit bzw. deren Anforderungen, erbrachte Leistung und Betriebszugehörigkeit. Dennoch darf die FahrRad GmbH den Blick auf die Personalkosten nicht vernachlässigen, denn neben den Bruttogehältern fallen weitere, beträchtliche Personalzusatzkosten an. Für die Erstellung der Lohn- und Gehaltsabrechnungen ist in der Filiale in Mettmann Monika Mücke zuständig. Sie steht allen Mitarbeitern der Filiale für Fragen rund um die Entlohnung gerne zur Verfügung, auch wenn Mitarbeiter häufig der Meinung sind, dass sie mehr verdient hätten, als sie bekommen.

Im Moment bearbeitet Frau Mücke die Lohnabrechnungen von Katharina Höger und Katja Weiser aus der Abteilung „Verkauf", da beide eine Lohnanpassung erhalten haben. Aufgrund ihrer Qualifikation und ihrer umfassenden Kompetenzen ist Katharina Höger seit vielen Jahren als „Abteilungsleitung Verkauf" verantwortlich für den reibungslosen Ablauf der einzelnen Verkaufsabteilungen und des Kassenbereiches. Als Führungskraft ist sie bei möglichen Problemen gleichermaßen Ansprechpartnerin für Kunden und Personal, außerdem organisiert sie die Schulungsangebote für ihre Mitarbeiter. Katja Weiser ist seit zwei Jahren in der Filiale tätig. Nach anfänglichen Schwierigkeiten hat sie sich inzwischen professionell in den Bereich „Verkauf Bekleidung" eingearbeitet. Im Gegensatz zu Frau Höger kann Katja Weiser regelmäßig pünktlich Feierabend machen, was für sie besonders wichtig ist, weil sie gerade geheiratet hat.

Arbeitsaufträge

1. **Aufgrund der anstehenden Neuberechnungen druckt sich Frau Mücke einen Auszug aus der Personaldatei aus. Leider fehlen noch einige Daten. Ergänzen Sie die fehlenden Angaben, indem Sie die Daten aus der Personalbestandsliste (Lernsituation 2) entnehmen:**

Auszug aus der Personaldatei

Personal-Nr.	Name	Ausbildung	Betr.-jahre	Tätigkeit	VZ/TZ	befr./unbefr.	Lohnsteuerabzugsmerkmale	Bruttoentgelt	Zulagen
	Höger, Katarina						verheiratet, Kinderfreibetrag 1,0, Steuerklasse IV	4.700,00 EUR/Monat	Betriebszulage: 25,00 EUR/Monat, Ortszulage: 20,00 EUR/Monat
	Weiser, Katja						seit 6.6.20.. verheiratet, keine Kinder, Steuerklasse? (nachfragen)	1.900,00 EUR/Monat	Ortszulage: 20,00 EUR/Monat

2. **Die zu berücksichtigenden Faktoren der Arbeits- bzw. Leistungsbewertung sind bei den beiden Mitarbeitern sehr unterschiedlich.**

a) **Tragen Sie die Unterscheidungsmerkmale, die Sie für die beiden Mitarbeiterinnen aus der obigen Situationsbeschreibung ableiten können, in die Tabelle ein.**

Faktor	Unterscheidungsmerkmale für die Leistungsbewertung	
	Höger	Weiser
Qualifikation/ Ausbildung		
Betriebs- erfahrung		
Verantwortung/Tätigkeit		Verkäuferin (ohne Führungsverantwortung)
Kompetenzen	Hohe Planungs- und Entscheidungskompetenz, langjährige Erfahrung mit hoher Führungskompetenz,	Tätigkeit nach Anweisung, aber flexibel einsetzbar
Arbeitsumfeld	Verkaufsraum, eigenes Büro als Rückzugsort, selbstverantwortliches Arbeiten	
Arbeits- belastung		

b) **Katja Weiser hat gerade eine Lohnanpassung bekommen, weil sie nach ihrem etwas holprigen beruflichen Start bei der FahrRad GmbH einen großen Zugewinn an Fach- und Sozialkompetenz vorweisen kann. Nennen Sie je drei Fach- und Sozialkompetenzen, die Frau Weiser im Bereich „Verkauf Bekleidung" gut anwenden kann.**

Fachkompetenzen:

Sozialkompetenzen:

3. **Begründen Sie stichwortartig, warum es zwischen den beiden Bruttolöhnen einen deutlichen Unterschied gibt. Was rechtfertigt die höhere Entlohnung bei Frau Höger?**

4. **Mitarbeiter im Werkstattbereich erhalten einen Leistungslohn (Stundenlohn) und ggf. Zuschläge für Feiertags- oder Wochenendarbeit, in den Abteilungen „Verwaltung + Personal" sowie für den Kassenbereich wird ein Zeitlohn gezahlt, also ein festes Gehalt, ggf. mit Zulagen. Das Personal im „Verkauf" erhält einen Prämienlohn (Zeitlohn mit Umsatzprämie).**

a) **Begründen Sie, warum in der FahrRad GmbH in vielen Fällen der Zeitlohn Anwendung findet.**

Begründung für den Zeitlohn:

b) **Stellen Sie fest, warum sich für Arbeitnehmer die Bezahlung von Stundenlöhnen nachteilig auswirken kann, und geben Sie an, welchen finanziellen Vorteil Nacht-, Feiertags- und Wochenendarbeit bietet.**

Nachteilige Auswirkung von Stundenlöhnen aus Arbeitnehmersicht:

Finanzielle Vorteile von Nacht-, Feiertags- und Wochenendarbeit:

c) **Begründen Sie, warum im Verkauf ein Prämienlohn gezahlt wird und die Mitarbeiter an der Kasse davon ausgeschlossen sind.**

Begründung für die Zahlung eines Prämienlohns im Verkauf:

d) **Überlegen Sie, durch welche weiteren Entgeltformen die Mitarbeiter der FahrRad GmbH über ihren Grundlohn hinaus für die erbrachte Leistung entlohnt werden könnten.**

5. **Frau Mücke möchte anhand der ihr vorliegenden Daten nun die Lohnabrechnung für Frau Höger und Frau Weiser erstellen.**

a) **Tragen Sie die fehlenden Daten zur Lohnberechnung (vgl. auch Arbeitsauftrag 1) in die nachfolgende Tabelle ein.**

Entgelt und Lohnsteuerabzugsmerkmale: Katharina Höger	
Bruttoentgelt/Monat	EUR
Vermögenswirksame Leistungen	Arbeitgeberanteil lt. Tarifvertrag: 20,00 EUR Sparleistung lt. VL-Vertrag: 40,00 EUR
Steuerklasse	IV
Betriebszulage	EUR
Ortszulage	EUR
Steuerfreibetrag (jährlich/monatlich)	1.200,00/100,00 EUR
Kinderfreibetrag (Högers haben 3 Kinder unter 25 Jahren.)	
Konfession/Bundesland	röm. kath. /NRW
Krankenkasse	BKK Haan

Beiträge zur Sozialversicherung (Stand 01/2025)			
Krankenversicherung (KV): (inkl. Zusatzbeitrag)	17,0 %	AN-Anteil: %	AG-Anteil: %
Pflegeversicherung (PV): Zusatzbeitrag für Kinderlose (ab 23 Jahre)	3,1 %	AN-Anteil: %	AG-Anteil: %
Rentenversicherung (RV):	18,6 %	AN-Anteil: %	AG-Anteil: %
Arbeitslosenversicherung (AV):	2,6 %	AN-Anteil: %	AG-Anteil: %

b) **Ermitteln Sie stellvertretend für Frau Mücke das sozialversicherungspflichtige und das steuerpflichtige monatliche Bruttoentgelt von Katharina Höger.**

Berechnung des monatlichen Bruttoentgelts (Katharina Höger)	
sozialversicherungspflichtiges Bruttoentgelt	
steuerpflichtiges Bruttoentgelt	

c) **Berechnen Sie den Arbeitnehmer- und Arbeitgeberanteil für die Zweige der Sozialversicherung.**

AN- und AG-Anteil Sozialversicherungen: Katharina Höger				
Krankenversicherung (KV): (inkl. Zusatzbeitrag) Beitragsbemessungsgrenze nicht erreicht	17,0 %	AN-Anteil: EUR		AG-Anteil: EUR
Pflegeversicherung (PV): Zusatzbeitrag für Kinderlose (ab 23 Jahre)	3,1 %	AN-Anteil: EUR		AG-Anteil: EUR
Rentenversicherung (RV): Beitragsbemessungsgrenze nicht erreicht	18,6 %	AN-Anteil: EUR		AG-Anteil: EUR
Arbeitslosenversicherung (AV):	2,6 %	AN-Anteil: EUR		AG-Anteil: EUR
Summe:		**AN-Anteil: EUR**		**AG-Anteil: EUR**

*Der Brutto-Netto-Rechner weist eine Rundungsdiffernz von 0,02 EUR auf.

d) **Erstellen Sie eine strukturierte Entgeltabrechnung. Nutzen Sie dazu den Brutto-Netto-Rechner (https://www.brutto-netto-rechner24.de), in den Sie die Daten von Frau Höger eingeben können. Übertragen Sie anschließend die ermittelten Beträge in die Tabelle.**

Entgeltabrechnung Katharina Höger		
		Abzüge
Bruttoentgelt (ohne Zulagen und VL)	**4.700,00 EUR**	
sozialversicherungspflichtiges Bruttoentgelt		
steuerpflichtiges Bruttoentgelt		
Steuerliche Abzüge		
– Lohnsteuer (IV/1,5)		
– Kirchensteuer (9 %)		
– Solidaritätszuschlag		
Sozialversicherungsbeiträge (s. o.)		
Nettoentgelt		
– VL-Beitrag gesamt		
Auszahlungsbetrag monatlich		

6. Bei der Vorbereitung auf die nächste Gehaltsabrechnung ist Monika Mücke aufgefallen, dass sich die Lohnsteuerklasse bei Frau Weiser aufgrund ihrer Heirat am 6. Juni 20.. ändern muss. Frau Weiser lässt sich von Frau Mücke beraten, welche Steuerklasse sie nehmen könnte.

a) Welche Möglichkeiten haben Eheleute bei der Wahl der Lohnsteuerklassen, was könnte Monika Mücke ihr vorschlagen? Erläutern Sie alle Varianten stichwortartig.

b) Erklären Sie, wie die Finanzverwaltung von Frau Weisers Änderung der Lohnsteuerklasse erfährt.

Aufgabe Plus

Frau Weiser möchte sich die Änderung ihrer Steuerklasse noch einmal überlegen und ein paar Rechnungen durchführen, bevor sie sich entscheidet.

7. Berechnen Sie das Nettoentgelt bzw. den Auszahlungsbetrag von Frau Weiser, wenn sie die Steuerklasse III oder IV oder V wählt. Frau Weiser ist in der gleichen Krankenkasse wie Frau Höger (BKK Haan), hat keinen Sparvertrag über vermögenswirksame Leistungen, keinen eingetragenen Steuerfreibetrag, keine Kinder, ist 22 Jahre alt und konfessionslos.

Auszahlungsbeträge an Frau Weiser bei unterschiedlichen Steuerklassen (St.-Kl.)

Bruttoentgelt 1.900,00 EUR	Abzüge bei St.-Kl. III	Abzüge bei St.-Kl. IV	Abzüge bei St.-Kl. V
– Sozialversicherungsbeiträge			
– Lohnsteuer			
Nettoentgelt / Auszahlungsbetrag			

8. Wie hoch ist die monatliche Gesamtbelastung der FahrRad GmbH für Frau Weiser?

9. Frau Mücke muss stellvertretend für die FahrRad GmbH die gesamten Sozialversicherungsbeiträge des Personals monatlich abführen.

a) **Wohin sind die Sozialversicherungsbeiträge des Personals abzuführen?**

____

____

b) **Wann sind die Sozialversicherungsbeiträge abzuführen?**

____

____

10. Neben dem Bruttolohn und dem gesetzlichen Arbeitgeberanteil zur Sozialversicherung entstehen der FahrRad GmbH weitere Personalzusatzkosten und Lohnnebenkosten. Kreuzen Sie an, welche der folgenden Ausgaben vom Arbeitgeber zusätzlich für das Personal aufgewendet werden müssen.

Welche Ausgaben sind ausschließlich vom Arbeitgeber zu tragen?

	Aussage	richtig	falsch
A	Die monatliche Rate zur privaten Rentenversicherung, die der Arbeitnehmer für seine Altersvorsorge abgeschlossen hat		
B	Bezahlte Feiertage		
C	Die Entgeltfortzahlung im Krankheitsfall		
D	Das tariflich oder im Arbeitsvertrag festgelegte Urlaubsgeld		
E	Die Haftpflichtversicherung, die der Arbeitnehmer extra bei Arbeitsbeginn abgeschlossen hat		
F	Die Umlage für das Insolvenzgeld		
G	Die (gesetzliche) Unfallversicherung für den Arbeitnehmer		
H	Der Zuschuss des Arbeitgebers zur Finanzierung eines Elektrofahrzeugs, das der Arbeitnehmer bei der täglichen Fahrt zur Arbeitsstelle nutzt		
I	Die monatliche Rate zur betrieblichen Rentenversicherung, die der Arbeitgeber für die Altersvorsorge seiner Mitarbeiter abgeschlossen hat		
J	Die Unfallversicherung, die der Arbeitnehmer bei seinem Versicherungsagenten abgeschlossen hat		
K	Weihnachtsgratifikation		

Lernsituation 10

Arbeitsverhältnisse rechtssicher beenden

© Sergey Ryzhov – stock.adobe.com

In der Filiale Mettmann gibt es momentan immer wieder Personalprobleme. Zum einen werden seit einiger Zeit im Verkauf Unregelmäßigkeiten bei der Kassenbesetzung registriert, zum anderen kommt es krankheitsbedingt zu hohen Fehlzeiten im Bereich Montage und Reparatur. Durch die Kündigung von Mesut Sarat ist die Lage jetzt katastrophal. Kundenaufträge können nicht immer rechtzeitig erledigt werden, und neuerdings häufen sich die Probleme wegen nicht fachgerechter Reparaturen bzw. Reklamationen bei den Cross E-Bikes.

Insbesondere der Hinweis angeblich falscher bzw. minderwertiger Akkus, die mit den Cross E-Bikes ausgeliefert wurden, bleibt den Verantwortlichen, Filialleiter König und Abteilungsleiter Kraft, ein Rätsel. Nils Burek, der in letzter Zeit sehr häufig im Lager zu tun hatte, soll sich die Fahrräder und Akkus mal genauer anschauen und die Reklamationen bearbeiten.

Natürlich ist den betroffenen Kunden ein fachgerechter Austausch der Akkus angeboten worden, allerdings ist aufgrund der momentan sehr hohen Nachfrage nach hochwertigen Akkus mit zweimonatiger Lieferzeit zu rechnen und die Elektroräder können bis dahin nicht genutzt werden.

Einer der Kunden ist mit diesem Vorgehen überhaupt nicht einverstanden und hat im Internet eigenständig nach Lieferanten für seinen speziellen Akku gesucht. Fündig wird er bei einem Privatverkäufer, der auf einer Online-Plattform werksneue Akkus anbietet. Um alsbald wieder mit seinem Cross E-Bike fahren zu können, hat er dort kurzerhand den passenden Marken-Akku zum günstigen Preis gekauft. Nun fordert er von Herrn Kraft, dass ihm dieser Marken-Akku eingebaut und der Kaufpreis erstattet wird.

Arbeitsaufträge

1. **Verwundert wendet sich Herr Kraft an Herrn König, denn für diese Akku-Marke ist die FahrRad GmbH alleiniger Regionalvertreter mit exklusiven Verkaufs- und Einbaurechten. Anhand der Rechnung, die der Kunde vorlegt, ist sofort erkennbar, dass der Verkäufer den gleichen Nachnamen und die gleiche Adresse hat wie ein Angestellter der FahrRad GmbH: Nils Burek.**

   Mit diesen Fakten konfrontiert, gibt Herr Burek zögerlich zu, vor der Auslieferung der Cross E-Bikes die hochwertigen Akkus gegen günstigere ausgetauscht zu haben, um die Marken-Akkus dann privat über den Namen seines Bruders online zu verkaufen. Wütend stellt Herr König klar, dass dies für Nils Burek der letzte Arbeitstag gewesen sei und dass ihm die Kündigung in den nächsten Tagen schriftlich zugehen werde. Herr Matzek, der diesem Gespräch als Leiter der Montage und Reparatur sowie als Betriebsratsvorsitzender beiwohnt, stimmt dem Vorgehen zu.

a) **Klären Sie in Einzel- oder Partnerarbeit, um welche Art von Kündigung es sich im „Fall Burek“ handelt und inwieweit die Voraussetzungen für eine wirksame Kündigung erfüllt sind.**

b) **Prüfen Sie, bis wann Nils Burek die Kündigung erhalten haben muss, wenn der Sachverhalt am 15. Juli 20.. bekannt wurde.**

Spätester Zugang der Kündigung:

c) **Könnte Nils Burek der Kündigung „widersprechen“ und rechtlich dagegen vorgehen? Wenn ja, welche Erfolgsaussichten hätte dieser „Widerspruch“?**

d) **Frau Berger muss Nils Burek und Mesut Sarat nach ihrem Ausscheiden aus dem Betrieb noch die Arbeitspapiere aushändigen. Zählen Sie mindestens vier verschiedene Bescheinigungen auf, die ausgeschiedenen Mitarbeitern auszuhändigen sind.**

Bei Ausscheiden aus dem Unternehmen auszuhändigende Arbeitspapiere sind:

© auremar – stock.adobe.com

Um die Bearbeitung der Kundenaufträge zu gewährleisten, sind kurzfristig zwei neue Mitarbeiter eingestellt worden. Schon nach kurzer Zeit wird deutlich, dass sie sich im Team gut zurechtfinden. Allerdings gibt es im Lager ein anderes gravierendes Problem, wie Lagerleiter Martin Kraft seinem Filialleiter Dirk König vertraulich mitteilt.

Martin Kraft: *Sven Borutta arbeitet in den letzten Monaten oft sehr unkonzentriert und fahrig, Einträge im PC sind fehlerhaft, die Warenannahme verfolgt er unaufmerksam. Montags werden ihm im Team daher schon die Fahrten mit dem Gabelstapler abgenommen. Aus den sozialen Medien wissen einzelne Kollegen, dass Sven regelmäßig sehr ausgiebig und exzessiv „feiern" geht und dabei das gesunde Maß an Alkohol mehr und mehr aus den Augen verliert. Insbesondere an Montagen und nachmittags – so wurde es mir zugetragen – ist Herr Borutta „völlig neben der Spur".*

Dirk König: *Ich glaube, dass bisher nur wegen des guten Arbeitsklimas und des Teamzusammenhalts nichts Schlimmeres passiert ist. Aber anhand der Lagerdateien sehe ich, dass sich seine Fehler häufen. Sein Erscheinungsbild und sein Arbeitseinsatz sind unzureichend. In der Personalakte finde ich allerdings keine Infos zu seinem Fehlverhalten oder Abmahnungen. Ich sehe aber gerade, dass er zurzeit noch 4 Wochen krankgeschrieben ist, Diagnose: Armbruch. Ich mache mir mal ein paar Notizen.*

Martin Kraft: *Die Mitarbeiter haben inzwischen Sorge, dass sie diese zunehmenden Übertretungen nicht mehr lange verheimlichen und kompensieren können. Deshalb habe ich gestern mit dem Betriebsrat gesprochen, was zu tun ist.*

Dirk König: *Ja, und mich hat vorhin Roland Mayer von der Zentrale angerufen, dass wir da zügigst die Konsequenzen ziehen sollen, Herr Matzek ist auch schon informiert. Durch die gute Arbeit der neu eingestellten Mitarbeiter könnten wir auf Herrn Borutta verzichten.*

2. **Gegen Ende seiner Arbeitsunfähigkeit geht Sven Borutta folgendes Kündigungsschreiben am 10. September 20.. zu:**

Sehr geehrter Herr Borutta,

zu unserem Bedauern mussten wir feststellen, dass Sie gegen Ihre arbeitsvertraglichen Pflichten verstoßen haben. Es wurde an uns herangetragen, dass Sie mehrfach unter Alkoholeinfluss zur Arbeit erschienen sind. In diesem Zustand waren Sie nicht in der Lage, Ihre Arbeitsleistung angemessen zu erbringen. Auch wenn ein Alkoholkonsum am Arbeitsplatz bisher nicht explizit beobachtet werden konnte, müssen wir davon ausgehen, dass dieser stattfindet.
Sie haben sicher Verständnis dafür, dass wir ein solches Verhalten im Interesse der Erhaltung unserer Wettbewerbsfähigkeit nicht tolerieren können und uns überflüssige Kostenpositionen nicht leisten dürfen.

Deshalb kündigen wir Ihnen hiermit fristgerecht zum Monatsende und bedanken uns für die Zusammenarbeit.

Mit freundlichen Grüßen

Dirk König

Filialleitung Mettmann
FahrRad GmbH

a) **Stellen Sie unter Berücksichtigung des § 622 BGB und des Tarifvertrages (vgl. Lernsituation 6) fest, zu welchem Zeitpunkt das Arbeitsverhältnis endet, sofern sich die Kündigung als rechtmäßig erweist.**

b) **Begründen Sie mit Bezug auf die Personalbestandsliste (Lernsituation 2), inwiefern die ordentliche Kündigung im „Fall Borutta“ rechtswirksam ist.**

c) **Klären Sie, welche Erfolgsaussichten eine ordentliche Kündigung der FahrRad GmbH im „Fall Borutta“ bei Vorliegen eines unbefristeten Arbeitsvertrages gehabt hätte. Prüfen Sie dazu, ob durch das Fehlverhalten von Sven Borutta die Voraussetzungen einer sozial gerechtfertigten Kündigung nach § 1 KSchG grundsätzlich erfüllt wären.**

© New Africa – stock.adobe.com

Frau Höger, Abteilungsleiterin Verkauf, bereitet die Kassenbesetzung Sorgen. In den vergangenen Wochen musste dieser Bereich in den ersten dreißig Minuten nach Betriebsöffnung mehrfach von ihr selbst oder einem Mitarbeiter aus dem Verkauf besetzt werden. Für diese Zeit war die Teilzeitkraft Sandy Feichter wunschgemäß eingeteilt. Die ersten Verspätungen konnten noch mit ihr und der Personalleiterin, Frau Berger, geklärt werden: ein fehlendes zweites Auto, die neue Arbeitsstelle ihres Mannes und die Eingewöhnungsphase des Kindes in der Kita; das waren für alle zunächst nachvollziehbare Gründe für die Verspätungen von Frau Feichter. Deshalb wurde bislang auf eine Abmahnung verzichtet. Da die Verspätungen aber unverändert andauern, möchte Frau Berger nun die Dokumentationsfunktion der Abmahnung nutzen, um Sandy Feichter die betrieblichen und rechtlichen Folgen ihrer Unpünktlichkeit aufzuzeigen: Am 21. Juni 20.. geht ihr die schriftliche Abmahnung mit der Warnung vor arbeitsrechtlichen Konsequenzen zu. Dennoch bessert sich die Situation bis Ende Juli nicht wesentlich, auch ein weiteres inoffizielles Gespräch zwischen Frau Berger und Frau Feichter erzielt keine Fortschritte; inzwischen ist der Betriebsrat über die bevorstehende Kündigung informiert.

3. a) **Klären Sie, welche Art der Kündigung die FahrRad GmbH im „Fall Feichter" aussprechen kann und inwiefern die Voraussetzungen für die Rechtswirksamkeit dieser Kündigung erfüllt sind.**

b) **Stellen Sie fest, welche Art der Willenserklärung eine Kündigung (allgemein) ist, welche Formvorschrift einzuhalten ist und wann das Kündigungsschreiben Frau Feichter zugehen muss, wenn das Arbeitsverhältnis am 30. Sept. 20.. enden soll.**

4. **Verfassen Sie eine verhaltensbedingte Kündigung gegenüber Sandy Feichter. Begründen Sie den Anlass der Kündigung und schließen Sie mit Bezug auf die Negativprognose aus, dass eine Weiterbeschäftigung in einem anderen Betriebsteil möglich ist.**

5. **Das Kündigungsschutzgesetz (KSchG) verhilft Arbeitnehmern zu einem gesetzlich verankerten Schutz vor einer Kündigung, sofern diese sozial ungerechtfertigt ist und der Arbeitnehmer keinen Anlass für eine außerordentliche Kündigung gegeben hat.**

a) **Welche Anforderung wird im KSchG an das Unternehmen hinsichtlich der Beschäftigtenzahl gestellt, welche Voraussetzung muss der Arbeitnehmer hinsichtlich seiner Beschäftigungszeit erfüllen?**

b) **Besonderer Kündigungsschutz gilt für bestimmte Personengruppen eines Unternehmens, teilweise in einem bestimmten Zeitfenster. Tragen Sie die nachfolgenden Begriffe in den Lückentext ein, um den Informationstext zu vervollständigen:**

Integrationsamtes, Schwerbehinderung, Abschlussprüfung, Schwangere, Probezeit, Betriebsrat (2 ×), Mitglieder des Betriebsrates, Abfindung, nachwirkender Kündigungsschutz, Mütter, Elternzeit, Personen mit Schwerbehinderung, Auszubildenden, ein, drei, vier, sechs

Besonderen Kündigungsschutz in einem Unternehmen genießen nach der ______________________ , sofern es keinen wichtigen Grund zur Kündigung gibt, die ______________________ . Dieser Schutz gilt längstens bis zum Bestehen der ______________________ . Auch ______________________ und ______________________ bis zum Ablauf von ____________ Monaten nach der Entbindung sind unkündbar. Nehmen die jungen Mütter oder Väter nach dem Ende des Mutterschutzes zur Erziehung ihres Kindes ______________________ , so hat man in dieser Phase längstens Kündigungsschutz, bis das Kind ____________ Jahre alt wird.

Von einem Sonderkündigungsschutz wird bei ______________________ gesprochen; möchte ein Arbeitgeber einen Mitarbeiter mit ______________________ kündigen, benötigt er die Zustimmung des ______________________ . Zusätzlich muss der ______________________ zur geplanten Kündigung angehört werden. Eine Ausnahme von diesem Sonderkündigungsschutz ist nur gegeben, wenn der Mitarbeiter weniger als ____________ Monate im Betrieb gearbeitet hat oder der Arbeitnehmer 58 Jahre oder älter ist und aufgrund eines Sozialplanes Anspruch auf eine ______________________ hat.

Ist in größeren Betrieben ein ______________________ installiert, so gilt der besondere Kündigungsschutz auch für die ______________________ . Ohne dessen Zustimmung können die Mitglieder nicht gekündigt werden. Auch nach dem Ende ihrer Amtszeit besteht der Kündigungsschutz noch weiter (als sogenannter ______________________ ______________________), und zwar noch für ____________ Jahr.

Aufgabe Plus

6. Sandy Feichter hat der FahrRad GmbH mitgeteilt, dass sie ein einfaches Arbeitszeugnis benötigt, Mesut Sarat möchte ein qualifiziertes Arbeitszeugnis. Henrike Berger bittet die Auszubildende Tanja Witter um Mithilfe, wie ein Arbeitszeugnis inhaltlich ausgestaltet werden muss, denn das Thema „Arbeitszeugnis" wird gerade in der Berufsschule behandelt.

a) Erläutern Sie die Gemeinsamkeiten und Unterschiede beider Arbeitszeugnisarten.

b) Frau Berger macht mit Tanja Witter zuerst eine Übung zum „Warmwerden", wie sie das immer nennt. Sie legt Tanja einige Formulierungen vor und Tanja soll mit einer einfachen Schulnote bewerten, wie die Formulierung gemeint ist.

Übernehmen Sie die Aufgabe von Tanja und bewerten Sie die nachfolgenden Formulierungen mit einer Schulnote.

Formulierungen in einem Arbeitszeugnis	gemeinte Bewertung
Wir waren mit ihren/seinen Leistungen jederzeit zufrieden.	
Sie/er war stets bemüht, unseren Anforderungen gerecht zu werden.	
Sie/er hat unseren Erwartungen in jeder Hinsicht optimal entsprochen; wir waren stets mit ihr/ihm sehr zufrieden.	
Sie/er hat ihre/seine Aufgaben stets zu unserer vollen Zufriedenheit erfüllt.	
Sie/er hat die ihm/ihr übertragenen Arbeiten im Großen und Ganzen zu unserer Zufriedenheit erledigt.	

c) In einer zweiten Übung soll Tanja Witter nun entscheiden, was mit der höflich formulierten Aussage eigentlich indirekt ausgesagt werden soll. Schreiben Sie diese Bedeutung in der nachfolgenden Tabelle neben die Aussage.

Positiv klingende Formulierung	Eigentliche Bedeutung dieser Aussage
Sie/er hat gewissenhaft gearbeitet.	
Sie/er verfügt über Fachwissen und hat sich stets um Verbesserungsvorschläge bemüht.	
Sie/er wusste sich gut zu verkaufen.	

Positiv klingende Formulierung	Eigentliche Bedeutung dieser Aussage
Für die Belange der Belegschaft bewies sie/er ein gutes Einfühlungsvermögen.	
Im Kollegenkreis galt sie/er als tolerante/r Mitarbeiter/in.	
Sie/er zeichnete sich durch ihre/seine Pünktlichkeit aus.	

d) **Schreiben Sie ein qualifiziertes Arbeitszeugnis, das eine Auszubildende bzw. ein Auszubildender im Einzelhandel nach Beendigung der Ausbildung vom Ausbildungsbetrieb einfordert. Dabei soll die überaus gute Arbeit, die geleistet wurde, entsprechend zum Ausdruck gebracht werden. Überlegen Sie dazu auch, welche besonderen Kompetenzen Auszubildende in Ihrer Branche auszeichnen könnten.**

Kompetenzfragebogen

Ich kann …	ja	nein	unsicher	nachzulesen auf Seite	Übungsaufgaben
… anhand der Personalstatistik den voraussichtlichen Personalbestand berechnen.					
… anhand der Qualifikationsprofile von Mitarbeitern eine qualitative Personalbestandsplanung zusammenstellen.					
… interne und externe Einflussgrößen auf die Personalbedarfsplanung erläutern.					
… zwischen der Kennzahlmethode bzw. der Arbeitsplatz- oder Stellenplanmethode unterscheiden.					
… den zukünftigen Personalbestand (quantitativ und qualitativ) berechnen.					
… für bevorstehende Stellenbesetzungen Anforderungsprofile sowie notwendige Kompetenzen und Qualifikationen benennen.					
… die Vor- und Nachteile einer internen bzw. externen Stellenbesetzung beschreiben.					
… für eine externe Stellenbesetzung mögliche Beschaffungswege benennen.					
… eine Stellenanzeige mithilfe der „5-W-Regel" formulieren.					
… anhand optischer und inhaltlicher Kriterien zwischen geeigneten und ungeeigneten Bewerbungen unterscheiden.					
… im Rahmen einer Nutzwertanalyse für ein Bewerbungsauswahlverfahren Kriterien zusammenstellen und gewichten.					
… den Ablauf eines Bewerbungsgespräches in verschiedene Phasen strukturieren.					
… zwischen zulässigen und unzulässigen Fragen während eines Bewerbungsgespräches unterscheiden.					
… verschiedene Personalauswahlverfahren zur Eignungsfeststellung der Bewerber unterscheiden.					
… die Vor- und Nachteile eines befristeten Arbeitsverhältnisses – aus der Sicht des Arbeitgebers und des Arbeitnehmers – herausstellen.					
… anhand verschiedener Vorgaben (ArbZG, BurlG, Tarifvertrag, betriebliche Regelungen) einen Arbeitsvertrag formulieren.					
... bei der inhaltlichen Ausgestaltung von Arbeitsverträgen zwischen Pflichten von Arbeitnehmern und Arbeitgebern unterscheiden und diese erklären.					

Ich kann ...	ja	nein	unsicher	nachzulesen auf Seite	Übungsaufgaben
... die bei Arbeitsbeginn an das Personalbüro auszuhändigenden Unterlagen benennen.					
... erläutern, welche betrieblichen Maßnahmen erforderlich sind, um Daten zu sichern und vor Missbrauch zu schützen.					
... ableiten, welche personenbezogenen Daten in einem Unternehmen verarbeitet werden dürfen und welche nicht.					
... zwischen verschiedenen Arbeitszeitmodellen unterscheiden und Vor- und Nachteile herausstellen.					
... zwischen den Begriffen „Fortbildung" und „Weiterbildung" unterscheiden.					
... Maßnahmen der Mitarbeitermotivation beurteilen und Aspekte bewerten, die sich positiv auf die Arbeitsmotivation auswirken.					
... Merkmale des autoritären bzw. des kooperativen Führungsstils aufzählen und die jeweiligen Auswirkungen auf das Personal ableiten.					
... Gründe für eine regelmäßige Personalbeurteilung und Merkmale der Leistungsbewertung erläutern.					
... bei der Personaleinsatzplanung gesetzliche, tarifliche und betriebliche Aspekte berücksichtigen.					
... unterschiedliche Konflikte am Arbeitsplatz beschreiben, Konfliktursachen einschätzen und den Prozess zur Konfliktlösung erläutern.					
... Gründe für die unterschiedliche Entlohnung von Mitarbeitern in einem Betrieb beschreiben.					
... zwischen verschiedenen Lohnarten differenzieren und Vorteile herausstellen.					
... anhand des Bruttoentgelts und der Lohnsteuerabzugsmerkmale eine Entgeltabrechnung durchführen und das Nettoentgelt ermitteln.					
... Personalzusatzkosten bzw. Lohnnebenkosten benennen.					
... unbefristete Arbeitsverhältnisse rechtssicher beenden und dabei zwischen ordentlicher und außerordentlicher Kündigung unterscheiden.					
... die bei einer Beendigung des Arbeitsverhältnisses auszuhändigenden Arbeitspapiere zusammenstellen.					
... die Bedeutung von Aussagen, die sich hinter Formulierungen von qualifizierten Arbeitszeugnissen verbergen, analysieren.					

LF 14 Ein Unternehmen leiten und entwickeln

1. Ich kann die Chancen und Risiken einer Unternehmensgründung einschätzen.

2. Ich kenne die Bedeutung und die rechtlichen Folgen einer Eintragung in das Handelsregister.

3. Ich kenne die rechtlichen Voraussetzungen für die Gründung einer Einzelunternehmung.

4. Ich kenne die rechtlichen Voraussetzungen für die Gründung einer offenen Handelsgesellschaft (OHG).

5. Ich kenne die rechtlichen Voraussetzungen für die Gründung einer Kommanditgesellschaft (KG).

6. Ich kenne die rechtlichen Voraussetzungen für die Gründung einer Gesellschaft mit beschränkter Haftung (GmbH).

7. Ich kenne die wesentlichen Unterschiede mehrerer Rechtsformen und kann diese mit einander vergleichen.

8. Ich kenne Franchising und kann die Vor- und Nachteile dieses Systems unterscheiden.

9. Ich kenne Begriff und Ziele der Finanzierung und kann Finanzierungarten unterscheiden.

10. Ich kenne unterschiedliche Darlehensarten und kann diese berechnen.

11. Ich kann die Kosten eines Lieferantenkredites berechnen.

12. Ich kenne Begriff und Funktion der Finanzierungsalternative Leasing.

13. Ich kenne die rechtlichen Voraussetzungen für einen Zahlungsverzug.

14. Ich kann ein kaufmännisches- und ein gerichtliches Mahnverfahren einleiten.

15. Ich kenne die Begriffe und die Abfolge einer Sanierung und eines Insolvenzverfahrens.

Die Kompetenzentwicklung umfasst, …

… Voraussetzungen für eine Selbstständigkeit erkennen und umsetzen.

Persönliche, fachliche und sachliche Voraussetzungen einer Selbstständigkeit	Vor- und Nachteile einer Selbstständigkeit	Entwicklung eines Businessplans

… Kaufmannsarten unterscheiden können, sowie eine geeignete Firma für ein Unternehmen auswählen können.

Kaufmannsarten	Firmenarten und Firmengrundsätze	Inhalt und Aufbau des Handelsregisters

… die Merkmale einer Einzelunternehmung kennen und die Vor- und Nachteile dieser Rechtsform unterscheiden können.

Merkmale der Rechtsform e. K.	Vor- und Nachteile der Rechtsform e. K.	Kaufmannseigenschaften

… die Merkmale einer offenen Handelsgesellschaft kennen und die Vor- und Nachteile dieser Rechtsform unterscheiden können.

Merkmale der Rechtsform OHG	Vor- und Nachteile der Rechtsform OHG	Gewinnverteilungsrechnung bei einer OHG

… die Merkmale einer Kommanditgesellschaft kennen und die Vor- und Nachteile dieser Rechtsform unterscheiden können.

Merkmale der Rechtsform KG	Vor- und Nachteile der Rechtsform KG	Gewinnverteilungsrechnung bei einer KG

… die Merkmale einer Gesellschaft mit beschränkter Haftung kennen und die Vor- und Nachteile dieser Rechtsform unterscheiden können.

Merkmale der Rechtsform GmbH und der UG	Vor- und Nachteile der Rechtsform GmbH	Gewinnverteilungsberechnung bei einer GmbH

… die unterschiedlichen Merkmale verschiedener Rechtsformen gegenüberstellen und sich dann für eine Rechtsform begründet entscheiden.

Gegenüberstellung der Merkmale der Rechtsformen e. K., OHG, KG	Gegenüberstellung der Merkmale der Rechtsformen GmbH, UG, eG

… die Bedeutung und die Funktion von Franchising kennenlernen und die Vor- und Nachteile dieses Systems abwägen.

Inhalte eines Franchising Vertrags	Vor- und Nachteile von Franchising	Bedeutung von Franchising als Kooperationsform

… Begriff und Ziele der Finanzierung benennen, Finanzierungsarten unterscheiden und Finanzierungsregeln beachten können.

Finanzierungsbegriff und Finanzierungsziele	Unterschiede zwischen Finanzierungsarten	Finanzierungsregeln

… Merkmale einer langfristigen Kreditfinanzierung kennen und Tilgungspläne für Darlehensalternativen aufstellen können.

Merkmale, sowie Vor- und Nachteile einer Kreditfinanzierung	Inhalte eines Kreditvertrags benennen	Tilgungspläne für ein Abzahlungs-, ein Fest- und ein Annuitätendarlehen aufstellen

... die Kosten eines Lieferantenkredits berechnen und mit den Kosten eines Kontokorrentkredits vergleichen können.		
Skonto berechnen und Zahlungsziele beachten können	Kosten eines Kontokorrentkredits berechnen können	effektiver Zinssatz eines Lieferantenkredits

... Begriff und Ziele von Leasing benennen und mit anderen Finanzierungsarten vergleichen.		
Berechnung der Kosten und Bilanzierung eines Leasingangebots	Berechnung der Kosten und Bilanzierung eines Kreditangebots	Berechnung der Kosten und Bilanzierung im Falle einer Barzahlung

... die Voraussetzungen für einen Zahlungsverzug prüfen und die sich daraus ergebenden Rechte wahrnehmen können.		
Voraussetzungen für einen Zahlungsverzug	Vor- und Nachrangige Rechte bei einem Zahlungsverzug	Berechnung der Verzugszinsen

... die Schritte eines kaufmännischen und eines gerichtlichen Mahnverfahrens beachten und einleiten können.	
Kaufmännisches Mahnverfahren	Gerichtliches Mahnverfahren

... Ursachen einer Unternehmenskrise benennen können und die Möglichkeiten einer Sanierung und eines Insolvenzverfahrens beachten können.		
Ursachen einer Unternehmenskrise	Sanierung eines Unternehmens	Insolvenzverfahren

Der Modellbetrieb im Lernfeld 14

Unternehmensbeschreibung	
Firma **Geschäftszweck** **Geschäftssitz** **Registergericht**	**Jana Kruse Telekommunikation e. K. (LS 2 + 3)** **Kruse & Wahl OHG (LS 4)** **Kruse & Wahl KG (LS 5)** **Phoneworld GmbH (ab LS 6)** Geschäft für Telekommunikationsdienstleistungen Wallstraße 16, 40213 Düsseldorf Amtsgericht Düsseldorf HRB 46811 Steuernummer: 5106/5077/4360 USt.-Id.-Nummer: DE 245895005
Gesellschafter	Jana Kruse Tobias Wahl (ab LS 4) Gerhard Wahl (ab LS 5)
Telefon **Homepage** **E-Mail**	0211-868698 www.phoneworld.de info@phoneworld.de
Bankverbindung	Sparkasse Düsseldorf BIC: DUSSDEDDXXX IBAN: DE89 3005 0110 1008 5245 67
Mitarbeiter	3 Mitarbeiter
Auszug aus dem Absatzprogramm	**Hardware für den Mobilfunk und Zubehör sowie Vertrieb von Serviceleistungen für die Telekommunikation**

Lernsituation 1

Aus einer Geschäftsidee einen Businessplan entwickeln

Jana Kruse hat ihre Ausbildung im Verkauf eines großen Telekommunikationsanbieters gemacht und will nun ihren Traum erfüllen und den Schritt in die Selbstständigkeit wagen. Deshalb möchte sie einen eigenen kleinen Handyladen in der Düsseldorfer Innenstadt eröffnen, der sich besonders im Servicebereich von den Mitbewerbern absetzen soll. Bei der Gründungberatung wird ihr empfohlen einen Businessplan zu erstellen um die Risiken der Unternehmensgründung besser überschauen zu können.

Arbeitsaufträge

1. **Zunächst überlegt Jana, ob sie den Schritt in die Selbstständigkeit wagen soll. Helfen Sie Jana dabei, Argumente für und gegen eine Selbstständigkeit zu finden:**

Vorteile der Selbstständigkeit	Nachteile der Selbstständigkeit

2. Damit das neue Unternehmen von Jana Kruse erfolgreich ist, muss sie persönliche, fachlich/sachliche und rechtliche Voraussetzungen erfüllen. Ordnen Sie die folgenden, alphabetisch sortierten Begriffe den richtigen Spalten in der Tabelle zu:

Belastbarkeit, Branchenkenntnisse, Businessplan, Ehrgeiz, Führungsverantwortung, Gewerbeanmeldung, Handelsregistereintragung, Kaufmännische Kenntnisse, Know-how, Kreativität, Nachweis der Identität, Risikobereitschaft, Startkapital, Wohnsitz in Deutschland

persönliche Voraussetzungen	fachliche und sachliche Voraussetzungen	rechtliche Voraussetzungen

3. Um das Risiko eines Scheiterns zu verringern, möchte Jana Kruse einen Businessplan aufstellen. Überlegen Sie zu jedem der Inhalte des Businessplans, welche Fragen Jana Kruse zwingend beantworten muss. Nutzen Sie als Hilfestellung das Existenzgründerportal (https://gruenderplattform.de) der Kreditanstalt für Wiederaufbau (KFW). Mögliche Antworten finden Sie dort auf der Unterseite „Planen/Businessplan erstellen".

Businessplan (Inhalte)	Welche Fragen sollten hier beantwortet werden?
Geschäftsidee	
Gründerperson	

Businessplan (Inhalte)	Welche Fragen sollten hier beantwortet werden?
Markt-übersicht	
Marketing und Vertrieb	
Unterneh-mensorgani-sation	
Chancen + Risikoanalyse	
Finanzierung	

Aufgabe Plus

1. **Helfen Sie Jana Kruse bei der Gründung ihres Unternehmens, indem Sie die folgenden Fragen mithilfe des Internetauftritts des der Kreditanstalt für Wiederaufbau (KFW) zum Thema Unternehmensgründungenrecherchieren. Informationen dazu finden Sie auf der Seite www.gruenderplattform.de und dort auf der Unterseite Einsteigen/Geschäftsideen/„Handyshop eröffnen".**

a) **Was ist bei der Wahl des Standortes zu beachten?**

b) **Welche Behörden muss man aufsuchen?**

c) **Woher bekomme ich Informationen zum Markt und zur Branche, ohne eine aufwendige Marktforschung zu betreiben?**

d) **Was muss man bei der Einstellung von Personal beachten?**

2. **Auf der Seite existenzgruendungsportal.de des Bundeswirtschaftsministeriums befindet sich die Checkliste „Warum möchten Sie sich selbstständig machen?" Bewerten Sie Ihre persönlichen Gründe auf einer Skala von 1 (schwach) bis 5 (stark). Prüfen Sie: Möchten Sie eher von Ihrer derzeitigen Situation weg oder zieht es Sie ganz bewusst in die berufliche Selbstständigkeit? Der Unterschied ist wichtig. Nur wenn Sie die berufliche Selbstständigkeit nicht als Notlösung, sondern wirklich als Wunsch und Lebensperspektive sehen, werden Sie die Disziplin aufbringen und Anstrengungen meistern, um die oftmals beschwerliche Anfangsphase zu bewältigen. Je höher Sie Ihre Gründungsmotive im blau/violetten Bereich bewerten, desto Erfolg versprechender Ihre Gründung.**

	1	2	3	4	5
Ich bin unzufrieden in meinem Job.					
Ich möchte nicht arbeitslos sein.					
Ich möchte keinen Chef mehr „über mir" haben.					
Ich verdiene in meinem Job zu wenig Geld.					
Ich habe eine Geschäftsidee, die ich gerne umsetzen möchte.					
Ich habe so viel Führungserfahrung und unternehmerisches Know-how erworben, so dass mich eine selbstständige unternehmerische Aufgabe reizt.					
Ich möchte mein Arbeitsleben selbst gestalten.					
Ich hatte schon lange den Wunsch, mich selbstständig zu machen und bin sicher, dass jetzt der richtige Zeitpunkt gekommen ist.					

https://www.existenzgruendungsportal.de/SharedDocs/Downloads/DE/TOP3-Publikationen/TOP3-Starthilfe-erfolgreiche-Weg-Selbststaendigkeit

3. Mit der Gründung eines Unternehmens sind auch immer Chancen und Risiken verbunden. Helfen Sie Jana Kruse bei der Entscheidung, sich selbstständig zu machen, indem Sie für Jana eine SWOT Analyse durchführen.

SWOT Analyse

Bei einer SWOT-Analyse werden die eigenen (internen) Stärken und Schwächen (**S**trength-**W**eakness) sowie die Chancen und Risiken (**O**pportunities **T**hreats) aus dem Umfeld für eine Unternehmensgründung betrachtet. So entsteht ein Überblick über die verschiedenen Faktoren, die den Erfolg der Gründung beeinflussen können.

Zunächst werden die persönlichen Stärken und Schwächen beschrieben. Dazu gehört zum Beispiel, welche Qualifikationen oder Erfahrungen für eine Gründung sprechen, etwa fachliche Kenntnisse oder Führungserfahrung. Ebenso werden mögliche Defizite benannt, wie fehlende kaufmännische Kenntnisse, die noch ausgeglichen werden müssen.

Anschließend richtet sich der Blick auf den Markt. Es wird analysiert, welche Chancen das Vorhaben dort hat, zum Beispiel eine steigende Nachfrage oder die Möglichkeit, schnell in den Markt einzusteigen. Ebenso werden Risiken, z. B. wie viele Mitbewerber es gibt oder welche Schwierigkeiten bei der Kundenbindung berücksichtigt werden müssen.

Die SWOT-Analyse sollte während der gesamten Gründungs- und Anlaufphase genutzt und regelmäßig aktualisiert werden. Veränderungen, wie der Erwerb neuer Kenntnisse, können dazu führen, dass eine frühere Schwäche zu einer Stärke wird. Auf diese Weise liefert die SWOT-Analyse stets einen aktuellen Überblick über alle wichtigen Faktoren, die die Gründung beeinflussen.

INTERN	persönliche Stärken	persönliche Schwächen
EXTERN	Markt-Chancen	Markt-Risiken

Lernsituation 2

Ein Unternehmen ins Handelsregister eintragen lassen

Jana Kruse hat den Businessplan erstellt, das nötige Kapital gesammelt und ist nun bereit, ihr Geschäft mit Telekommunikationsartikeln und Serviceleistungen zu eröffnen. Sie hat auch schon ein kleines Ladenlokal in der Düsseldorfer Innenstadt entdeckt, das Sie zum 01.02. anmieten möchte. Das Gewerbe hat sie beim Gewerbeamt der Stadt Düsseldorf ebenfalls am 01.02. angemeldet.

Im ihrem neu erstellten Businessplan stehen die Planzahlen für die ersten fünf Jahre:

im 1. Jahr Kosten: 70.000,00 EUR, Einnahmen: 20.000,00 EUR;
im 2. Jahr Kosten: 80.000,00 EUR, Einnahmen: 50.000,00 EUR;
im 3. Jahr Kosten: 80.000,00 EUR, Einnahmen: 80.000,00 EUR;
im 4. Jahr Kosten: 90.000,00 EUR, Einnahmen: 100.000,00 EUR;
im 5. Jahr Kosten: 100.000,00 EUR, Einnahmen: 140.000,00 EUR.

Arbeitsaufträge

1. **Um welche Kaufmannsart handelt es sich bei Jana Kruses Geschäft im ersten Jahr im Vergleich zum 5. Jahr? Begründen Sie Ihre Antwort.**

Jahr	Kaufmannsart	Begründung
1. Jahr		
5. Jahr		

2. **Jana Kruse sucht eine geeignete Firmenbezeichnung für ihr Unternehmen. Welche Firmenarten könnte sie verwenden, wenn sie sich in das Handelsregister eintragen lassen möchte? Erfinden Sie für jede Firmenart eine passende Firma für Jana Kruses Unternehmen:**

Firmenart	Beispiel für einen geeigneten Firmennamen
Personenfirma	
Sachfirma	
Fantasiefirma	
Mischfirma	

3. **Berechnen Sie den voraussichtlichen Gewinn von Jana Kruses Unternehmen für die ersten fünf Jahre. Ab welchem Jahr wird das Unternehmen profitabel werden?**

____

____

____

4. **Welche Bedeutung haben die Firmengrundsätze, die Jana Kruse bei der Wahl ihrer neuen Firma beachten muss?**

Firmengrundsätze	Bedeutung
Firmen-ausschließlichkeit	
Firmen-beständigkeit	
Firmen-öffentlichkeit	
Firmenwahrheit	
Firmenklarheit	

5. **Jana Kruse meldet ihr Unternehmen mit der Firmenbezeichnung** Jana Kruse Telekommunikation e. K. **am 02.05. beim Handelsregister an.**

a) **Für welche Firmenart hat sie sich entschieden?** ____________________

b) **Welche Folgen hat die Eintragung im Handelsregister auf ihre Kaufmannseigenschaften?**

____

c) **Hatte die Eintragung eine rechtsbezeugende (deklaratorisch) oder eine rechtserzeugende (konstitutive) Wirkung?** ____________________

d) **In welche Abteilung des Handelsregisters wird das Unternehmen eingetragen?** ______________

e) **Bei welcher Stelle wird das Handelsregister geführt?**

____

6. **Jana Kruse kann unmöglich immer und jederzeit im Geschäft sein. Was wäre, wenn sie mal frei hat oder einmal krank ist, wer führt dann für sie die Geschäfte weiter. Sie überlegt, ihrem Freund Tobias Wahl Prokura zu erteilen. Beantworten Sie dazu die folgenden Fragen:**

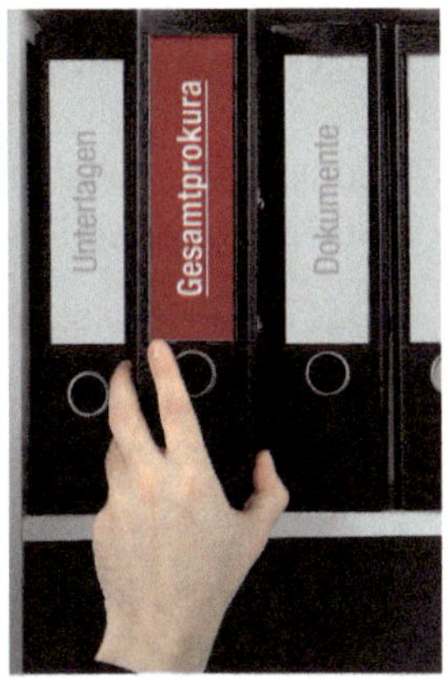

a) **Wie muss Jana Kruse die Prokura erteilen?**

____

____

b) **Wie unterschreibt ein Prokurist?** ______________

c) **Entscheiden Sie, ob ein Prokurist die folgenden Fälle selbstständig entscheiden darf, mit „Ja" oder mit „Nein".**

Alle Arten von gerichtlichen und außergerichtlichen Geschäftshandlungen	
Einen Kredit für das Unternehmen aufnehmen	
Betriebsgrundstücke verkaufen	
Selbst Prokura erteilen	
Handlungsvollmacht erteilen	
Bilanzen und Steuererklärungen unterschreiben	

7. **Entnehmen Sie alle Informationen aus dieser Lernsituation und füllen Sie damit den Handelsregister-Bogen aus:**

Handelsregister Abteilung ________ des Amtsgerichts Düsseldorf HRA 23561

Nummer der Eintragung	a) Firma b) Sitz, Niederlassung c) Gegenstand des Unternehmens	Grund oder Stammkapital	a) Allgemeine Vertretungsregelung b) Persönlich haftende Gesellschafter	Prokura	Rechtsform	a) Tag der Eintragung b) Bemerkungen

Aufgabe Plus

1. **Entscheiden Sie bei den nachfolgenden Fällen, ob es sich laut HGB um einen**
   1. Kannkaufmann,
   2. Istkaufmann,
   3. Formkaufmann oder
   4. *keinen* Kaufmann handelt.

   Tragen Sie die entsprechende Ziffer in das Lösungsfeld ein.

Sonja Belda, Inhaberin eines kleinen Lebensmittelgeschäftes, die Belda e. Kfr. in der Kölner Südstadt. Der Jahresumsatz beträgt 150.000,00 EUR.	
Das Auktionshaus Müller KG ist spezialisiert auf den Vertrieb von Kunst und Kunstgegenständen in ganz Deutschland. Die Müller KG hat 50 Mitarbeiter.	
Der Kiosk von Guido Jakob am Auerbachplatz. Jahresumsatz 50.000,00 EUR, keine Mitarbeiter.	
Einzelhandelskaufmann Simon Behn, der bei einem Lebensmittelgeschäft arbeitet.	
Das Kaufhaus Breuer mit Standorten in ganz Deutschland führt die Rechtsform einer GmbH.	
Jill Behn, Inhaberin einer kleinen Maßschneiderei für Hochzeitskleider. Sie ist nicht im Handelsregister eingetragen. Jahresumsatz liegt bei 60.000,00 EUR.	

2. **Entscheiden Sie, ob bei den folgenden Tätigkeiten ein Handelsgewerbe betrieben wird?**

a) Auf dem Sommerfest eines Fußballvereins werden Getränke und Würstchen verkauft.	
b) Der Bankkaufmann Marcel Stanger berät privat auf Provisionsbasis Kunden in Finanzfragen.	
c) Ein Geschäft für „DJ-Bedarf" verkauft Licht- und Soundanlagen an Privatpersonen und auch an Clubs. Gleichzeitig bietet das Geschäft auch einen Mietservice an.	
d) Der Landwirt Lukas Heukamp betreibt einen Bauernhof mit 100 Milchkühen.	
e) Die Künstlerin Jessica Wiesenthal verkauft ihre Ölmalereien an Privatpersonen und Galerien.	
f) Die Architekten Müller Bau GmbH bietet seinen Kunden Hilfe bei der Planung und dem Bau von Häusern und Wohnungen.	
g) Das Restaurant Höhenmühle bietet jeden Tag seinen Kunden eine vielfältige Auswahl an Speisen und Getränken an.	

3. Ordnen Sie die Firmengrundsätze den unten stehenden Aussagen zu:

Jede Firma muss sich von anderen Firmen am gleichen Ort erkennbar unterscheiden.	
Veränderungen der Firma müssen ins Handelsregister eingetragen werden.	
Bei einem Wechsel des Inhabers darf die Firma weitergeführt werden.	
Die Firma darf Außenstehende nicht über die Art oder den Umfang des Unternehmens täuschen.	
Die Firma muss aus lateinischen Buchstaben bestehen.	
Eine Firma darf von einem Kaufmann nur einmal benutzt werden.	

4. Entscheiden Sie, ob in den folgenden Fällen gegen Firmengrundsätze verstoßen wurde. Falls ja, gegen welchen?

a) **Der Sohn des Kaufhausinhabers Dieter Schneider (Firma: „Kaufhaus Schneider e. K.“) gründet eine Buchhandlung. Er möchte firmieren unter „Schneider Buch e. Kfm.“**

____

b) **Die Firma von Jan Wolfs Papierhandlung lautet „Internationaler Fotopapierhandel Wolf e. K.“, obwohl er nur Kunden in Castrop-Rauxel hat.** ______________________________

c) **Klaus Maasdammer übernimmt das Unternehmen seines Vaters Rudolf Maasdammer und firmiert unter Rudolf Maasdammer e. K.** ______________________________

d) **Jan Wolf („Internationaler Fotopapierhandel Wolf e. K.“) will seine Firma nicht im Handelsregister eintragen lassen, da er ja Kannkaufmann sei.**

____

5. Entscheiden Sie bei den folgenden Geschäftsfällen, ob die Geschäfte und Rechtshandlungen
1. dem Handlungsbevollmächtigten mit allgemeiner Vollmacht
2. dem Prokuristen
3. weder dem Prokuristen noch den Handlungsbevollmächtigten
erlaubt ist. Tragen Sie alle möglichen Ziffern in das Lösungsfeld.

Aufnahme eines Kredites		Kauf eines Grundstückes	
Verkauf von Waren		Entgegennahme einer Kundenbeschwerde	
Bilanz unterschreiben			
Ware einkaufen		Personal einstellen	

Lernsituation 3

Ein Unternehmen in der Rechtsform einer e. K. gründen

Nachdem sich Jana Kruse über die Rahmenbedingungen einer Gründung informiert hat, ist der Entschluss gereift, ein Unternehmen für Telekommunikation und Serviceleistungen zu gründen. Aus ihren Ersparnissen stehen ihr 10.000,00 EUR als Startkapital zur Verfügung, außerdem ist sie schon mit verschiedenen Lieferanten in Kontakt getreten. Durch ihre langjährige Berufserfahrung als Einzelhandelskauffrau in einem Telekommunikationsunternehmen verfügt Jana Kruse über ausreichend Fachwissen. Nach passenden Gewerberäumen hat sie sich ebenfalls schon umgesehen und einige in die nähere Auswahl gezogen.

Nachdem Jana Kruse in einem Gespräch bei der Industrie- und Handelskammer Düsseldorf über die Vor- und Nachteile einer selbstständigen Unternehmertätigkeit beraten wurde, entschließt sie sich konkret zur Gründung eines Unternehmens. Zum 1. Februar schließt Jana Kruse einen Mietvertrag für einen Gewerberaum (Wallstraße 16 in 40213 Düsseldorf) ab, den sie anschließend mit einem Teil des Startkapitals einrichtet. Am 1. März erfolgt die Ladeneröffnung, seitdem verkauft Jana Kruse als selbstständige Unternehmerin Telekommunikationsleistungen. Am 02. Mai lässt Jana Kruse die Firma „Jana Kruse Telekommunikation e. K." bei dem Amtsgericht Düsseldorf in das Handelsregister eintragen. Sie rechnet im ersten Jahr mit einem Umsatz von 20.000,00 EUR.

Arbeitsaufträge

Helfen Sie Jana Kruse bei der Gründung ihres Unternehmens und beantworten Sie die folgenden Fragen:

1. **Bei der Unternehmensform, die Jana Kruse für ihr Unternehmen gewählt hat, handelt es sich um eine Einzelunternehmung. Sie ist somit alleinige Eigentümerin des Unternehmensvermögens. Welche Folgen ergeben sich für die Einzelunternehmerin hinsichtlich der nachfolgenden Punkte? Beschreiben Sie die jeweiligen Auswirkungen:**

Unternehmensführung	
Haftung	
Gewinn und Verlust	
Kapitalaufnahme	

2. Überprüfen Sie die Kaufmannseigenschaften von Jana Kruses Unternehmen? Welches Ereignis findet an dem jeweiligen Datum statt und welche Kaufmannseigenschaft liegt mit diesem Datum vor?

Datum	Ereignis	Kaufmannseigenschaft
01. Februar		
01. März		
02. Mai		

3. In welche Abteilung im Handelsregister wird das Unternehmen von Jana eingetragen? War die Eintragung ins Handelsregister deklaratorisch oder konstitutiv?

4. Welche Vorteile ergeben sich für Jana Kruse durch die Wahl der Rechtsform der Einzelunternehmung? Welche Nachteile stehen diesen Vorteilen gegenüber?

Vorteile	Nachteile

5. Beurteilen Sie, ob die folgenden Aussagen zur Einzelunternehmung richtig oder falsch sind. Korrigieren Sie die falschen Aussagen.

a) Ein Einzelunternehmer trägt seine Firma in die Abteilung B des Handelsregisters ein.

b) Der Einzelunternehmer haftet nur mit seinem Betriebsvermögen.

c) Für eine Einzelunternehmung werden die Rechtsformzusätze e. K., e. Kfr. bzw. e. Kfm. verwendet.

d) Die Einzelunternehmerin muss ihren Gewinn mit ihren Angestellten teilen, den Verlust jedoch alleine tragen.

____

e) Nur der Einzelunternehmer kann das Unternehmen nach außen vertreten. ________________

f) Zur Gründung der Einzelunternehmung muss ein Mindestkapital von 10.000,00 EUR vorliegen.

____

g) Eine Einzelunternehmung wird von mindestens zwei Personen gegründet.

____

h) Bei der Gründung der Einzelunternehmung muss ein Gesellschaftsvertrag vorliegen.

____

____

i) Durch die Eintragung in das Handelsregister wird der Unternehmer zum Istkaufmann. ____________

j) Als Einzelunternehmung darf keine Prokura erteilt werden.

____

Lernsituation 4

Ein Unternehmen in der Rechtsform einer OHG gründen

Das Unternehmen von Jana Kruse entwickelt sich sehr gut. Innerhalb eines Jahres ist es ihr gelungen, einen festen Kundenstamm aufzubauen, allerdings merkt sie, dass ihr die Arbeit langsam über den Kopf wächst. Gleichzeitig ist sie aber so erfolgreich, dass sie überlegt, ein weiteres Geschäft zu eröffnen. Dafür fehlen ihr aber sowohl die finanziellen Voraussetzungen als auch zeitliche Kapazitäten.
Ein Freund, Tobias Wahl, bietet Jana an, sich mit 10.000,00 EUR an dem Unternehmen zu beteiligen. Dafür verlangt er die gleichen Mitspracherechte, bietet aber auch seine Arbeitskraft an. Jana Kruse ist nun unsicher, ob sie Tobias an ihrem Unternehmen beteiligen möchte, weil sie befürchtet, dann Entscheidungsbefugnisse aufzugeben. Auf der anderen Seite könnte das noch junge Unternehmen die Kapitalspritze und den Arbeitseinsatz von Tobias gut gebrauchen.

Arbeitsaufträge

Helfen Sie Jana Kruse bei der Entscheidung, Tobias Wahl als Teilhaber in ihr Unternehmen aufzunehmen:

1. **Um Tobias Wahl als Teilhaber aufzunehmen, müsste eine Rechtsformänderung zu einer offenen Handelsgesellschaft durchgeführt werden. Welche Folgen hätte diese Änderung zu einer OHG auf die folgenden Punkte?**

Unternehmensführung	
Haftung	
Gewinn und Verlust	
Kapitalaufnahme	

2. **Die Haftung der Gesellschafter einer OHG ist unbeschränkt, unmittelbar und solidarisch. Klären Sie diese drei Begriffe.**

unbeschränkt	unmittelbar	solidarisch

3. **Überprüfen Sie die folgenden Aussagen zur OHG:**

a) **Tobias überlegt sich: „Wenn ich mit meinen 10.000,00 EUR bei Jana eingestiegen bin, kann ja nicht viel passieren. Ich kann ja höchstens die 10.000,00 EUR verlieren." Was würden Sie Tobias dazu sagen?**

b) **Jana kauft ein neues Kassensystem als Geschäftsausstattung für 4.000,00 EUR. Tobias weiß nichts davon. Konnte Jana das Geschäft wirksam abschließen?**

c) **Welche Folgen hätte es, wenn Tobias gegen den Kauf des Kassensystems gewesen wäre?**

d) **Das neue Unternehmen soll nun Handyshop Kruse OHG heißen. Tobias Wahl ist nicht einverstanden, da sein Name nicht in dem Unternehmen erscheint. Machen Sie einen Vorschlag, der beide Gesellschafter zufriedenstellt.**

4. **Im ersten Jahr hat die OHG einen Gewinn von 4.800,00 EUR erwirtschaftet. Wie viel erhält Tobias von diesem Gewinn? Wie viel erhält Jana? Es gilt die gesetzliche Regelung des HGB zur Gewinnverteilung.**

Gesellschafter	Kapital	4 % auf die Kapitaleinlage	Restgewinn	Gesamtgewinn
Jana Kruse	10.000,00 EUR			
Tobias Wahl	10.000,00 EUR			
Summe	20.000,00 EUR			

Nebenrechnungen

5. **Welche Vor- und Nachteile ergeben sich für Jana Kruse bei der Umstellung ihres Unternehmens von einer Einzelunternehmung zu einer offenen Handelsgesellschaft?**

Vorteile	Nachteile

Lernsituation 5

Ein Unternehmen in der Rechtsform einer KG gründen

Jana Kruse und Tobias Wahl haben sich nach anfänglichen Schwierigkeiten gut in die OHG eingearbeitet und die Aufgaben so verteilt, dass Jana vor allem für das Kaufmännische und Tobias hauptsächlich für das Marketing zuständig ist. Das Unternehmen läuft gut. Jedoch haben die beiden festgestellt, dass ein „Vor-Ort-Service“ ein wichtiger Baustein für die Zukunft des Unternehmens sein könnte. Dafür wäre aber ein Firmenfahrzeug notwendig. Nach einigen Recherchen haben die beiden einen kleinen Lieferwagen für 20.000 EUR gefunden. Ein Blick in die Kasse verrät jedoch, dass das vorhandene Kapital für die Anschaffung nicht ausreicht. Da die Bank keinen Kredit geben möchte, fragt Jana Kruse den Vater von Tobias, Gerhard Wahl, ob dieser sich am Unternehmen beteiligen möchte. Gerhard Wahl denkt über eine Beteiligung nach, hat aber kein Interesse, sich aktiv in das Unternehmen einzubringen.

Arbeitsaufträge

Helfen Sie Jana und Tobias bei der Überlegung, wie sie den Vater von Tobias, Gerhard Wahl, an ihrem Unternehmen beteiligen können:

1. **Um Gerhard Wahl in das Unternehmen aufzunehmen, müsste wieder eine Rechtsformänderung, diesmal zu einer Kommanditgesellschaft (KG), durchgeführt werden. Die Kommanditgesellschaft kennt zwei verschiedene Gesellschaftertypen. Ordnen Sie die Gesellschafter des Unternehmens dem Gesellschaftertyp, der damit verbundenen Haftung sowie dem Umfang der Geschäftsführung zu:**

Personen	Gesellschaftertyp	Haftung	Geschäftsführung
Jana Kruse			
Tobias Wahl			
Gerhard Wahl			

2. **Welche Voraussetzungen sind bei der Gründung der Kruse & Wahl KG zu beachten?**

3. **Gerhard Wahl wird als Kommanditist mit einer Einlage von 20.000 EUR in die neu gegründete KG aufgenommen. Nach einem Jahr verzeichnet das Unternehmen einen Gewinn von 5.600,00 EUR. Verteilen Sie den Gewinn an die drei Gesellschafter nach den gesetzlichen Regeln des HGB.**

Gesellschafter	Kapital	4% auf die Kapitaleinlage	Restgewinn	Gesamtgewinn
Jana Kruse	10.000,00 EUR			
Tobias Wahl	10.000,00 EUR			
Gerhard Wahl	20.000,00 EUR			
Summe	40.000,00 EUR			

4. **Überlegen Sie, ob die folgenden Geschäfte der neuen Kruse & Wahl KG mit den beiden Komplementären Jana Kruse und Tobias Wahl sowie dem Kommanditisten Gerhard Wahl rechtsgültig sind?**

a) **Gerhard Wahl besucht im Auftrag des Unternehmens eine Messe, um sich über die neuesten Entwicklungen im Telekommunikationsmarkt zu informieren. An einem Messestand wird ihm ein äußerst günstiges Angebot unterbreitet. Nach kurzer Überlegung bestellt er Ware im Wert von 40.000,00 EUR. Ist die Kruse & Wahl KG an dieses Rechtsgeschäft gebunden, wenn Frau Kruse die Bestellung lieber stornieren möchte?**

b) **Jana Kruse kauft für das Unternehmen einen Sonderposten im Wert von 24.000,00 EUR. Tobias und Gerhard Wahl widersprechen dem Kauf, weil sie die Notwendigkeit nicht einsehen und der Meinung sind, dass sie Jana überstimmen können. Kommt das Geschäft trotzdem zustande?**

c) **Jana und Tobias wollen eine neue Filiale eröffnen und möchten dafür einen Kredit in Höhe von 40.000 EUR bei der Bank aufnehmen. Gerhard Wahl widerspricht diesem Vorhaben. Muss seine Auffassung von den anderen berücksichtigt werden?**

d) **Gerhard Wahl möchte monatlich Einsicht in die Geschäftsbücher nehmen, um besser über die Auftragslage informiert zu sein. Muss dieser Forderung entsprochen werden?**

5. **Die drei Gesellschafter hätten auch eine OHG gründen können. Welche Vor- und Nachteile hat in diesem Fall die Gründung einer KG?**

Vorteile	Nachteile

Aufgabe Plus

1. **Welche der folgenden Aussagen treffen nach der gesetzlichen Regelung auf die Rechtsform der KG zu?**

Aussagen	Begründung
a) Jeder Gesellschafter ist zur Geschäftsführung berechtigt und verpflichtet.	
b) Einer der Gesellschafter ist gesetzlich von der Geschäftsführung ausgeschlossen.	
c) Alle Gesellschafter haften als Gesamtschuldner für die Verbindlichkeiten der Gesellschaft.	
d) Der geschäftsführende Gesellschafter haftet auch mit seinem Privatvermögen.	
e) Die Firma kann die Namen mehrerer Gesellschafter enthalten.	
f) Für einen Teil der Gesellschafter ist nach erfolgter Zahlung der im Handelsregister eingetragenen Einlage die persönliche Haftung ausgeschlossen.	

2. Klaus Müller und Peter Otter möchten gemeinsam ein kleines Lebensmittelgeschäft mit Feinkostwaren eröffnen. Klaus Müller macht den folgenden Vorschlag zur Gründung des Unternehmens:

Rechtsform:	KG	
Finanzierung:	Klaus Müller:	400.00,00 EUR
	Peter Otter:	70.000,00 EUR
Haftung:	Klaus Müller:	Komplementär
	Peter Otter:	Kommanditist

Beantworten Sie die folgenden Fragen zur Gründung einer KG:

a) **Geben Sie jeweils ein Merkmal zur Haftung der beiden Gesellschafter an.**

Komplementär:	
Kommanditist:	

b) **Herr Müller legt für das laufende Geschäftsjahr folgende Planzahlen zugrunde:**

Umsatzerlöse:	820.000,00 EUR
Aufwendungen für Waren:	320.000,00 EUR
Handlungskosten:	285.375,00 EUR

Ermitteln Sie den zu erwartenden Gewinn:

c) **Hinsichtlich der Gewinnverteilung sollen folgende Bedingungen gelten:**

- Für die Tätigkeit als Geschäftsführer der KG soll Klaus Müller vorweg 4.000,00 EUR/Monat erhalten.
- Jeder Gesellschafter steht die gesetzliche Kapitalverzinsung in Höhe von 4 % zu.
- Der Restgewinn wird im Verhältnis der Kapitalanteile verteilt.

Ermitteln Sie den Anteil am zu erwartenden Gewinn für jeden der beiden Gesellschafter mithilfe der Gewinnverteilungsrechnung. Tragen Sie die Ergebnisse in die folgende Tabelle ein.

Gesellschafter	Kapitaleinlage	Vorwegverteilung (jährlich)	4% Verzinsung	Restgewinn	Gesamtgewinn
Müller					
Otter					
Summe					

© MQ-Illustrations – stock.adobe.com

Lernsituation 6

Ein Unternehmen in der Rechtsform einer GmbH gründen

Das Unternehmen von Jana Kruse, Tobias und Gerhard Wahl hat sich in den vergangenen drei Jahren gut entwickelt und ist kontinuierlich gewachsen. Dennoch bereitet eine Sache Jana und Tobias Kopfzerbrechen. Was wäre, wenn es nicht so gut weitergeht wie bisher und eine Krise alles verändert. Jana und Tobias haben Sorge, dass sie dann immer noch mit ihrem Privatvermögen haften. Gerhard Wahl schlägt ihnen vor, sich bei der IHK zu Rechtformen mit Haftungsbeschränkung zu informieren. Eine erneute Rechtsformänderung zu einer Gesellschaft mit beschränkter Haftung würde dieses Problem lösen. Die ursprüngliche Kapitaleinlage von Jana und Tobias betrug jeweils 10.000,00 EUR und die von Gerhard Wahl 20.000 EUR.

© effge images – stock.adobe.com

Arbeitsaufträge

Helfen Sie Jana und Tobias bei der Entscheidung, ihr Unternehmen in eine haftungsbeschränkte Kapitalgesellschaft zu verwandeln.

1. **Welche Voraussetzungen werden an die Gründung und an das Mindestkapital einer GmbH gestellt? Prüfen Sie, ob die drei die Voraussetzungen erfüllt haben:**

260

Mindestkapital	
Gesellschaftervertrag	
Handelsregistereintragung	
Kaufmannsart	
Voraussetzungen erfüllt?	

2. **Welche haftungsbeschränkte Rechtsform hätten die drei wählen können, wenn das nötige Mindestkapital nicht vorhanden gewesen wäre.** ____________________

3. **Beantworten Sie die folgenden Fragestellungen zur GmbH:**

a) **Eine GmbH ist eine juristische Person, die durch ihre Organe handlungsfähig wird. Welche drei Organe hat eine GmbH und welche Funktionen haben diese Organe?**

Organe	Funktionen

b) **Prüfen Sie, ob die drei Gesellschafter eine GmbH gründen können. Unterscheiden Sie dabei zwischen den Begriffen „Stammeinlage“ und „Stammkapital“.**

c) **Welche Besonderheiten hat eine GmbH bezüglich der Haftung der drei Teilhaber?**

d) **Gerhard Wahl möchte nach wie vor nicht an der Geschäftsführung beteiligt sein. Ist er als Gesellschafter zur Geschäftsführung verpflichtet? Können Jana und Tobias gleichzeitig Geschäftsführer sein?**

e) **Jana fragt sich, wie in dem neuen Unternehmen die Mehrheitsverhältnisse verteilt sind. Klären Sie, wie die Stimmrechtsanteile in der Gesellschafterversammlung verteilt sind.**

f) **Tobias fragt sich, ob für ihr Unternehmen auch ein Aufsichtsrat eingerichtet werden müsste.**

g) **Jana und Tobias erfahren, dass eine GmbH eine Buchführungs- und Veröffentlichungspflicht hat. Tobias möchte aber nicht, dass jeder Einblick in die Geschäftszahlen bekommt. Kann er das verhindern?**

h) **Welche Besonderheit hätte die Gründung einer Unternehmergesellschaft (UG).**

4. **Jana Kruse, Tobias Wahl und Gerhard Wahl einigen sich und unterschreiben am 2. Januar den Gesellschaftsvertrag für die Phoneworld GmbH. Am gleichen Tag werden Jana und Tobias als Geschäftsführung benannt und führen daraufhin ihre Geschäftstätigkeit fort. Sie versenden unter anderem Bestellungen mit dem neuen Briefkopf „Phoneworld GmbH" und schließen Kaufverträge ab. Am 18. Januar finden sie aber erst Zeit, um beim Notar den Vertrag zu beurkunden und die neu gegründete GmbH in das Handelsregister eintragen zu lassen.**

a) **An welchem Datum ist die Phoneworld GmbH entstanden?**

b) **Wie haften die Gesellschafter vor der Eintragung in das Handelsregister?**

c) **Im darauffolgenden Geschäftsjahr erwirtschaftet das Unternehmen der drei Gesellschafter einen Jahresgewinn von 20.000,00 EUR. Davon sollen 10.000,00 EUR für anstehende Investitionen im Unternehmen einbehalten werden, der Rest wird nach der gesetzlichen Regelung an die Gesellschafter verteilt. Nehmen Sie die Gewinnverteilung vor:**

Gesellschafter	Stammeinlagen	Gewinn nach Einbehaltung
Jana Kruse	10.000,00 EUR	
Tobias Wahl	10.000,00 EUR	
Gerhard Wahl	20.000,00 EUR	
Summe	40.000,00 EUR	

5. **Fassen Sie die Vor- und Nachteile einer GmbH in der folgenden Übersicht zusammen:**

Vorteile	Nachteile

Aufgabe Plus

Kontrollieren Sie die folgenden Aussagen zur GmbH auf ihre Richtigkeit. Korrigieren Sie die falschen Aussagen.

Aussagen	Bewertung
a) Die GmbH ist eine Personengesellschaft, da sie auch von einer einzigen Person gegründet werden kann.	
b) Sind an einer GmbH mehrere Gesellschafter beteiligt, so gilt bezüglich der Gewinnverteilung die gesetzliche Regelung, soweit in der Satzung nichts anderes vereinbart wurde.	
c) Jeder Gesellschafter ist befugt, sich zum Geschäftsführer berufen zu lassen.	
d) Bei einer GmbH muss nur Gewerbesteuer abgeführt werden.	
e) Wird ein Geschäftsjahr mit einem Verlust abgeschlossen, so müssen alle Gesellschafter diesen durch einen entsprechend hohen Nachschuss abdecken.	
f) Die GmbH wird als Formkaufmann in die Abteilung A im Handelsregister eingetragen.	
g) Alle Gesellschafter und alle Geschäftsführer werden im Handelsregister eingetragen.	

Lernsituation 7

Eine geeignete Rechtsform für ein Unternehmen auswählen

Neben der Phoneworld GmbH möchten Jana Kruse, Tobias und Gerhard Wahl noch ein weiteres Unternehmen für App-basierte Dienstleistungen gründen. Da sie im Laufe der Jahre schon viele Erfahrungen mit den unterschiedlichen Rechtsformen gesammelt haben, wollen die drei eine Übersicht mit den wichtigsten Unterschieden erstellen, um sich so einen besseren Überblick verschaffen zu können. Für die Firmengründung haben sie 30.000,00 EUR Startkapital vorgesehen, dass sie zu gleichen Teilen in das Unternehmen einbringen möchten.

Arbeitsaufträge

1. **Helfen Sie Jana Kruse, Tobias und Gerhard Wahl bei der Auswahl einer geeigneten Rechtsform, indem Sie zunächst die Merkmale von einem Einzelunternehmen und Personengesellschaften in der folgenden Übersicht zusammenfassen:**

Einzelunternehmen und Personengesellschaften			
Merkmal	eingetragener Kaufmann	Offene Handelsgesellschaft	Kommanditgesellschaft
Unternehmensbezeichnung			
Anzahl Gesellschafter			
Mindestkapital			
Gründung			
Unternehmensführung			

Einzelunternehmen und Personengesellschaften			
Merkmal	eingetragener Kaufmann	Offene Handelsgesellschaft	Kommanditgesellschaft
Haftung			
Gewinn und Verlust			

2. Wägen Sie die drei Rechtsformen ab und entscheiden Sie sich für eine mögliche Rechtsform für das neue Unternehmen. Begründen Sie Ihre Entscheidung.

______

______

______

______

______

3. Helfen Sie Jana Kruse, Tobias und Gerhard Wahl bei der Auswahl einer geeigneten Rechtsform, indem Sie zunächst die Merkmale von einer GmbH einer UG und einer Genossenschaft in der folgenden Übersicht zusammenfassen:

Kapitalgesellschaften und Genossenschaften			
Merkmal	Gesellschaft mit beschränkter Haftung	Unternehmergesellschaft	Eingetragene Genossenschaft
Unternehmensbezeichnung			
Anzahl Gesellschafter			
Mindestkapital			
Gründung			

Kapitalgesellschaften und Genossenschaften			
Merkmal	**Gesellschaft mit beschränkter Haftung**	**Unternehmergesellschaft**	**Eingetragene Genossenschaft**
Unternehmensführung			
Haftung			
Gewinn und Verlust			
Organe			

4. **Wägen Sie die drei Rechtsformen ab und entscheiden Sie sich für eine Rechtsform. Begründen Sie ihre Entscheidung.**

____

____

____

____

____

Lernsituation 8

Durch Franchising den Erfolg eines Unternehmens sichern

Jana Kruse kommt morgens immer an einer „BackWaren“ Filiale vorbei, um dort Kaffee und eine Kleinigkeit für das Frühstück zu kaufen. Dabei lernt sie den Geschäftsführer Rainer Holzinger kennen, der ihr erzählt, wie praktisch und einfach doch Franchising sei.
Auf Rückfrage von Jana erklärt er ihr, dass für eine Geschäftseröffnung eines BackWaren-Geschäftes ca. 100.000,00 EUR für die Einrichtung des Ladengeschäfts einzuplanen sind. Die Ware wird dann immer pünktlich geliefert und um das Marketing kümmert sich der Franchisegeber. Da das Unternehmen in vielen Städten etabliert ist, haben die Kunden diese Verkaufsform positiv angenommen, man muss sich nur noch darum kümmern, Ware nachzulegen und die Kasse zu besetzen. Vom Nettoumsatz ist eine laufende Gebühr von 5,5 % an den Franchisegeber abzugeben, dafür ist man aber sein „eigener Chef“. Jana überlegt, ob auch für die Phoneworld GmbH Franchising eine Möglichkeit wäre, um das Unternehmen zu vergrößern.

Arbeitsaufträge

1. **Erklären Sie den Begriff Franchising anhand der folgenden Grafik. Ordnen Sie anschließend die Personen aus der Ausgangssituation den Begriffen dieser Grafik zu. Welche Inhalte wurden in der Ausgangssituation in dem Franchisevertrag vereinbart.**

sucht Partner für Vermarktung von Waren und Dienstleistungen

Franchisegeber	Franchisevertrag §§§	**Franchisenehmer**

2. Ordnen Sie die Leistungen eines Franchisevertrags dem Franchisegeber bzw. dem Franchisenehmer zu.

Belieferungspflicht; Franchisegebühr; gibt Berichte und lässt Kontrollen zu; Know-how und Ausstattung; Marketing und Werbung; Markt + Wettbewerbsbeobachtung; Nutzung von Markenrechten; Schulung und Beratung; wirtschaftlich und rechtliche Selbstständigkeit

Leistungen des Franchisegebers (FG)	Leistungen des Franchisenehmers (FN)

3. Ordnen Sie die Vorteile des Franchising dem Franchisegeber (FG) und/oder dem Franchisenehmer (FN) zu. Tragen Sie die Abkürzung in das Lösungsfeld ein.

Vorteile Franchising	FN oder FG?
Hohe Rendite, wenn sich das Geschäftskonzept gut vermarkten lässt.	
Nutzung von Marketingaktivitäten z. B. Fernsehwerbung	
Nutzung der vollständigen Corporate Identity (z. B. Firmenlogo, Website usw.)	
Kein Risiko durch eigenes Personal oder die langfristige Anmietung von Geschäftsräumen	
Schnelle nationale/internationale Vermarktung	
Das Risiko des Scheiterns ist geringer durch Schulungen und die Nutzung einer etablierten Marke	
Monatliche Einnahmen durch Umsatzbeteiligungen	

4. **Ordnen Sie die Nachteile des Franchings dem Franchisegeber (FG) oder dem Franchisenehmer (FN) zu. Tragen Sie die Abkürzung in das Lösungsfeld ein.**

Nachteile Franchising	FN oder FG?
Langfristige Bindung und keine schnelle Möglichkeit aus dem Vertrag auszutreten	
Franchisegebühren belasten die Erfolgsrechnung	
Hoher Kontrollaufwand um die Einheit und die Identität des Konzepts zu sichern	
Verlust des direkten Kundenkontaktes	
Die anfänglichen Investitionen sind durch Lizenzgebühren und die vollständige Erstausstattung vergleichsweise hoch.	
Übernahme der Haftung für Produkte, die nicht selbst hergestellt, sondern nur weitervertrieben werden.	
Eingeschränkte unternehmerische Freiheit	

5. **Erläutern Sie, warum es sich bei Franchising um eine Form der vertikalen Kooperation handelt.**

6. **Andere Formen der vertikalen Kooperation sind u. a. der Rack Jobber und das Kommissionsgeschäft.**

a) **Beschreiben Sie, was man unter einem Rack Jobber System versteht und nennen Sie zwei Vorteile dieses Systems für die Phoneworld GmbH.**

b) **Beschreiben Sie, was man unter einem Komminssionsgeschäft versteht und nennen Sie zwei Vorteile dieses Systems für die Phoneworld GmbH.**

Lernsituation 9

Eine geeignete Finanzierung für eine Unternehmenserweiterung auswählen

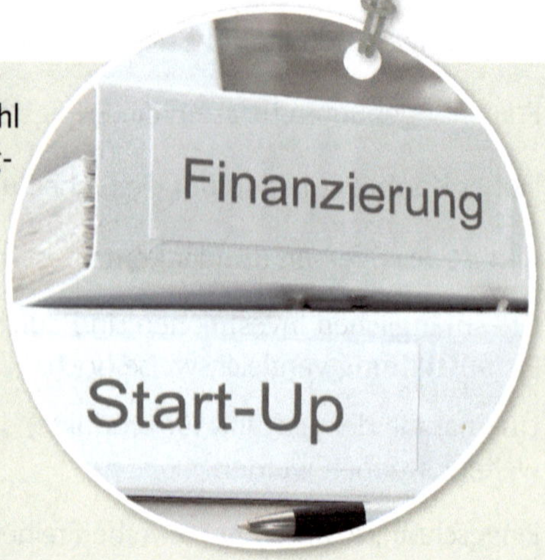

Die Phoneworld GmbH von Jana Kruse und Tobias Wahl hat sich auf dem Markt etabliert und ist sogar so erfolgreich, dass die beiden über die Eröffnung einer neuen Filiale in Duisburg nachdenken. Nach einer anfänglichen Kalkulation werden für die neue Filiale insgesamt 150.000,00 EUR benötigt (Einrichtung 50.000,00 EUR und anfänglicher Warenbestand 100.000 EUR). Um eine mögliche Finanzierung in Betracht zu ziehen, schauen sich die beiden die (verkürzte) Bilanz und die Gewinn- und Verlustrechnung der Phoneworld GmbH des letzten Jahres an:

Bilanz der Phoneworld GmbH zum 31.12.20..

Aktiva (A)			Passiva (P)
A. Anlagevermögen		**A. Eigenkapital**	XXX
1. BGA	10.000,00		
2. Fuhrpark	50.000,00	**B. Fremdkapital**	
		I. langfristige Schulden	
B. Umlaufvermögen		1. Bankdarlehen	90.000,00
1. Waren	180.000,00	**II. kurzfristige Schulden**	
2. Forderungen	30.000,00	Verbindlichkeiten aus L.L.	10.000,00
3. Bank	20.500,00		
4. Kasse	9.500,00		
	300.000,00		**300.000,00**

Gewinn- und Verlustkonto der Phoneworld GmbH

Soll			Haben
Aufwendungen für Waren	100.000,00	Umsatzerlöse für Waren	230.000,00
Gehälter	20.000,00		
Mietaufwand	50.000,00		
Sonstige Aufwendungen	10.000,00		
Gewinn	XXX		
	230.000,00		**230.000,00**

Arbeitsaufträge

1. **Erläutern Sie anhand der Bilanz die Begriffe Investition und Finanzierung.**

Investition	Finanzierung

2. **Jana Kruse fällt auf, dass in der Bilanz der Wert des Eigenkapitals und in der Gewinn- und Verlustrechnung der Wert des Gewinns fehlt. Berechnen Sie das Eigenkapital und den Gewinn.**

Eigenkapital		Gewinn	

3. **Welche Finanzierungsziele sollten Jana Kruse und Tobias Wahl bei der Finanzierung beachten? Nennen Sie drei.**

4. **Zunächst überlegen die beiden, ob die Investition mit Eigenkapital oder mit Fremdkapital finanziert werden soll. Stellen Sie die Vor- und Nachteile der beiden Finanzierungsalternativen dar:**

	Eigenkapital	Fremdkapital
Einflussmöglichkeiten auf die Geschäftspolitik		
Fristigkeit der Überlassung		
Gegenleistung für die Kapitalüberlassung		
Haftung		
Rechtsanspruch auf Rückzahlung		

5. **Tobias Wahl schlägt vor, den Gewinn für die Finanzierung zu verwenden.**

a) **Wie wird diese Finanzierungsart bezeichnet? Handelt es sich dabei um Eigen- oder Fremdfinanzierung, bzw. um Außen- oder Innenfinanzierung? Tragen Sie die Begriffe in die Tabelle ein:**

Finanzierungsart	Eigen- oder Fremdfinanzierung	Außen- oder Innenfinanzierung

b) **Nennen Sie je zwei Vor- und Nachteile für diese Finanzierungsart:**

Finanzierungsart von Tobias Wahl:

Vorteile	Nachteile

6. **Jana Kruse wirft einen Blick in die Gewinn- und Verlustrechnung und stellt fest, dass der Gewinn nicht ausreicht, um die Investition zu finanzieren. Sie schlägt deshalb vor, einen oder mehrere Teilhaber zu finden, die das nötige Kapital mitbringen.**

a) **Wie wird diese Finanzierungsart bezeichnet? Handelt es sich dabei um Eigen- oder Fremdfinanzierung, bzw. um Außen- oder Innenfinanzierung? Tragen Sie die Begriffe in die Tabelle ein:**

Finanzierungsart	Eigen- oder Fremdfinanzierung	Außen- oder Innenfinanzierung

b) **Nennen Sie je zwei Vor- und Nachteile für diese Finanzierungsart:**

Finanzierungsart von Jana Kruse:	
Vorteile	**Nachteile**

c) **Berechnen Sie, wie hoch der Kapitaleinsatz von neuen Teilhabern sein müsste, wenn auch der Gewinn vollständig für die Investition verwendet würde.**

7. **Jana und Tobias behalten den Gewinn vollständig ein und nehmen einen neuen Gesellschafter auf, der das erforderliche Kapital mitbringt, um die Investition zu finanzieren. Stellen Sie die neue Bilanz der Phoneworld GmbH auf, wenn alle anderen Bilanzpositionen sich nicht geändert hätten.**

Bilanz der Phoneworld GmbH nach der Investition

Aktiv (A)		Passiv (P)	
A. Anlagevermögen		**A. Eigenkapital**	
1. BGA			
2. Fuhrpark		**B. Fremdkapital**	
B. Umlaufvermögen		**I. langfristige Schulden**	
1. Waren		1. Bankdarlehen	
2. Forderungen		**II. kurzfristige Schulden**	
3. Bank		Verbindlichkeiten aus L.L.	
4. Kasse			

8. **Berechnen Sie die folgenden Kennzahlen zur Kapitalstruktur vor und nach der Finanzierung. Welche Aussage lässt sich dazu treffen?**

	Vor der Finanzierung	Nach der Finanzierung
Eigenkapital-quote		
Fremdkapital-quote		
Verschuldungs-grad		

9. **Was besagt die goldene Finanzierungsregel. Hat sich die Phoneworld GmbH bei dieser Finanzierung an diese Regel gehalten oder nicht?**

Lernsituation 10

Ein Darlehen aufnehmen

Jana Kruse möchte für die Phoneworld GmbH ein neues Lieferfahrzeug im Wert von 30.000 EUR anschaffen. Die Hausbank bietet ihr ein Darlehen in dieser Höhe mit einer Laufzeit von 5 Jahren zu einem Zinssatz von 10 % an. Als Sicherheit wird bei allen Krediten eine Sicherungsübereignung vereinbart. Helfen Sie Jana Kruse bei der Entscheidung, welche Darlehensart (Fest-, Abzahlungs-/Tilgungsdarlehen oder Annuitätendarlehen) für die Phoneworld GmbH am vorteilhaftesten ist.

Arbeitsaufträge

1. **Jana Kruse möchte für das Lieferfahrzeug bei der Bank einen langfristigen Kredit aufnehmen.**

a) **Wie wird diese Finanzierungsart bezeichnet? Handelt es sich dabei um Eigen- oder Fremdfinanzierung, bzw. um Außen- oder Innenfinanzierung? Tragen Sie die Begriffe in die Tabelle ein:**

Finanzierungsart:	
Eigen- oder Fremdfinanzierung	
Außen- oder Innenfinanzierung	

b) **Nennen Sie je zwei Vor- und Nachteile für diese Finanzierungsart.**

Vorteile	Nachteile

2. **Ordnen Sie die Inhalte des Kreditvertrags zwischen der Bank und der Phoneworld GmbH den folgenden Oberbegriffen zu:**

Kreditsumme, Kreditzinsen, Laufzeit, Sicherheiten, Tilgung, Vertragspartner

Begriffe	Inhalte des Kreditvertrages
	Die Hausbank und Jana Kruse für die Phoneworld GmbH unterschreiben den Kreditvertrag
	30.000 EUR
	5 Jahre
	Rückzahlung als Fest-, Abzahlungs- oder Annuitätendarlehen
	10 %
	Sicherungsübereignung

3. **Nennen Sie zwei gesetzliche Vorschriften, die beim Abschluss eines Kreditvertrages einzuhalten sind.**

4. **Berechnen Sie die jährliche Liquiditätsbelastung der drei Darlehensarten, indem Sie die drei Tilgungspläne ausfüllen.**

Festdarlehen				
Jahr	Darlehnssumme zu Beginn des Jahres (EUR)	10 % Zinsen p. a. (EUR)	Jährliche Rate (Annuität in EUR)	Restschuld am Ende des Jahres (EUR)
1	30.000,00			
2				
3				
4				
5				
Summe				

Abzahlungs-/Tilgungsdarlehen					
Jahr	Darlehnssumme zu Beginn des Jahres (EUR)	10 % Zinsen p. a. (EUR)	20 % Tilgung p. a. (EUR)	Jährliche Rate (Annuität in EUR)	Restschuld am Ende des Jahres (EUR)
1	30.000,00				
2					
3					
4					
5					
Summe					

Annuitätendarlehen					
Jahr	Darlehnssumme zu Beginn des Jahres (EUR)	10 % Zinsen p. a. (EUR)	Tilgung p. a. (EUR)	Jährliche Rate (Annuität in EUR)	Restschuld am Ende des Jahres (EUR)
1	30.000,00			7.914,00	
2					
3					
4					
5					
Summe					

5. **Vergleichen Sie die drei Alternativen. Welche Vor- und Nachteile haben die drei Darlehensarten? Geben Sie Jana Kruse eine Empfehlung für welche Darlehensart sie sich entscheiden sollte.**

Darlehensart	Vorteile	Nachteile
Festdarlehen		
Abzahlungs-/ Tilgungsdarlehen		
Annuitätendarlehen		

Entscheidung von Jana Kruse:

Aufgabe Plus

Erstellen Sie einen Darlehensvergleich mithilfe einer Tabellenkalkulation.

- Die Darlehenssumme beträgt 500.000,00 EUR zu 5% Zinsen und einer Laufzeit von 10 Jahren. Die jährliche Annuität bei einem Annuitätendarlehen beträgt 64.752,29 EUR.
- Übernehmen Sie die Tabellen aus der Aufgabe 4.

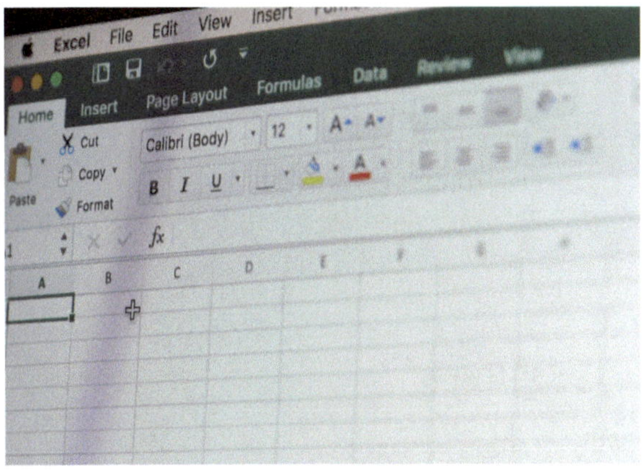

Lernsituation 11

Einen Lieferantenkredit aufnehmen

Der Phoneworld GmbH liegt am 16.11. eine Rechnung der Talkphone AG vor. Ein Blick auf das Konto verrät, dass sich das Firmenkonto zurzeit mit 500,00 EUR im Soll befindet.
Nun überlegt die Geschäftsführerin, Jana Kruse, ob sie die Rechnung erst im Dezember bezahlen soll, da sie dann wieder genügend Einnahmen erwartet, so dass das Konto wieder im Haben ist. Oder ob sie besser das Konto weiter belasten sollte, um die Rechnung innerhalb der Skontofrist zu begleichen.
Die Hausbank hat der Phoneworld GmbH einen Kontokorrentkredit von 9,5% Zinsen (effektiv) eingeräumt.
Helfen Sie Jana Kruse bei der Entscheidung.

Talkphone AG – Theater Str. 30 – 53111 Bonn

talkphone AG

Phoneworld GmbH
Wallstraße 16
40213 Düsseldorf

Tel: +49 211 657010
Fax: +49 211 657000
eMail: info@talkphone.de
Internet: www.talkphone.de

Rechnung

Rechnungs-Nr.	Ihr Auftrag vom	Kunden-Nr.	Bearbeiter	Datum
2589	10.11.20..	1258	Müller	16.11.20..

Pos.	Bezeichnung	Menge	Einzelpreis	Gesamtpreis
1	Boom Box 400	10	250,10 EUR	2.501,00 EUR
2	Headphone XR	15	150,30 EUR	2.254,50 EUR
3	Dockstation 2.0	25	40,20 EUR	1.005,00 EUR
			Gesamtnettopreis	5.760,50 EUR
			19 % Umsatzsteuer	1.094,50 EUR
			Gesamtbruttopreis	**6.855,00 EUR**

Lieferung: frei Haus
Zahlung: innerhalb von 8 Tagen abzüglich 3% Skonto oder innerhalb 30 Tagen netto Kasse

Geschäftsführer: Carsten Plöger
Theater Str. 30
53111 Bonn

Sparkasse KölnBonn
BLZ 37050198
Konto 2462940

Ust-Ident DE81108436
HRB 25580
AG Bonn

Arbeitsaufträge

1. **In der Rechnung sind mehrere Zeiträume angegeben. Markieren Sie das Rechnungsdatum und das jeweilige Datum, an dem die Rechnung spätestens zu begleichen wäre, im Kalender. Wie viele Tage beträgt der Zeitraum bis zur Skontofrist und viele Tage sind es bis zum Zahlungsziel?**

NOVEMBER						
Sonntag	Montag	Dienstag	Mittwoch	Donnerstag	Freitag	Samstag
1 Allerheiligen	2	3	4	5	6	7
8	9	10	11	12	13	14
15	16	17	18	19	20	21
22	23	24	25	26	27	28
29	30	1	2	3	4	5

DEZEMBER						
Sonntag	Montag	Dienstag	Mittwoch	Donnerstag	Freitag	Samstag
29	30	1	2	3	4	5
6	7	8	9	10	11	12
13	14	15	16	17	18	19
20	21	22	23	24	25	26
27	28	29	30	31	1	2

Skontofrist	
Zahlungsziel	

2. **Berechnen Sie das Skonto sowie den Überweisungsbetrag, wenn Jana Kruse die Rechnung innerhalb der Skontofrist bezahlen würde.**

3. **Berechnen Sie für den Lieferantenkredit**

a) **die Kosten des Lieferantenkredits, wenn die Phoneworld GmbH die Rechnung erst bei Fälligkeit bezahlt.**

b) **den effektiven Zinssatz des Lieferantenkredits.**

4. **Berechnen Sie die Kosten des Kontokorrentkredits, den die Phoneworld GmbH bei ihrer Bank aufnehmen müsste, um innerhalb der Skontofrist zu bezahlen.**

a) **Entnehmen Sie zunächst alle relevanten Angaben für die Zinsformel aus der Situation.**

Kapital (K)	
Zins (p)	
Zeit (i)	

b) **Setzen Sie nun diese Angaben in die Zinsformel ein und berechnen die Zinskosten für die Überziehung des Kontos.**

5. **Tragen Sie alle Ergebnisse in die folgende Übersicht ein:**

	Zinskosten	(effektiver) Zinssatz
Lieferantenkredit		
Kontokorrentkredit		

6. **Berechnen Sie, um wie viel EUR die Alternative für Jana Kruse vorteilhafter ist.**

Aufgabe Plus

1. **Der Einzelhändler Sport Warnke KG hat bei seinem Lieferanten, der Sportswear GmbH, 100 Fußbälle bestellt. Die Sportswear GmbH liefert wie besprochen die Ware am 01.04. zum Preis von 10,40 EUR pro Ball. Die Zahlungsbedingungen sind auf der Rechnung wie folgt angegeben: 30 Tage netto Kasse oder binnen 14 Tage mit 2,5 % Skonto. Die Hausbank der Sport Warnke KG berechnet für die Überziehung des Geschäftskontos 14 % Zinsen.**

   Berechnen Sie, um wie viel Euro es für die Sport Warnke KG günstiger wäre, den Kontokorrentkredit der Bank aufzunehmen, als das Skonto nicht auszunutzen.

Lernsituation 12

Leasing als Finanzierungsalternative überprüfen

Die Phoneworld GmbH benötigt ein neues Kassensystem. Nach dem Vergleich einiger Angebote ist sie auf der Seite Kassenshop Online fündig geworden. Der Shop bietet ihr drei unterschiedliche Zahlungsmöglichkeiten an. Helfen Sie Jana Kruse bei der Auswahl einer geeigneten Zahlungsmöglichkeit.

© Gorodenkoff – stock.adobe.com

Zahlungsmöglichkeit 1	**Zahlungsmöglichkeit** 2	**Zahlungs-möglichkeit 3**
Summe Warenwert 1.447,00 EUR Versand nach DE 0,00 EUR **Summe, netto 1.447,00 EUR** zzgl. 19 % MwSt. 274,93 EUR **Summe, netto 1.721,93 EUR** KASSE	Commercial Leasing Laufzeit: 36 Monate Einmalzahlung: 100 EUR Monatliche Rate: 42,00 EUR* *inkl. Versicherung und jährlicher Wartung Rückgabe am Ende der Leasingdauer	Finanzierung über die Partnerbank: Kreditsumme: 1721,93 EUR Laufzeit: 36 Monate Zins: 2,5 % eff. Zins p. a. Tilgung zum Laufzeitende

Arbeitsaufträge

1. **Betrachten Sie die drei Zahlungsmöglichkeiten. Wie werden diese Zahlungsarten genannt? Tragen Sie die richtigen Begriffe in die obere Tabelle ein.**

2. **Analysieren Sie die Zahlungsmöglichkeit 1 und beantworten Sie dazu die folgenden Fragen:**

a) **Wie sind bei Zahlungsmöglichkeit 1 die Eigentums- bzw. die Besitzverhältnisse für die Phoneworld GmbH geregelt?**

___

b) **Wie wird dieser Vorgang bilanziert, wenn Jana Kruse den Rechnungsbetrag von dem Geschäftskonto überweist? Welcher Betrag wird im Gewinn- und Verlustkonto eingetragen? Beachten Sie, dass IT-Hardwaresysteme laut AFA-Tabellen einer 3-jährigen linearen Abschreibungsdauer unterliegen.**

___

___

___

___

c) Wie hoch ist die Liquiditätsbelastung in den ersten drei Jahren? Tragen Sie die Raten in die Tabelle ein. Berechnen Sie auch die Summe der Liquiditätsbelastung.

Jahr 1	Jahr 2	Jahr 3	Summe

3. Analysieren Sie die Zahlungsmöglichkeit 2 und beantworten Sie dazu die folgenden Fragen:

a) Wie sind in diesem Fall die Eigentums- und die Besitzverhältnisse geregelt?

b) Wie wird dieser Vorgang bilanziert? Welcher Betrag wird im Gewinn- und Verlustkonto eingetragen?

c) Wie hoch ist die Liquiditätsbelastung in den drei Jahren der Laufzeit? Tragen Sie die Raten in die Tabelle ein:

Jahr 1	Jahr 2	Jahr 3	Summe

4. Analysieren Sie die Zahlungsmöglichkeit 3 und beantworten Sie dazu die folgenden Fragen:

a) Wie sind in diesem Fall die Eigentums- und die Besitzverhältnisse geregelt?

b) Wie wird der Vorgang bilanziert? Welchen Betrag wird im Gewinn- und Verlustkonto eingetragen?

c) Wie hoch ist die Liquiditätsbelastung in den drei Jahren Laufzeit? Tragen Sie die Raten in die Tabelle ein:

Jahr 1	Jahr 2	Jahr 3	Summe

5. Stellen Sie die jeweiligen Vorteile der drei Finanzierungsformen in der nachfolgenden Tabelle stichwortartig gegenüber:

Pro Barzahlung	Pro Leasing	Pro Kreditfinanzierung

6. Stellen Sie die jeweiligen Nachteile der drei Finanzierungsformen in der nachfolgenden Tabelle stichwortartig gegenüber:

Contra Barzahlung	Contra Leasing	Contra Kreditfinanzierung

Lernsituation 13

Den Zahlungseingang überwachen und angemessen darauf reagieren

Tobias Wahl von der Phoneworld GmbH kommt Ende August aus den Sommerferien zurück und stellt fest, dass die folgende Rechnung eines Großkunden noch nicht beglichen wurde.

Phoneworld GmbH – Wallstraße 16 – 40213 Düsseldorf

Feingeist Marketing GmbH
Kölner Straße 164
40223 Düsseldorf

Auftragsbestätigung und Rechnung

Rechnungs-Nr.	1267881	**Datum**	21.07.20..

Pos.	**Bezeichnung**	**Menge**	**Einzelpreis**	**Gesamtpreis**
1	Tablet LT Sonic X2 schwarz, inkl. Sim Karte	50	265,00 EUR	13.250,00 EUR
2	Schutzhülle Hardshell passend für Tablet LT Sonic X2	50	24,00 EUR	1.200,00 EUR
			Summe netto	14.450,00 EUR
			19 % Umsatzsteuer	2.745,50 EUR
			Summe (brutto)	**17.195,50 EUR**

Bitte überweisen Sie den Rechnungsbetrag bis zum 20.08.20..
Lieferung frei Haus. Die Ware bleibt bis zur vollständigen Bezahlung des Kaufpreises Eigentum der Phoneworld GmbH.

Phoneworld GmbH
Wallstraße Str. 16
40213 Düsseldorf

HRB 46811
Amtsgericht Düsseldorf

Stadtsparkasse Düsseldorf
BIC DUSSDEDD
IBAN DE89 3005 0110 1008 5245 67

Arbeitsaufträge

1. Welche gesetzlichen Voraussetzungen für einen Zahlungsverzug müssen erfüllt werden? Prüfen Sie anhand der vorliegenden Rechnung, ob sich die Feingeist Marketing GmbH am 30.08.20.. im Zahlungsverzug befindet.

Voraussetzungen	Erfüllt (ja/Nein)	Begründung

2. Welche vorrangigen Rechte könnte die Phoneworld GmbH geltend machen, wenn die Lieferung nicht mehr zurückgenommen werden kann?

3. Tobias Wahl entschließt sich, der Feingeist GmbH zunächst eine Zahlungserinnerung zu schreiben. Berechnen Sie den Verzugsschaden sowie die Höhe der Gesamtforderung, wenn neben den Verzugszinsen noch pauschale Mahngebühren in Höhe von 5,00 EUR erhoben werden. Der aktuelle Basiszinssatz beträgt -0,88 %. Ermitteln Sie zunächst die erforderlichen Größen:

Höhe der Forderung	Anzahl der Verzugstage	Zinssatz

4. In der Zahlungserinnerung ist eine weitere Frist von 14 Tagen eingeräumt worden. Dennoch bleibt die Zahlung der Feingeist GmbH aus. Kann die Phoneworld GmbH nun die nachrangigen Rechte geltend machen? Welche nachrangigen Rechte stehen grundsätzlich zur Verfügung?

5. Prüfen Sie, welches nachrangige Recht in den folgenden Fällen sinnvollerweise von der Phoneworld GmbH geltend gemacht werden könnte:

a) **In Branchenkreisen geht das Gerücht, dass die Feingeist GmbH in finanziellen Schwierigkeiten steckt.**

b) **Überraschenderweise bietet sich für die Phoneworld GmbH die Möglichkeit, die 50 Tablets an einen anderen Kunden zu verkaufen, jedoch nur zu einem 10 % niedrigeren Preis.**

c) **Neben den Geräten hatte die Phoneworld GmbH auch 50 SIM-Karten im Wert von 500 EUR bestellt, für die es nun keine Verwendung mehr gibt.**

Aufgabe Plus

1. Die Firma Elektro Vogt KG liefert Geschäftsführer Gerhard Wahl als Privatkunden am 7. Juli 20.. einen Wäschetrockner für 1.119,00 EUR. Die Rechnung wird am gleichen Tag ausgehändigt. Sie trägt den Vermerk „zahlbar sofort". Am 01. August erhält Gerhard Wahl, der die Rechnung übersehen hatte, eine Mahnung von der Vogt KG.

Auszug aus dem Mahnschreiben:

„… Am 7. Juli haben wir Ihnen, wie vertraglich vereinbart, den Trockner geliefert. Gleichzeitig händigten unsere Mitarbeiter Ihnen die Rechnung aus. Da Sie den Rechnungsbetrag nicht sofort gezahlt haben, befinden Sie sich seit dem 8.Juli in Zahlungsverzug.
Wir fordern Sie daher auf, den Kaufpreis in Höhe von 1.119,00 EUR unverzüglich zu zahlen. Außerdem machen wir von unserem Recht Gebrauch, Ihnen Verzugszinsen in Höhe von 8,12 % p. a. ab dem 8.Juli in Rechnung zu stellen …"

a) **Die Vogt KG schreibt, dass sich Gerhard Wahl seit dem 8. Juli in Zahlungsverzug befindet. Überprüfen Sie, ob die Voraussetzungen für Zahlungsverzug in diesem Falle erfüllt sind. Begründen Sie Ihre Antwort.**

b) **Die Vogt KG verlangt von Herrn Wahl die sofortige Bezahlung des Rechnungsbetrages und die Zahlung von Verzugszinsen ab dem 8. Juli in Höhe von 8,12 % p. a. Überprüfen Sie, ob die Vogt KG diese beiden Rechte in Anspruch nehmen kann. Begründen Sie Ihre Entscheidung!**

2. Füllen Sie die Übersicht zum Zahlungsverzug aus.

Voraussetzungen für den Zahlungsverzug

Mahnung entbehrlich, wenn …

Rechte beim Zahlungsverzug

Nachrangige Rechte beim Zahlungsverzug nach Setzung einer angemessenen Nachfrist

oder

Lernsituation 14

Ein kaufmännisches und ein gerichtliches Mahnverfahren einleiten

Jana Kruse, die Geschäftsführerin der Phoneshop GmbH, öffnet an ihrem Firmen-Computer die Liste „offene Rechnungen". Auf allen offenen Rechnungen wurde ursprünglich ein Zahlungsziel von 30 Tage gewährt. Die Offene-Posten-Liste dient Jana Kruse dazu, die Eingangszahlungen von Kunden zu überwachen und gegebenenfalls zu mahnen.

Offene Rechnungen							am 20.04.20..
Rechnung Nr.	Datum	Kunde	Tage nach Rechnungsdatum	Betrag (EUR)	Bezahlt (EUR)	offen (EUR)	Mahnung
10218	06.10.18	Carla Dinklage	1292	460,20	0,00	−460,20	1./2./3.
10416	04.04.19	Lars Klinkhammer	1112	623,40	0,00	−623,40	1./2./3.
23568	15.02.22	Jonas Petrovic	64	245,50	0,00	−245,50	1. und 2.
35789	01.03.22	Petra Krause	50	1250,25	0,00	−1250,25	1.
45123	10.03.22	Judith Larson	41	540,30	100,00	−540,30	nein
45124	01.04.22	Peter Müller	19	377,90	0,00	−377,90	nein
45613	15.04.22	Sabine Mayer	5	280,20	0,00	−280,20	nein
Summe					**– 3.677,75**		

288

Arbeitsaufträge

Helfen Sie Jana Kruse bei der Einforderung der offenen Rechnungen.

1. **Warum ist es ratsam, dass Jana Kruse regelmäßig in die Liste „Offene Rechnungen" hineinschaut?**

____

____

2. **Welche Maßnahme sollte Jana Kruse bei den Rechnungsnummern 45613 und 45124 vornehmen?**

____

____

3. **Welche Maßnahme sollte Jana Kruse bei den Rechnungsnummern 45123, 35789 und 23568 vornehmen? Wann sollten die Schreiben versendet werden und welcher Inhalt mit welchem Tonfall sollte benutzt werden?**

Rechnung Nr.	45123	35789	23568
Art des Anschreibens			
Wann			
Tonfall			
Inhalt und Drohungen			

4. **Jana Kruse ruft bei den drei Schuldnern an, um ihrer Forderung Nachdruck zu geben, und erhält die folgenden Begründungen. Formulieren Sie eine passende Antwort, wie sie auf diese Ausreden reagieren könnte.**

Judith Larson: *„Ich habe doch gestern überwiesen."*

Antwort: ______________________________

____

Petra Krause: *„Ich dachte, mein Mann hätte das schon geregelt."*

Antwort: ______________________________

____

Jonas Petrovic: *„Entschuldigung, ich war im Krankenhaus."*

Antwort: ______________________________

____

5. **Jana Kruse hat die folgenden Mahnschreiben verfasst. Leider hat sie dabei einige Eintragungen vergessen. Vervollständigen Sie in den Mahnschreiben die fehlenden Angaben:**

a)

Phoneworld GmbH – Wallstraße 16 – 40213 Düsseldorf

PhoneWorld AG

Suitbertusstraße 16
40591 Düsseldorf

Datum:
20.04.20..

Zahlungserinnerung
Rechnung Nr.

auf unsere o. a. Rechnung haben wir noch keinen Zahlungseingang feststellen können. Falls Ihrer Aufmerksamkeit unsere o. a. Rechnung entgangen ist, haben wir Ihnen eine Kopie unserer Rechnung beigefügt. Wir bitten Sie, den Rechnungsbetrag auf das unten angegebne Konto zu überweisen.

Sollten Sie zwischenzeitlich die Zahlung bereits geleistet haben, betrachten Sie dieses Schreiben bitte als gegenstandslos.

Mit freundlichen Grüßen

Jana Kruse

Phoneworld GmbH
Wallstraße Str. 16
40213 Düsseldorf
Tel.: 0211-86 86 89

Geschäftsführung: Jana Kruse
Amtsgericht Düsseldorf
HRB 46811
USt. ID DE245895005

Stadtsparkasse Düsseldorf
BIC DUSSDEDD
IBAN DE89 3005 0110 1008 5245 67

b)

Phoneworld GmbH – Wallstraße 16 – 40213 Düsseldorf

Oberkasseler Straße 125
40545 Düsseldorf

Datum:
20.04.20..

Mahnung
Rechnung Nr.

Sehr geehrter Frau Krause,

leider haben Sie auf unsere Zahlungserinnerung vom 10.04.20..
nicht reagiert.
Wir bitten Sie daher den überfälligen Betrag in Höhe von Euro
bis zum 30.04.20.. auf unser Konto zu überweisen.
Sofern Sie den vorgenannten Termin nicht einhalten,
werden wir Ihnen Verzugszinsen und Mahnkosten berechnen müssen.

Sollten Sie zwischenzeitlich die Zahlung bereits geleistet haben, betrachten Sie dieses Schreiben bitte als gegenstandslos.

Mit freundlichen Grüßen

Jana Kruse

Phoneworld GmbH
Wallstraße Str. 16
40213 Düsseldorf
Tel.: 0211-868689

Geschäftsführung: Jana Kruse
Amtsgericht Düsseldorf
HRB 46811
USt. ID DE245895005

Stadtsparkasse Düsseldorf
BIC DUSSDEDD
IBAN DE89 3005 0110 1008 5245 67

c)

Phoneworld GmbH – Wallstraße 16 – 40213 Düsseldorf

PhoneWorld AG

Harffstraße 209
40591 Düsseldorf

Datum:
20.04.20..

Letzte Mahnung
Rechnung Nr.

Sehr geehrter Herr Petrovic,

trotz unserer schriftlichen Erinnerungen vom 30.03.20.. und vom 10.04.20.. konnten wir bis zum heutigen Tag keinen Zahlungseingang feststellen.

Rechnungsbetrag:	245,50	EUR
Verzugszinsen (4,12 %)		EUR
Mahnkosten:	1,00	EUR
Summe:		**EUR**

Wir bitten Sie daher letztmalig, den fälligen Betrag bis zum 30.04.20.. auf unser Konto einzuzahlen. Sollte auch dieser Termin ohne Geldeingang auf unserem Konto verstreichen, sehen wir uns gezwungen, ohne erneute Aufforderung gerichtliche Schritte einzuleiten. Beachten Sie bitte, dass dadurch für Sie erhöhte Kosten entstehen würden.

Hat sich diese Mahnung mit Ihrer Zahlung überschnitten, bitten wir Sie, dieses Schreiben als gegenstandslos zu betrachten.

Mit freundlichen Grüßen

Jana Kruse

Phoneworld GmbH
Wallstraße Str. 16
40213 Düsseldorf
Tel.: 0211-868689

Geschäftsführung: Jana Kruse
Amtsgericht Düsseldorf
HRB 46811
USt. ID DE245895005

Stadtsparkasse Düsseldorf
BIC DUSSDEDD
IBAN DE89 3005 0110 1008 5245 67

6. **Welche Maßnahme schlagen Sie Jana Kruse für die Rechnung Nr. 10416 vor? Warum muss Jana Kruse hier schnell handeln?**

7. **Welche Maßnahme schlagen Sie Jana Kruse für die Rechnung Nr. 10218 vor?**

8. **Vervollständigen Sie die Übersicht zum gerichtlichen Mahnverfahren:**

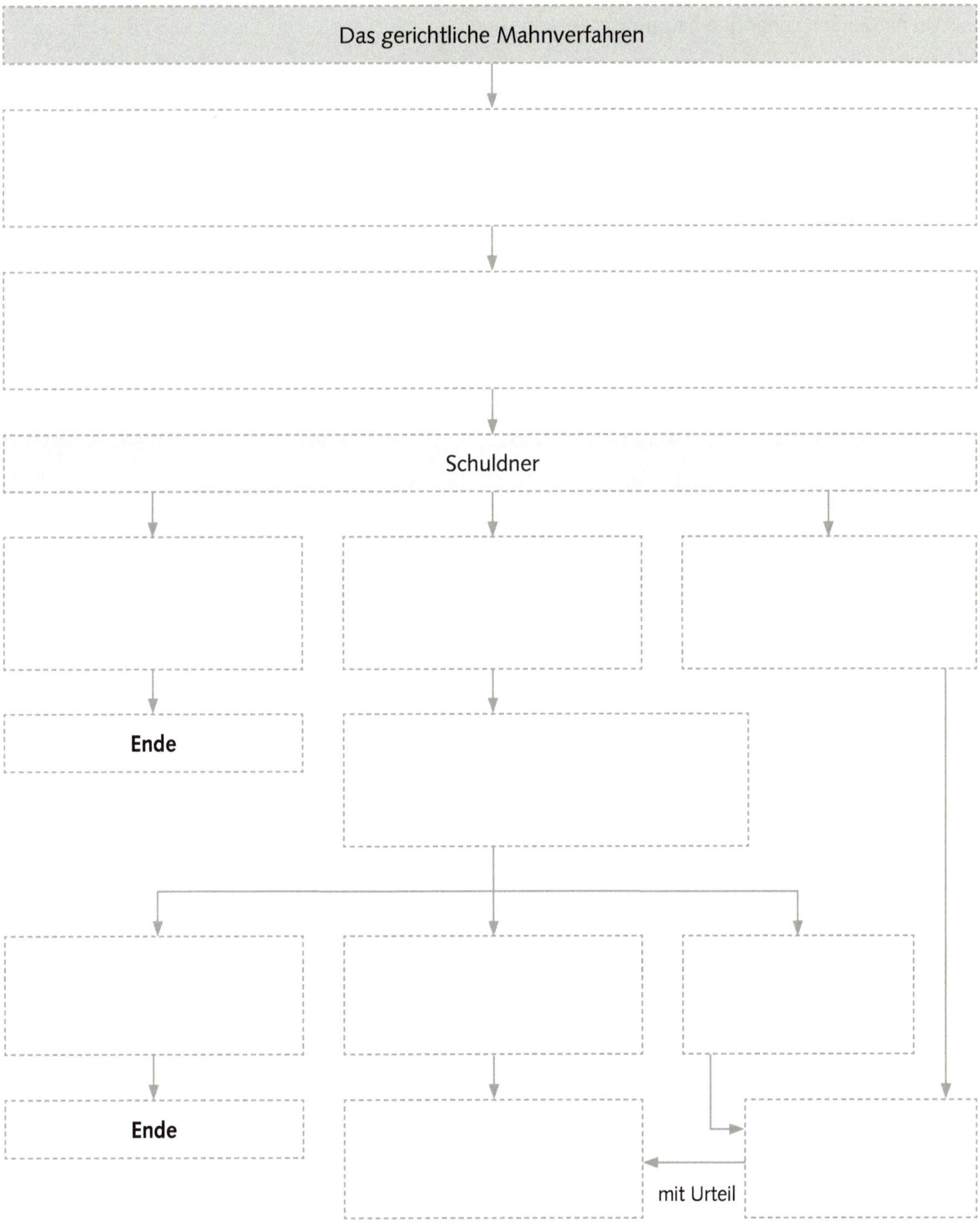

9. Füllen Sie den Lückentext mit den richtigen Wörtern aus:

Beim ______________________________ beantragt der Gläubiger den Erlass eines ______________________________. Das Amtsgericht leitet den Mahnbescheid dem ______________________________ zu. Dieser hat nun drei Möglichkeiten: Erstens kann er ______________________________, dann ist die Forderung erfüllt und das Verfahren beendet. Zweitens kann er innerhalb von 14 Tagen ______________________________ einlegen. In diesem Fall kommt es zu einer ______________________________.

Wenn der Schuldner überhaupt nicht reagiert und ______________________________, kann der Gläubiger weitere Schritte vornehmen. In diesem Fall kann er innerhalb von 6 Monaten einen ______________________________ beim Amtsgericht beantragen.

Jetzt hat der Schuldner wieder drei Möglichkeiten: Erstens er bezahlt die ______________________________ und ______________________________ damit das Verfahren. Zweitens könnte er innerhalb von 14 Tagen ______________________________ gegen den Vollstreckungsbescheid erheben.

Dann würde auch hier das ______________________________ den Fall übernehmen. Wenn der Schuldner auch hier wieder nicht reagiert und ______________________________, kann der Gläubiger die ______________________________ einleiten. Dies gilt auch, wenn er aufgrund eines Urteils des Prozessgerichts einen ______________________________ erhält. Mit dem Vollstreckungsbescheid kann der Gläubiger vom Schuldner das unbewegliche und das bewegliche Vermögen vom ______________________________ vollstrecken lassen.

10. Welche Aussagen zum gerichtlichen Mahnverfahren sind richtig?

a) Einen Mahnantrag kann man erst nach der dritten Mahnung stellen.	
b) Der Mahnantrag muss mit einem offiziellen Formblatt beim zuständigen Amtsgericht beantragt werden.	
c) Sobald der Schuldner den Mahnbescheid erhält, muss dieser sofort bezahlen.	
d) Der Vollstreckungsbescheid kann frühestens 14 Tage und spätestens 3 Monate nach dem Mahnbescheid erlassen werden.	
e) Gegen den Mahnbescheid kann widersprochen werden, gegen den Vollstreckungsbescheid kann Einspruch eingelegt werden.	
f) Im Prozessgericht werden in einer mündlichen Verhandlung die Umstände der Nichtzahlung verhandelt. Dabei sind keine Anwälte zugelassen.	
g) Der Gerichtsvollzieher kann nur das bewegliche Vermögen pfänden.	
h) Schmuck und Bargeld kann der Gerichtsvollzieher sofort pfänden und dem Gläubiger übergeben.	
i) In einer öffentlichen Versteigerung wird das Vermögen des Schuldners veräußert. Die Kosten trägt der Gläubiger.	
j) Mit einer Vermögensauskunft erhält der Gläubiger umfassende Kenntnisse über die Vermögensverhältnisse eines Schuldners.	
k) Die Freiheitsstrafe für die Nichtzahlungen einer Forderung kann bis zu 2 Jahren betragen.	
l) Zum Schutz des Schuldners gibt es Pfändungsfreigrenzen.	

Lernsituation 15

Eine Sanierung und ein Insolvenzverfahren durchführen

In der Einkaufsstraße befindet sich in unmittelbarer Nachbarschaft zur Phoneshop GmbH das Uhren- und Schmuckgeschäft **Uhren Waning**. Aufgrund der guten Nachbarschaft haben sich Jana Kruse und der Inhaber des Uhrengeschäfts, Jens Waning, angefreundet. In den vergangen zwei Jahren lief es jedoch für das Uhrengeschäft nicht so gut, Jens Waning macht sich zunehmend Sorgen um die Zukunft seines Geschäfts.
Jana Kruse bietet deshalb an, ihrem Geschäftsfreund aus der Krise zu helfen. Bei einem Treffen erzählt Jens Waning von seinen vielfältigen Problemen, die in der Summe den Fortbestand des Unternehmens bedrohen.
Das größte Problem für das Uhrengeschäft Waning ist, dass aufgrund der Krise der vergangenen zwei Jahre die Nachfrage nach hochpreisigen Luxusartikeln stark eingebrochen ist. Diese machten aber fast 50 Prozent seines Umsatzes aus. Ein weiteres Problem ist, dass die Werkstatt, in der Uhren repariert und angepasst werden können, veraltet ist. Die Werkzeuge für Feinmechanik müssen dringend ersetzt werden. Außerdem ist im letzten Jahr sein langjähriger Uhrmacher in Rente gegangen, so dass er nun nur noch kleinere Arbeiten von einer Hilfskraft erledigen lassen kann. Größere Aufträge muss er einschicken, was für die Kunden zu einer langen Wartezeit führt.
Eine weitere Belastung ist ein Kredit in Höhe von 100.000,00 EUR, der vor drei Jahren aufgenommen wurde, um die Geschäftsräume zu modernisieren. Die Räumlichkeiten entsprechen nun zwar dem aktuellen Zeitgeist, die Zinsen belasten ihn aber sehr schwer. Herr Waning hat zwar schon überlegt, das Sortiment auf günstigere Artikel umzustellen, hat aber die Befürchtung, dass die Konkurrenz im Internet hier günstiger sein wird als er. Außerdem hat er selbst oder einer seiner Mitarbeiter nicht das nötige Know-how, einen eigenen Onlineshop zu eröffnen. Dazu kommt, dass er seinen Kunden großzügige Zahlungsbedingungen einräumt. So hat er aktuelle Außenstände in Höhe von 5.000,00 EUR. Aufgrund der schlechten Ertragslage bezahlt Jens Waning seine Lieferantenrechnungen immer so spät wie möglich. Doch in der kommenden Woche wird eine hohe Rechnung über 10.000,00 EUR fällig, für die er aktuell kein Geld auf dem Konto hat. Außerdem müssen zum Monatsende die Gehälter der Mitarbeiter ausgezahlt werden. Die Bank hat außerdem signalisiert, ihm keine weiteren Kredite mehr zu geben.

Arbeitsaufträge

Helfen Sie Jens Waning bei der Rettung seines Unternehmens.

1. **Beschreiben Sie, welche internen und welche externen Ursachen die Unternehmenskrise von Herrn Waning hat.**

Interne Ursachen	Externe Ursachen

2. In welcher Phase der Unternehmenskrise befindet sich Herr Waning zurzeit? Was würde geschehen, wenn Herr Waning jetzt nicht auf diese Krise reagieren würde.

3. Welche außergerichtlichen Maßnahmen der Sanierung könnte Herr Waning kurzfristig ergreifen, um die Krise abzuwenden?

4. Welche Vorteile hat ein außergerichtlicher Vergleich (Moratorium) für Schuldner und Gläubiger?

Außergerichtlicher Vergleich (Moratorium)	
Vorteil für den Schuldner	Vorteil für den Gläubiger

5. In welchem Fall würde einem Vergleich nicht zugestimmt werden. Welche Folgen würden sich daraus ergeben.

6. Was versteht man unter dem Begriff einer Liquidation?

7. Der verzweifelte Herr Waning sieht keine Lösung des Problems ohne gerichtliche Mithilfe. Ihm wächst alles über den Kopf und er kann sich vor lauter Mahnungen seiner Schuldner nicht mehr retten.

a) Wie nennt sich das Verfahren, um das er sich bemühen wird und wo hat er dieses zu beantragen?

b) Herr Waning ist über das Verfahren nicht genau informiert, er weiß gar nicht genau, wer es überhaupt eröffnen kann. Welche Personen können dieses Verfahren eröffnen?

c) Herr Waning ist nun beim Amtsgericht. Dort soll er einen genauen Grund für die Verfahrenseröffnung angeben. Er ist etwas verunsichert. Welchen Grund muss er für die Insolvenzverfahrenseröffnung angeben?

d) Herr Waning erfährt beim Amtsgericht, dass die Eröffnung des Verfahrens „mangels Masse" abgelehnt werden kann. Was bedeutet dies und welche Konsequenzen hätte dies für die Gläubiger?

e) Das Vermögen von „Herrn Waning" ist für die Durchführung des Insolvenzverfahrens ausreichend. Ein Insolvenzverwalter, Herr Buschfeld, wird ernannt und die Insolvenz wird im Handelsregister, im Bundesanzeiger und in der Rheinischen Post veröffentlicht. Wozu werden die Gläubiger in den Veröffentlichungen aufgerufen und was wird danach von Herrn Buschfeld erstellt?

f) Eine Weile später sind alle Forderungen gegenüber Herrn Waning bei dem Insolvenzverwalter Buschfeld eingegangen. Welcher Termin wird nun von Herrn Buschfeld einberufen? Was wird dabei verhandelt?

g) Herr Waning hat große Angst um sein Unternehmen. Was könnte im schlimmsten Fall passieren?

h) Herr Waning ist erleichtert. Die Gläubigerversammlung hat beim Berichtstermin entschieden, dass das Unternehmen saniert werden soll. Es bleibt als Unternehmen weiter erhalten. Warum könnten sich die Gläubiger für eine Sanierung entschlossen haben?

8. Machen Sie Vorschläge, wie das Unternehmen von Herrn Waning langfristig wieder erfolgreich sein kann.

9. Welche der folgenden Aussagen sind richtig, welche falsch? Tragen Sie ein (R) bzw. (F) in das Lösungsfeld ein. Korrigieren Sie falsche Lösungen.

Zahlungsunfähigkeit und Überschuldung sind Insolvenzgründe.	
Drohende Zahlungsfähigkeit ist dagegen kein Grund das Insolvenzverfahren zu eröffnen.	
Das Insolvenzverfahren muss mit einem Insolvenzantrag beim zuständigen Landgericht der Gläubiger beantragt werden.	
Bei Vorliegen eines Insolvenzgrundes muss der Insolvenzantrag unverzüglich von der Geschäftsführung gestellt werden.	
Das Insolvenzverfahren wird vom Gericht unabhängig vom vorhandenen Vermögen eröffnet.	
Ist das Insolvenzverfahren eröffnet, können die Gläubiger keine Zwangsvollstreckung des Vermögens des Schuldners beantragen.	
Der Insolvenzverwalter wird vom Geschäftsführer des größten Gläubigers gestellt.	
Beim Berichtstermin bestimmt die Gläubigerversammlung, ob das Unternehmen saniert oder liquidiert werden soll.	
In einem Insolvenzplan wird festgelegt, welcher Gläubiger welche Summe erhält.	
Bei der Verteilung der Insolvenzmasse muss eine bestimmte Reihenfolge eingehalten werden.	

Aufgabe Plus

1. **Der Insolvenzverwalter der Raus GmbH hat die folgende Insolvenzmasse aufgestellt: Insgesamt wurde ein Vermögen von 400.00,00 EUR ermittelt. Davon fielen 100.000,00 EUR auf Waren, die unter Eigentumsvorbehalt geliefert, aber noch nicht bezahlt wurden. Der Wert der sicherungsübereigneten Firmenfahrzeuge beträgt 120.000,00 EUR. Die Kosten des Insolvenzverfahrens (für Insolvenzverwalter und Gerichtskosten) betragen 90.000,00 EUR. Außerdem gibt es Restforderungen in Höhe von 200.000,00 EUR von weiteren Gläubigern. Den Gläubigern sind nach der Eröffnung des Insolvenzverfahren noch Kosten in Höhe von 10.000 EUR entstanden.**

a) **Ordnen Sie die Posten der Insolvenzmasse zu und geben den jeweiligen Wert an:**

	Insolvenzmasse	Wert (EUR)
Gesamtvermögen		
Aussonderung	aus Eigentumsvorbehalt	
Absonderung	Sicherungsübereignete Fahrzeuge	
Masségläubiger	Gerichtskosten und Insolvenzverwalter	
Insolvenzgläubiger	Forderungen	
Nachrangige Gläubiger	Forderungen nach Eröffnung des Insolvenzverfahrens	

b) **Berechnen Sie, wie viel die Insolvenzgläubiger und die nachrangigen Gläubiger aus der Insolvenzmasse erhalten. Wie hoch ist die Insolvenzquote und was sagt diese aus?**

2. a) **Beschreiben Sie die einzelnen Schritte einer Verbraucherinsolvenz.**

1. Außergerichtlicher Einigungsversuch	
2. Eröffnung des Insolvenzverfahrens	
3. Vereinfachtes Insolvenzverfahren	

4. Wohlverhaltens-phase	
5. Restschuld-befreiung	

b) **Welche Ursachen führten in der Vergangenheit häufig zu Verbraucherinsolvenzen (siehe Grafik)?**

c) **Machen Sie Vorschläge, was man unternehmen kann, um einer Verbraucherinsolvenz vorzubeugen?**

Ursachen Verbraucherinsolvenzen (Mehrfachnennungen)

Bundesverband Deutscher Inkasso-Unternehmen e. V. Januar 2017

Kompetenzfragebogen

Ich kann …	ja	nein	unsicher	nachzulesen auf Seite	Übungs-aufgaben
… die Vor- und Nachteile einer Selbstständigkeit benennen.					
… die persönlichen, fachlichen und rechtlichen Voraussetzungen einer Selbstständigkeit erläutern.					
… die Inhalte eines Businessplans benennen.					
… die Kaufmannsarten unterscheiden und beschreiben.					
… Firmenarten unterscheiden und Beispiele zuordnen.					
… die Firmengrundsätze benennen und beschreiben.					
… die Handlungsvollmachten und Prokura unterscheiden.					
… die Bedeutung und den Inhalt eines Handelsregistereintrags beschreiben.					
… die Merkmale einer Einzelunternehmung (e. K.) beschreiben sowie die Vor- und Nachteile dieser Rechtsform erläutern.					
… die Merkmale einer offenen Handelsgesellschaft (OHG) beschreiben sowie die Vor- und Nachteile dieser Rechtsform erläutern.					
… die Merkmale einer Kommanditgesellschaft (KG) beschreiben sowie die Vor- und Nachteile dieser Rechtsform erläutern.					
… die Merkmale einer Gesellschaft mit beschränkter Haftung (GmbH) beschreiben sowie die Vor- und Nachteile dieser Rechtsform erläutern.					
… die Unternehmergesellschaft (UG) von der Gesellschaft mit beschränkter Haftung unterscheiden.					
… die Merkmale einer Genossenschaft (eG) beschreiben sowie die Vor- und Nachteile dieser Rechtsform erläutern.					
… die Funktionsweise von Franchising beschreiben und erläutern.					
… den Begriff der Finanzierung beschreiben und die Bedeutung für die Unternehmen erläutern.					

Ich kann …	ja	nein	unsicher	nachzulesen auf Seite	Übungs-aufgaben
… zwischen Außen- und Innenfinanzierung, sowie zwischen Eigen- und Fremdfinanzierung unterscheiden.					
… die Merkmale einer Beteiligungsfinanzierung und einer Selbstfinanzierung beschreiben.					
… die Merkmale einer Kreditfinanzierung beschreiben und unterschiedliche Darlehensarten berechnen.					
… die Merkmale eines Lieferantenkredits beschreiben und mit einer Berechnung die Vorteilhaftigkeit des Lieferantenkredits gegenüber einem Kontokorrentkredit darlegen.					
… die Merkmale von Leasing beschreiben sowie die Vor- und Nachteile dieser Finanzierungsalternative erläutern.					
… die Voraussetzungen für einen Zahlungsverzug benennen und die Rechte die sich daraus ergeben beschreiben.					
… die Phasen eines kaufmännischen und eines gerichtlichen Mahnverfahren nennen und beschreiben.					
… die Gründe für eine Unternehmenskrise benennen und beschreiben, mit welcher Methode ein Unternehmen saniert werden könnte.					
… die Phasen eines Unternehmensinsolvenzverfahrens benennen und beschreiben.					